中宣部2022年主题出版重点出版物

"十四五"国家重点图书出版规划项目

纪录小康工程

全面建成小康社会

山西全景录

SHANXI QUANJINGLU

本书编写组

山西出版传媒集团
山西人民出版社

责任编辑：高　雷　席　青
封面设计：石笑梦　郝彦红
版式设计：周方亚　郝彦红

图书在版编目（CIP）数据

全面建成小康社会山西全景录 / 本书编写组编 . —— 太原：山西人民出版社，
　2022.10

（纪录小康工程）

ISBN 978-7-203-12313-2

Ⅰ . ①全… Ⅱ . ①本… Ⅲ . ①小康建设－成就－山西 Ⅳ . ① F127.25

中国版本图书馆 CIP 数据核字（2022）第 097940 号

全面建成小康社会山西全景录

QUANMIAN JIANCHENG XIAOKANG SHEHUI SHANXI QUANJINGLU

本书编写组

山西出版传媒集团 · 山西人民出版社出版发行

（030012　太原市建设南路 21 号）

山西出版传媒集团 · 山西新华印业有限公司印刷 新华书店经销

2022 年 10 月第 1 版　2022 年 10 月山西第 1 次印刷

开本：720 毫米 ×1020 毫米 1/16　印张：23.25

字数：290 千字

ISBN 978-7-203-12313-2　定价：82.00 元

邮购地址：030012 太原市建设南路 21 号

山西人民出版社发行中心　电话：（0351）4922220 4955996 4956039

总　序

为民族复兴修史　为伟大时代立传

　　小康，是中华民族孜孜以求的梦想和夙愿。千百年来，中国人民一直对小康怀有割舍不断的情愫，祖祖辈辈为过上幸福美好生活劳苦奋斗。"民亦劳止，汔可小康""久困于穷，冀以小康""安得广厦千万间，大庇天下寒士俱欢颜"……都寄托着中国人民对小康社会的恒久期盼。然而，这些朴素而美好的愿望在历史上却从来没有变成现实。中国共产党自成立那天起，就把为中国人民谋幸福、为中华民族谋复兴作为初心使命，团结带领亿万中国人民拼搏奋斗，为过上幸福生活胼手胝足、砥砺前行。夺取新民主主义革命伟大胜利，完成社会主义革命和推进社会主义建设，进行改革开放和社会主义现代化建设，开创中国特色社会主义新时代，经过百年不懈奋斗，无数中国人摆脱贫困，过上衣食无忧的好日子。

　　特别是党的十八大以来，以习近平同志为核心的党中央统揽中华民族伟大复兴战略全局和世界百年未有之大变局，团结带领全党全国各族人民统筹推进"五位一体"总体布局、协调推进"四个全面"战略布局，万众一心战贫困、促改革、抗疫情、谋发展，党和国家事业取得历史性成就、发生历史性变革。在庆祝中国共产党成立100周年大会上，习近平总书记庄严宣告："经过全党全国各族人民持续奋斗，我们实现了第一个百年奋斗目标，在中华大地上全面建成了小康社会，历史性地解决了绝对贫困问题，正在意气风发向着全面建成社会主义现代化强国的第二个百年奋斗目标迈进。"

这是中华民族、中国人民、中国共产党的伟大光荣！这是百姓的福祉、国家的进步、民族的骄傲！

全面小康，让梦想的阳光照进现实、照亮生活。从推翻"三座大山"到"人民当家作主"，从"小康之家"到"小康社会"，从"总体小康"到"全面小康"，从"全面建设"到"全面建成"，中国人民牢牢把命运掌握在自己手上，人民群众的生活越来越红火。"人民对美好生活的向往，就是我们的奋斗目标。"在习近平总书记坚强领导、亲自指挥下，我国脱贫攻坚取得重大历史性成就，现行标准下9899万农村贫困人口全部脱贫，建成世界上规模最大的社会保障体系，居民人均预期寿命提高到78.2岁，人民精神文化生活极大丰富，生态环境得到明显改善，公平正义的阳光普照大地。今天的中国人民，生活殷实、安居乐业，获得感、幸福感、安全感显著增强，道路自信、理论自信、制度自信、文化自信更加坚定，对创造更加美好的生活充满信心。

全面小康，让社会主义中国焕发出蓬勃生机活力。经过长期努力特别是党的十八大以来伟大实践，我国经济实力、科技实力、国防实力、综合国力跃上新的大台阶，成为世界第二大经济体、第一大工业国、第一大货物贸易国、第一大外汇储备国，国内生产总值从 1952 年的 679 亿元跃升至 2021 年的 114 万亿元，人均国内生产总值从 1952 年的几十美元跃升至 2021 年的超过 1.2 万美元。把握新发展阶段、贯彻新发展理念、构建新发展格局、推动高质量发展，全面建设社会主义现代化国家，我们的物质基础、制度基础更加坚实、更加牢靠。全面建成小康社会的伟大成就充分说明，在中华大地上生气勃勃的创造性的社会主义实践造福了人民、改变了中国、影响了时代，世界范围内社会主义和资本主义两种社会制度的历史演进及其较量发生了有利于社会主义的重大转变，社会主义制度优势得到极大彰显，中国特色社会主义道路越走越宽广。

全面小康，让中华民族自信自强屹立于世界民族之林。中华民族有五千多年的文明历史，创造了灿烂的中华文明，为人类文明进步作出了卓越贡献。近代以来，中华民族遭受的苦难之重、付出的牺牲之大，世所罕见。中国共产党带领中国人民从沉沦中觉醒、从灾难中奋起，前赴后继、百折不挠，战胜各种艰难险阻，取得一个个伟大胜利，创造一个个发展奇迹，用鲜血和汗水书写了中华民族几千年历史上最恢宏的史诗。全面建成小康社会，见证了中华民族强大的创造力、坚韧力、爆发力，见证了中华民族自信自强、守正创新精神气质的锻造与激扬，实现中华民族伟大复兴有了更为主动的精神力量，进入不可逆转的历史进程。今天，我们比历史上任何时期都更接近、更有信心和能力实现中华民族伟大复兴的目标，中国人民的志气、骨气、底气极大增强，奋进新征程、建功新时代有着前所未有的历史主动精神、历史创造精神。

全面小康，在人类社会发展史上写就了不可磨灭的光辉篇章。中华民族素有和合共生、兼济天下的价值追求，中国共产党立志于为人类谋进步、为世界谋大同。中国的发展，使世界五分之一的人口整体摆脱贫困，提前十年实现联合国2030年可持续发展议程确定的目标，谱写了彪炳世界发展史的减贫奇迹，创造了中国式现代化道路与人类文明新形态。这份光荣的胜利，属于中国，也属于世界。事实雄辩地证明，人类通往美好生活的道路不止一条，各国实现现代化的道路不止一条。全面建成小康社会的中国，始终站在历史正确的一边，站在人类进步的一边，国际影响力、感召力、塑造力显著提升，负责任大国形象充分彰显，以更加开放包容的姿态拥抱世界，必将为推动构建人类命运共同体、弘扬全人类共同价值、建设更加美好的世界作出新的更大贡献。

回望全面建成小康社会的历史，伟大历程何其艰苦卓绝，伟大胜利何其光辉炳耀，伟大精神何其气壮山河！

这是中华民族发展史上矗立起的又一座历史丰碑、精神丰碑！这座丰碑，凝结着中国共产党人矢志不渝的坚持坚守、博大深沉的情怀胸襟，辉映着科学理论的思想穿透力、时代引领力、实践推动力，镌刻着中国人民的奋发奋斗、牺牲奉献，彰显着中国特色社会主义制度的强大生命力、显著优越性。

因为感动，所以纪录；因为壮丽，所以丰厚。恢宏的历史伟业，必将留下深沉的历史印记，竖起闪耀的历史地标。

中央宣传部牵头，中央有关部门和宣传文化单位，省、市、县各级宣传部门共同参与组织实施"纪录小康工程"，以为民族复兴修史、为伟大时代立传为宗旨，以"存史资政、教化育人"为目的，形成了数据库、大事记、系列丛书和主题纪录片4方面主要成果。目前已建成内容全面、分类有序的4级数据库，编纂完成各级各类全面小康、脱贫攻坚大事记，出版"纪录小康工程"丛书，摄制完成纪录片《纪录小康》。

"纪录小康工程"丛书包括中央系列和地方系列。中央系列分为"擘画领航""经天纬地""航海梯山""踔厉奋发""彪炳史册"5个主题，由中央有关部门精选内容组织编撰；地方系列分为"全景录""大事记""变迁志""奋斗者""影像记"5个板块，由各省（区、市）和新疆生产建设兵团结合各地实际情况推出主题图书。丛书忠实纪录习近平总书记的小康情怀、扶贫足迹，反映党中央关于全面建成小康社会重大决策、重大部署的历史过程，展现通过不懈奋斗取得全面建成小康社会伟大胜利的光辉历程，讲述在决战脱贫攻坚、决胜全面小康进程中涌现的先进个人、先进集体和典型事迹，揭示辉煌成就和历史巨变背后的制度优势和经验启示。这是对全面建成小康社会伟大成就的历史巡礼，是对中国共产党和中国人民奋斗精神的深情礼赞。

历史昭示未来，明天更加美好。全面建成小康社会，带给中国人民的是温暖、是力量、是坚定、是信心。让我们时时回望小康历程，深入学习贯彻习近平新时代中国特色社会主义思想，深刻理解中国共产党为什么能、马克思主义为什么行、中国特色社会主义为什么好，深刻把握"两个确立"的决定性意义，增强"四个意识"、坚定"四个自信"、做到"两个维护"，以坚如磐石的定力、敢打必胜的信念，集中精力办好自己的事情，向着实现第二个百年奋斗目标、创造中国人民更加幸福美好生活勇毅前行。

序 言

中共山西省委书记　林武

在中国共产党百年华诞之际，中华民族迎来又一个历史时刻——如期全面建成小康社会。

2021 年 7 月 1 日，习近平总书记在庆祝中国共产党成立 100 周年大会上庄严宣告："经过全党全国各族人民持续奋斗，我们实现了第一个百年奋斗目标，在中华大地上全面建成了小康社会，历史性地解决了绝对贫困问题，正在意气风发向着全面建成社会主义现代化强国的第二个百年奋斗目标迈进。"

习近平总书记的铿锵话语，标志着几千年来中国人民的守望与追求，在中国共产党人的接续奋斗中，在中国特色社会主义新时代，终于变成了现实，全面小康的里程碑巍然矗立在中华民族伟大复兴之路上。

在这一伟大进程中，山西与全国一道全面建成小康社会，书写了山西发展史上辉煌壮丽的篇章。今天的三晋大地，能源大省作用充分彰显，转型发展呈现强劲态势，社会主义民主法治更加健全，群众精神风貌更加昂扬，民生保障水平稳步提高，生态文明建设取得显著成效，政治生态不断迈向持久的风清气正，全方位推动高质量发展蔚然成势。

回望这一伟大进程，习近平总书记2017年6月、2020年5月两次亲临山西考察，带来了党中央对老区人民的亲切关怀，给予山西工作最大的支持。山西之所以能浴火重生、开创新局、同步小康，根本在于习近平总书记的领航掌舵，根本在于习近平新时代中国特色社会主义思想的科学指引！

回望这一伟大进程，全省各级党组织团结带领广大干部群众，准确把握全面建成小康社会的基本要求和重点任务，统筹疫情防控和经济社会发展，统筹发展和安全，一棒接着一棒跑，一年接着一年干，不反复不折腾，一张蓝图绘到底，汇聚起众志成城促脱贫、团结奋进奔小康的磅礴力量。在这个过程中，每个人都出了力，每个人都了不起！

纪录好这一伟大进程、呈现好这一伟大成就，是历史的呼唤、人民的期盼。根据党中央统一部署，全国于2021年初启动实施"纪录小康工程"，其中编写"纪录小康工程"系列丛书是这项工程的收官之作。为此，省委专门成立由省委宣传部牵头、省委党史研究院（地方志研究院）等部门参与的工作专班，精心编写"纪录小康工程"丛书（山西卷），郑重地把"小康印记"铭刻在山西的前进道路上。这套丛书共5册，包括《全面建成小康社会山西全景录》《全面建成小康社会山西大事记》《全面建成小康社会山西变迁志》《全面建成小康社会山西奋斗者》和《全面建成小康社会山西影像记》。丛书以清晰的脉络、翔实的数据、生动的事例，全面总结了我省决战脱贫攻坚、决胜全面小康的生动实践，生动展示了三晋大地发生的巨大变化，热情讴歌了全省上下顽强拼搏、锐意进取的精神风貌，是一份纪录山西全面建成小康社会的珍贵档案，也是一套推动党史学习教育常态化长效化的生动教材。要运用好这套丛书，更好地激励全省党员干部群众增长智慧、增进团结、增加信心、增强斗志，建功新时代、奋进新征程。

全面建成小康社会不是终点，而是新生活新奋斗的起点。在全面建设社会主义现代化国家新征程中，山西承载着更光荣的使命、面临着更艰巨的任务。2022年1月26日至27日，习近平总书记五年内第三次亲临山西调研，亲切看望慰问基层干部群众，充分肯定党的十九大以来山西各项工作，要求我们"全面贯彻落实党中央决策部署，坚持稳中求进工作总基调，完整、准确、全面贯彻新发展理念，积极服务和融入新发展格局，统筹疫情防控和经济社会发展，统筹发展和安全，继续做好'六稳''六保'工作，持续改善民生，在高质量发展上不断取得新突破，以实际行动迎接党的二十大胜利召开，续写山西践行新时代中国特色社会主义新篇章"。全省党员干部群众要深入学习贯彻习近平总书记考察调研山西重要指示精神，深刻认识"两个确立"的决定性意义，进一步增强"四个意识"、坚定"四个自信"、做到"两个维护"，解放思想、实事求是，真抓实干、久久为功，不断开创我省全方位推动高质量发展新局面，为实现第二个百年奋斗目标、实现中华民族伟大复兴的中国梦不懈奋斗！

是为序！

2022 年 5 月

目　录

一、习近平总书记三次在山西考察调研

（一）习近平总书记 2017 年在山西考察调研

1. 重要讲话重要指示

2017 年 6 月 21 日至 23 日，习近平总书记来到山西考察调研，这是党中央和习近平总书记对山西发展的高度重视，是对山西干部群众的亲切关怀。3 天时间里，习近平总书记先后来到吕梁、忻州、太原等地，瞻仰革命纪念馆、革命旧址，深入农村、企业考察调研。

习近平总书记一路轻车简从，一路亲民务实，蹲在地里察看玉米长势、俯身看村民饮水井、坐土炕沿上和贫困农民促膝交谈……一个个细节，一句句话语，深深印在三晋儿女心中。习近平总书记亲民为民的情怀、求真务实的作风、夙夜在公的精神，播撒在三晋大地上，始终镌刻在老区人民心中。

（1）我们党的每一段革命历史，都是一部理想信念的生动教材

吕梁在革命战争年代是圣地延安的东部屏障，是红军东征主战场，是晋绥边区首府和中央后委机关所在地。吕梁人民养兵十万、牺牲一万，吕梁儿女用鲜血和生命铸就了伟大的吕梁精神。

21 日上午，习近平总书记来到兴县蔡家崖村，向晋绥边区革

命烈士敬献花篮，瞻仰晋绥边区革命纪念馆，参观晋绥边区政府、晋绥军区司令部旧址。

晋绥边区革命纪念馆新馆，一幅幅图片、一件件实物，以及蜡像复原场景、电子书幻影场景演示等，展现了我们党领导人民开展革命斗争的情景。习近平总书记不时驻足凝视，询问有关细节，并指出，我们党的每一段革命历史都是一部理想信念的生动教材，全党同志一定要不忘初心、继续前进，永远铭记为民族独立、人民解放抛头颅洒热血的革命先辈，永远保持中国共产党人的奋斗精神，永远保持对人民的赤子之心，努力为人民创造更美好、更幸福的生活。

（2）脱贫攻坚工作进入目前阶段，要重点研究解决深度贫困问题

山西是全国扶贫开发任务最重的省份之一。全国14个集中连片特困地区，山西就有吕梁山、燕山—太行山两个。

深度贫困地区是脱贫攻坚的重中之重。老区人民生活怎么样、老区脱贫攻坚工作怎么样，习近平总书记十分关心。6月21日下午，经过1个多小时车程，习近平总书记来到忻州市岢岚县赵家洼村考察。

吕梁山深处的赵家洼村地处晋西北黄土高原中部，这里山大沟深、土地贫瘠，一间间土坯房依山而建，一些村民外迁后废弃的房子墙体开裂、屋顶塌陷，处处体现着生态脆弱和深度贫困的交织。

沿着村里崎岖不平的土路，习近平总书记先后来到特困户刘福有、曹六仁、王三女家中，每到一户，都仔细察看生活设施，询问家庭人员构成及基本情况，同主人一起算收入支出账，详细了解致贫原因和扶贫措施落实成效。

习近平总书记了解到赵家洼村只有一口水井，就特意来到这唯一的饮水井旁，登上用石块垒起的井台，仔细察看井里蓄水的情况。

习近平总书记指出，让贫困人口和贫困地区同全国人民一道进入全面小康社会，是我们党的庄严承诺，不管任务多么艰巨、还有多少硬骨头要啃，这个承诺都要兑现，希望各级扶贫工作队员扑下身子扎实工作，在为贫困群众排忧解难中实现价值、增长才干。

宋家沟新村是岢岚县一个易地扶贫搬迁的集中安置点，村民新居已经建好，村民正陆续搬迁。习近平总书记来到这里，听取了岢岚县精准扶贫工作及易地扶贫搬迁整体情况介绍，了解了宋家沟的新村规划及建设情况。习近平总书记到已搬入新居的贫困户张贵明家具体察看，并强调，脱贫攻坚工作进入目前阶段，要重点研究解决深度贫困问题。实施整村搬迁，要规划先行，尊重群众意愿，统筹解决好人往哪里搬、钱从哪里筹、地在哪里划、房屋如何建、收入如何增、生态如何护、新村如何管等具体问题。

（3）推动传统产业转型升级，必须坚持以企业为主体，以市场为导向，以技术改造、技术进步、技术创新为突破口

在太原重工轨道交通设备有限公司，习近平总书记步入车轮二

太原重工轨道交通设备有限公司生产的轮对使高铁关键零部件实现了国产，其生产线是世界上技术最先进、自动化和智能化程度最高的

车间，车间内机声隆隆，热轧生产线上钢坯烧得通红，热浪逼人。习近平总书记沿着高空走廊，察看高铁车轮锯切线、锻轧线、热处理线、机加工线、检测线生产流程，同锯切线控制室、锻轧控制室和作业现场的职工交流，了解企业提升轨道交通装备研发、设计、制造能力情况。

习近平总书记强调，推动传统产业转型升级，必须坚持以企业为主体，以市场为导向，以技术改造、技术进步、技术创新为突破口，要支持企业创新产业组织形态，瞄准国际国内先进标杆，全面提高产品技术、工艺装备、能效环保等水平。

太原钢铁（集团）有限公司在做强做优做精传统钢铁主业的同时，瞄准高端碳纤维这一转型升级方向奋力攻关，仅一年半时间就

山西钢科碳材料有限公司高端碳纤维生产车间

携手中国科学院山西煤炭化学研究所突破关键技术瓶颈，建成了一条 T800 级高性能碳纤维生产线。

在山西钢科碳材料有限公司，习近平总书记通过视频了解高端碳纤维研发、生产、应用情况，考察 T800 级高性能碳纤维生产线，了解生产工艺，察看成品展示，同现场科技人员交流。习近平总书记指出，新材料产业是战略性、基础性产业，也是高技术竞争的关键领域，我们要奋起直追、迎头赶上。

习近平总书记强调，科技创新是提高供给质量和水平最重要的发力点，要强化要素投入和政策配套，推动产学研一体化，真正把企业、科研单位，特别是广大科研人员的积极性和创造性激发出来，让他们既有科技创新的成就感，又有成果转化收益分享的获得感。

（4）紧紧抓住机遇，勇于改革创新，果敢应对挑战，善于攻坚克难，不断推动各项事业向前发展

考察期间，习近平总书记听取了山西省委和省政府的工作汇报，对山西经济社会发展取得的成绩和各项工作给予肯定。希望山西广大干部群众紧紧抓住机遇，勇于改革创新，果敢应对挑战，善于攻坚克难，不断推动各项事业向前发展。

习近平总书记指出，实现资源型地区经济转型发展，形成产业多元支撑的结构格局，是山西经济发展需要深入思考和突破的重大课题。党中央赋予山西建设国家资源型经济转型综合配套改革试验区的重大任务。山西要用好这一机遇，贯彻新发展理念，着力解决制约发展的结构性、体制性、素质性矛盾等问题，以深化供给侧结构性改革推动经济转型发展，以创新驱动推动经济转型发展，以营造良好营商环境推动经济转型发展，以全面深化改革推动经济转型发展，真正走出一条产业优、质量高、效益好、可持续的发展新路。

习近平总书记强调，要坚持把解决好农业、农村、农民问题作为全党工作重中之重；要以构建现代农业产业体系、生产体系、经营体系为抓手，加快推进农业现代化；要通过发展现代农业，提升农村经济、增强农民工务工技能、强化农业支持政策、拓展基本公共服务、提高农民进入市场的组织化程度，多途径增加农民收入；要深入推进社会主义新农村建设，推动公共服务向农村延伸，全面改善农村生产生活条件；要完善农村工作领导体制机制，建设一支懂农业、爱农村、爱农民的干部队伍，坚持工业农业一起抓、城市农村一起抓。

习近平总书记指出，我们党干革命、搞建设、抓改革都是为了让人民过上幸福生活。要在抓好脱贫攻坚这个第一民生工程的同时，统筹做好就业、收入分配、教育、社会保障、医疗卫生、住房、食品安全、生产安全、公共治安等各项民生的保障和改善工作，确保人民安居乐业、社会安定有序。推出的每件民生实事都要一抓到底，一件接着一件办，一年接着一年干。

习近平总书记强调，坚持绿色发展是发展观的一场深刻革命。要从转变经济发展方式、环境污染综合治理、自然生态保护修复、资源节约集约利用、完善生态文明制度体系等方面采取超常举措，全方位、全地域、全过程开展生态环境保护。要广泛开展国土绿化行动，每人植几棵，每年植几片，年年岁岁，日积月累，祖国大地绿色就会不断多起来，山川面貌就会不断美起来，人民生活质量就会不断高起来。

习近平总书记指出，严肃党内政治生活是全面从严治党的根本性基础工作，各级党组织务必认真贯彻落实《关于新形势下党内政治生活的若干准则》，切实增强党内政治生活的政治性、时代性、原则性、战斗性。要教育党员干部自觉加强党性锻炼和自我省察，不折不扣执行党的各项制度和纪律，及时发现和解决自身存在的问题。要融通党的优良传统、中华优秀传统文化、革命文化、社会主义先进文化，建设正气充盈的党内政治文化，努力实现党内政治生态风清气正。

习近平总书记强调，各级党组织要着力把严肃党内政治生活的成果转化为促进党的事业发展的持续动力，把广大党员干部的精气神引导到改革发展上来，让干净的人有更多干事的机会，让干事的人有更干净的环境，让那些既干净又干事的人能够心无旁骛施展才华、脱颖而出，真正实现党的建设和党的事业互促共进。

2. 把习近平总书记交办的事情办好

（1）虔诚执着，至信深厚

习近平总书记在山西考察调研后，山西省委常委带头学习、深入学习，连续召开常委扩大会议、全省干部大会和省委全会。省委常委会认为，办好山西的事情，最根本的就是要认真学习贯彻习近平总书记重要讲话精神，不断增强履行职责的政治自觉、思想自觉和行动自觉。

山西省委以上率下推动学习宣传，强化工作举措，把学习不断引向深入：举办两轮省管干部培训班，召开学用习近平新时代中国特色社会主义思想经验交流会，把学习贯彻习近平总书记在山西考察调研重要讲话纳入 2017 年 4 月以来在山西全省开展的"维护核心、见诸行动"主题教育；编印《习近平总书记视察山西重要讲话精神应知应记要点》，传达到广大党员、干部；开展"习近平总书记视察山西讲话进基层"主题宣讲 3 万余场，直接受众 300 余万人次……山西全省形成学用习近平总书记重要讲话精神大格局。

学习宣传一锤接着一锤敲。党的十九大后，山西省迅速掀起学习贯彻落实热潮，把学习贯彻习近平总书记在山西考察调研时的重要讲话精神与学习贯彻习近平新时代中国特色社会主义思想和党的十九大精神结合起来，组织开展各类宣讲 20 多万场次，持续在融会贯通、学以致用、全面覆盖上下功夫，推动习近平新时代中国特色社会主义思想在党员干部群众中入心入脑。

（2）对标对表，砥砺前行

制定贯彻落实国务院《关于支持山西省进一步深化改革促进资源型经济转型发展的意见》行动计划，制定打造全国能源革命排头兵行动方案，开启煤炭大省能源革命新征程。统筹推进山西稳增长、促改革、调结构、惠民生、防风险各项工作，引领经济高质量发展。

着力推进发展现代农业、增加农民收入、建设社会主义新农村，出台实施乡村振兴战略、加快有机旱作农业发展等实施意见，农业农村改革发展进一步深化。

出台攻坚深度贫困 10 条意见，强化 21 条政策举措，出台深度贫困县"一县一策"等，扎实做好就业、社保、医疗卫生及下岗职工安置等方面民生工作。

出台城乡环境综合治理条例、生态文明建设目标评价考核办法等法规和政策，开展多个治污专项行动，初步构建起生态文明制度框架。

以加强政治建设为统领，始终坚持思想从严、管党从严、执纪从严、治吏从严、作风从严、反腐从严，深化监察体制改革试点工作，在全国率先出台《关于加强党对反腐败工作全过程领导常态化制度化长效化的实施意见》，更好地使制度优势转化为治理效能，把全面从严治党进一步引向纵深。山西省委还特别向全省各级领导干部强调指出，越是煤炭产量和煤炭价格稳定在一定水平，越要重视煤矿安全生产，越要严格生态环保倒逼，越要警惕腐败现象抬头。

从"排头兵"到"新高地""示范区"，从"三农"工作到振兴乡村，从国企国资改革到开发区改革，从"放管服"改革到打造"六最"（审批最少、流程最优、体制最顺、机制最活、效率最高、服务最好）营商环境，从铁腕治污到环境综合治理，从落实管党治党主体责任到深化党内政治文化建设，从"三基建设"到深化监察体制改革……山西省委对习近平总书记在讲话中提出的重大思想观点、重大工作要求和需要破解的重大课题，逐一进行梳理研究、深刻领悟，并提出相应政策举措，引领山西全省工作明显提升。

（3）用非常之举，行非常之力

空谈误国，实干兴邦。习近平总书记考察调研后，山西建立了五项重大任务落实台账，一件一件抓落实，一项一项抓兑现。2017年9月，省委派出3个调研组，对习近平总书记考察点进行回访；10月，对各市和36个省直部门贯彻落实情况进行重点督查和明察暗访。成立省委脱贫攻坚督察组，省委、省政府生态环保督察组，常年在基层督查。从省、市、县三级机关事业单位选派万名年轻干部到乡镇挂职，帮助推进扶贫工作的深入开展。

落实五项重大任务，山西各级领导干部在突破重点上下功夫。太原市建立了市委常委、副市长对接产业项目工作制度，由副市长亲自领办散煤清洁治理、市区铁路沿线周边环境整治等环境保护整改事项；忻州市级领导领办改革事项168项……山西省委召开推进会和现场会，精准发力推进供给侧结构性改革、综改试验区建设与经济转型升级、国资国企改革、开发区改革与发展、创优营商环境、发展有机旱作农业、攻坚深度贫困、生态保护修复、环境污染治理、国家监察体制改革试点等工作，着力破解制约发展进步的突出矛盾和问题。省委书记、省长带头，山西全省县以上党政主要负责人每人直接抓一批重大改革，领办解决突出环境问题 555 项。

述职考核是指挥棒和紧箍咒。市委书记、党（工）委书记围绕五项重大任务向省委全会述职并接受评议，建立贫困县县委书记向省委全会述职制度、省委集体约谈贫困县较多的市和贫困县党政"一把手"……山西进一步压实了抓五项重大任务落实的领导责任，让地方和部门"一把手"把抓落实责任扛起来。

从 2018 年 5 月 5 日开始的 10 天，由省委常委和省人大、省政府、省政协负责同志带队，从省直单位抽调骨干力量组成的 11 个督导组，上吕梁、入太行，赴塞上、下河东，不打招呼、不带媒体，对各市和部分省直部门贯彻落实习近平总书记在山西考察调研重要讲话精神开展督查，使习近平总书记重要讲话精神在山西持续生根、开花结果。

（4）实现新作为，奋进新时代

行走在 2018 年的三晋大地，欣喜地看到习近平总书记考察点发生的新变化：晋绥边区革命纪念馆一年来有 40.8 万人次参观学习，通了直达省城太原的火车，红色精神不断绽放时代光芒；岢岚县赵家洼村的王三女、杨娥子老人喜迁新居，有了稳定收入；忻州市完成了包括赵家洼村在内的 530 个村的搬迁安置，数量为山西全省第一；宋家沟村"住新居、换新业、树新风"三措并举，成立了8 个专业合作社带领乡亲奔小康。

这一年，"煤老大"争当能源革命排头兵，突破高端碳纤维、石墨烯等关键技术，新能源汽车产业实现跨越式发展，高新技术企业首次突破千家，山西全省十万创客大军正在形成，积极参与"一带一路"建设等，率先实施企业投资项目承诺制改革试点，供给侧结构性改革取得新成效，转型综改开创新局面。

这一年，山西省新建农民专业合作社示范社 16758 个、实现农村劳动力转移就业 40.21 万人，特色农产品出口产值增长 68%，特色农业产值占比提升至 75%，开创了"三农"工作新局面。

这一年，山西省实施超常举措，集中力量攻坚，下足绣花功夫，摘帽 15 个贫困县、退出 2557 个贫困村、脱贫 75 万人口，贫困发生率从 2016 年的 5.9% 下降到 3.9%。同时，扎实做好教育、就业、收入、社保、医疗卫生、住房及下岗职工安置等民生工作，人民群众有了更多获得感、公平感和幸福感。

这一年，建设美丽山西稳步前行，形成铁腕治污常态化工作机制，加强环境污染综合治理，加大自然生态保护修复力度，狠抓资源集约节约利用，完善生态文明制度体系等，汾河流水哗啦啦不再是梦想。

这一年，山西省以永远在路上的执着，推动全面从严治党向纵深发展。持续狠抓管党治党各项举措的落实，持续深化监察体制改革试点工作，着力整治群众身边的腐败问题等，全面构建良好政治生态取得新的重要进展。

3. 重走之路，感悟领袖情怀

"这几年，咱们蔡家崖发生了这么大的变化，摆脱了贫困，通上了火车，过上了好日子，做梦都能笑醒！" 89 岁的温守慧老人划拉着幸福生活，"每个月都可以领到上千元的补助，生病住院也能报销大部分的医疗费用。每年国家还给我们老战士补贴 1 万多元，逢年过节干部们也都惦记着我们这些老人，带来的米面粮油都够吃一年。"诉说起好日子，老人的话就停不下来。

不负时光，不负嘱托，蔡家崖牢记习近平总书记嘱托，坚持党建引领，持续加大基础设施建设力度，发展红色旅游等产业，还成立了经济合作总社，各个方面都发生了巨大的变化：村里有了光伏产业，收益分红让每户村民年均增收 1000 多元；村集体拿出资金给全体村民代缴医保费用，全村村民医保参保率达 100%，解决了村民因病返贫的后顾之忧；村内增设 20 多个公益岗位，100 户建档立卡贫困户轮流上岗；村级卫生所服务更加高效，村医每天在岗，方便群众就诊，村民看病难问题得到解决。现在的蔡家崖村早已整村脱贫，正阔步走在乡村振兴的大路上。

宋家沟村如今是 3A 景区，"望得见山、看得见水、记得住乡愁"的新貌，吸引着来自四面八方的游客。2021 年，村里成立"节节高"旅游专业合作社，村委会在主干道宋水街搭建了 50 多个摊位和临街商铺，由合作社统一采购，村民可以零成本免费进驻。

"这几天，我一再看习近平总书记再次考察山西的新闻，电视上看罢，手机里看，我真的是激动万分，党的恩情说不完，就琢磨了副对联。"村民李改怀说，"上联是'学习党史好好干'，下联是'幸福生活步步高'，横批'喜迎二十大'。"

"这几年，习近平总书记的殷殷嘱托和深深期许，化成我们不断前行的航灯和源源的动力。"太原重型机械集团有限公司负责人难掩内心激动。他说，公司将精益管理和改革创新当作抓好各项工作任务的关键，以时不我待的奋进之姿，乘势而上、久久为功，为山西转型发展率先蹚出一条新路作出了贡献。

在新冠肺炎疫情和国内外复杂局势交织的严峻考验下，太原重工轨道交通设备有限公司在国内、国际市场的订货量先后创造历史新高，在世界轮轴行业的表现分外亮眼。2021年营业收入和利润较2017年分别提高了48%和89%，各项经济指标也有不同程度的增长。不仅如此，作为太原重型机械集团有限公司智能高端装备产业园区建设中率先启动的重点项目之一，太原重工轨道交通设备有限公司车轮一厂升级改造项目首开自行设计、搬迁、安装、调试之先河，实现了当年立项、实施、试运行的壮举。

2021年是太原钢铁（集团）有限公司加入中国宝武钢铁集团有限公司的第一个完整年，也是山西钢科碳材料有限公司实施"十四五"规划和推进新一轮大发展的开局之年。一年来，面对科研攻关、生产保供、工程建设同步推进的繁重任务，钢科干部职工勠力同心、攻坚克难，取得了骄人的业绩，营业收入较上年翻了一番，首次突破两亿元；高质量完成了高端碳纤维生产保供任务，多项使命类、"卡脖子"技术和产品攻关取得突破性进展；三期项目年产1800吨高端碳纤维工程顺利投运，进入调试阶段，先进FH材料项目紧锣密鼓推进。

2017年还是首席工程师的杨晗，如今已成长为生产工艺部部长。"我们牢记习近平总书记嘱托，推进产学研用一体化模式，在高端碳纤维产业化制备技术开发中积累了宝贵的经验，初步实现了高端碳纤维产品品种规格多元化、系列化，满足了我国航空航天等领域日益增长的需求。"杨晗说。

技术创新为企业发展提供不竭动力。2021年，山西钢科碳材料有限公司聚焦关键共性技术攻关，先后完成了TG700H、TG46MJ碳纤维开发，干喷湿法工艺取得突破，将成为公司新的科技增长点；聚焦重大项目承揽，申报并获批工业和信息化部"低风

　　2021 年 6 月 15 日，载着中国宝武钢铁集团有限公司太原钢铁（集团）有限公司不同品种不同规格钢铁产品的 3 列货运列车从太原北站驶出，将发往全球各地

阻高可靠碳纤维雪车"项目、太原市"揭榜挂帅"项目，获得财政资金支持；高端碳纤维及其复合材料技术创新中心落地钢科，公司科研平台实力进一步加强。

（二）习近平总书记 2020 年在山西考察调研

1. 重要讲话重要指示

谆谆嘱托，言犹在耳；转型蹚路，催人奋进。

在决胜全面建成小康社会、决战脱贫攻坚的关键时刻，2020 年 5 月 11 日至 12 日，习近平总书记来到山西，进农村、访农户、看企业、察改革，就统筹推进常态化疫情防控和经济社会发展工作、巩固脱贫攻坚成果进行考察调研。

习近平总书记对山西在脱贫攻坚、转型发展、综合改革、生态保护、民生事业、管党治党等方面取得的成绩给予肯定，勉励山西百尺竿头更进一步，在高质量转型发展上迈出更大步伐，努力蹚出一条转型发展的新路子，乘势而上，书写山西践行新时代中国特色社会主义的新篇章。习近平总书记的重要讲话重要指示给山西人民以极大鼓舞、激励和信心，充分体现了党的领袖对山西的殷切期望和高度信任，是对山西工作的最大支持，是山西发展史上的重要里程碑，具有重大现实意义和深远历史意义。实践证明，有习近平总书记的领航掌舵，有以习近平同志为核心的党中央的英明领导，有习近平新时代中国特色社会主义思想的科学指引，山西无惧任何风浪、无畏任何挑战，山西转型发展必将坚定走下去、坚实走出来。

（1）乡亲们脱贫后，如何巩固脱贫、防止返贫，确保乡亲们持续增收致富

2020年5月11日下午，习近平总书记首先来到大同市云州区，考察有机黄花标准化种植基地。

黄花又名"萱草""忘忧草"，既能食用，也能药用。大同黄花种植有600多年历史，近年来大力发展标准化、规模化种植后，种植面积达到26万亩，年产值达9亿元，带动1.5万多户贫困户脱贫致富。

习近平总书记步入田间，察看黄花长势，向正在田里劳作的村民了解黄花的田间管理、市场价格和产品销路等。

大家告诉习近平总书记，土地流转后每亩地一年收入500元，在这里做工一天还能赚150元。这些年，在龙头企业、合作社引领下，黄花产量品质稳定，销路和价格也有保障，上年带动贫困户户均收入1万多元。

听了大家的"致富经"，习近平总书记指出，乡亲们脱贫后，自己最关心的是如何巩固脱贫、防止返贫，确保乡亲们持续增收致富。希望把黄花产业保护好、发展好，做成大产业，做成全国知名品牌，让黄花成为乡亲们的"致富花"。

离黄花种植基地不远的西坪镇坊城新村是一个易地扶贫搬迁村，有建档立卡贫困户77户158人，2018年开始入住以来，依靠发展黄花特色产业等实现了全部脱贫。

习近平总书记走进村技能培训服务站，了解新村易地扶贫搬迁情况，察看黄花产业相关产品展示，对大同市开展产业扶贫、就业扶贫，巩固脱贫攻坚成果的做法给予肯定。习近平总书记指出，易地搬迁不仅是为了解决住得好的问题，更是为了群众能致富。要加

强易地搬迁后续扶持，因地制宜发展乡村产业，精心选择产业项目，确保成功率和可持续发展。要把群众受益摆在突出位置，从产业扶持、金融信贷、农业保险等方面出台政策，为农村经济发展提供有力支持。基层党组织和党员干部既要当好乡村产业项目的组织者、推动者，又要当好群众利益的维护者。

云州黄花喜丰收

在搬迁户白高山家，习近平总书记察看了院落、客厅、厨房等，并同一家人坐在炕沿儿上拉家常。白高山告诉习近平总书记，过去他们住的是土窑洞，如今搬进了独门独院的大瓦房，就近务工，生活条件大为改善，2019 年儿子娶了媳妇，2020年老两口就抱上了孙子，日子越过越红火。习近平总书记高兴地说，共产党是一心一意为人民谋利益的，现在不收提留、不收税、不收费、不交粮，而是给贫困群众送医送药、建房子、教技术、找致富门路，相信乡亲们更好的日子还在后头。2020 年是决战决胜脱贫攻坚和全面建成小康社会的收官之年，要千方百计巩固好脱贫攻坚成果，接下来要把乡村振兴这篇文章做好，让乡亲们生活越来越美好。易地搬迁群众来自不同的村，由过去的分散居住变为集中居住，要加强社区建设和管理，加强社区环境整治，开展乡村精神文明建设和爱国卫生运动，确保群众既能住上新居所，又能过上新生活。

在听取了山西省委和省政府相关工作汇报后，习近平总书记强调，要着力夯实农业农村基础，加大粮食生产政策支持力度，坚决守住耕地红线，深入推进农业供给侧结构性改革，加强农业农村基础设施建设。要做好剩余贫困人口脱贫工作，做好易地扶贫搬迁后续扶持，强化返贫监测预警和动态帮扶，推动脱贫攻坚和乡村振兴有机衔接。

（2）云冈石窟是世界文化遗产，保护好云冈石窟，不仅具有中国意义，而且具有世界意义

云冈石窟始建于1500多年前，是中外文化、中国少数民族文化和中原文化、佛教艺术与石刻艺术相融合的一座文化艺术宝库。

在云冈石窟，习近平总书记仔细察看雕塑、壁画，不时向工作人员询问石窟历史文化遗产保护等情况。习近平总书记强调，云冈石窟是世界文化遗产，保护好云冈石窟，不仅具有中国意义，而且具有世界意义。历史文化遗产是不可再生、不可替代的宝贵资源，要始终把保护放在第一位。发展旅游要以保护为前提，不能过度商业化，让旅游成为人们感悟中华文化、增强文化自信的过程。要深入挖掘云冈石窟蕴含的各民族交往交流交融的历史内涵，增强中华民族共同体意识。

在听取了山西省委和省政府相关工作汇报后，习近平总书记强调，要充分挖掘和利用丰富多彩的历史文化、红色文化资源加强文化建设，坚持不懈开展社会主义核心价值观宣传教育，深入挖掘优秀传统文化，引导广大干部群众提升道德情操、树立良好风尚、增强文化自信。

（3）治理汾河，不仅关系山西生态环境保护和经济发展，也关系太原乃至山西历史文化传承

母亲河的保护一直牵动着习近平总书记的心。汾河太原城区晋

阳桥段留下了习近平总书记考察调研的足迹。

站在汾河岸边，习近平总书记结合展板听取了太原市汾河及"九河"综合治理、流域生态修复等情况介绍。

"九河"是指汾河在太原市区的 9 条主要支流，曾因生产生活污水直排河道而沦为臭水沟。围绕提升汾河水质、改善城市生态环境，2017 年以来太原市实施了"九河"综合治理工程，控污、增湿、清淤、绿岸、调水五策并举。

听到汾河逐步实现了水量丰起来、水质好起来、风光美起来，习近平总书记强调，治理汾河不仅关系山西生态环境保护和经济发展，也关系太原乃至山西历史文化传承。要坚持山水林田湖草一体化保护和修复，把加强流域生态环境保护与推进能源革命、推行绿色生产生活方式、推动经济转型发展统筹起来，坚持治山、治水、治气、治城一体推进，持续用力，再现"锦绣太原城"的盛景，不断增强太原的吸引力、影响力，增强太原人民的获得感、幸福感、安全感。

在听取了山西省委和省政府相关工作汇报后，习近平总书记强调，要牢固树立"绿水青山就是金山银山"的理念，发扬右玉精神，统筹推进山水林田湖草系统治理，抓好"两山七河一流域"生态修复治理，扎实实施黄河流域生态保护和高质量发展国家战略，加快制度创新，强化制度执行，引导形成绿色生产生活方式，坚决打赢污染防治攻坚战，推动山西沿黄地区在保护中开发、开发中保护。

（4）持续推动产业结构调整优化，实施一批变革性、牵引性、标志性举措，大力加强科技创新，在新基建、新技术、新材料、新装备、新产品、新业态上不断取得突破

山西是我国第一产煤大省、重要的能源重化工基地，为国家发

展作出了重要贡献，但产业单一、结构不合理问题也十分突出，转型发展任务紧迫又艰巨。新时代，党中央赋予山西建设国家资源型经济转型综合配套改革试验区的重大任务。山西成为全国第一个全省域、全方位、系统性的国家资源型经济转型综合配套改革试验区。

在山西转型综合改革示范区政务服务中心改革创新展厅，习近平总书记听取了示范区建设和运营情况介绍，察看了创新产品展示。习近平总书记强调，长期以来，山西兴于煤、困于煤，一煤独大导致产业单一，建设转型综合改革示范区是党中央赋予山西的一项重大任务，也是实现山西转型发展的关键一招。山西要有紧迫感，更要有长远战略谋划，正确的就要坚持下去，久久为功，不要反复、不要折腾，争取早日蹚出一条转型发展的新路子。

太钢不锈钢精密带钢有限公司依托先进生产工艺，以其超薄、超平、超硬的产品特性取得快速发展。习近平总书记走进生产车间，

太钢不锈钢精密带钢有限公司生产的不锈钢箔材，因其厚度不到一根头发直径的1/3，比A4纸还要薄，可以用手轻易撕开，被形象地称为"手撕钢"

察看企业转型升级产品展示，了解企业运行情况。在光亮机组前，习近平总书记饶有兴致地观看了厚度仅有0.02毫米的不锈钢箔材"手撕钢"产品。习近平总书记指出，产品和技术是企业安身立命之本，希望企业在科技创新上再接再厉、勇攀高峰，在支撑先进制造业发展方面迈出新的更大步伐。

在听取了山西省委和省政府相关工作汇报后，习近平总书记强调，要更加及时有效解决企业恢复生产经营面临的各种困难和问题，把扩大内需各项政策举措抓实，把实体经济特别是制造业做强做优，发挥重大投资项目带动作用，落实好能源革命综合改革试点要求，持续推动产业结构调整优化，实施一批变革性、牵引性、标志性举措，大力加强科技创新，在新基建、新技术、新材料、新装备、新产品、新业态上不断取得突破，持续在国企国资、财税金融、营商环境、民营经济、扩大内需、城乡融合等重点改革领域攻坚克难，健全对外开放体制机制，奋发有为推进高质量发展。

（5）要绷紧疫情防控这根弦，坚持外防输入、内防反弹，完善常态化防控机制，坚决防止疫情新燃点，决不能前功尽弃

在太钢不锈钢精密带钢有限公司，习近平总书记强调全国防疫工作进入新阶段，虽然取得重大战略成果，但仍然面临外防输入、内防反弹的压力，希望企业不要麻痹松懈，继续抓紧抓实抓细各项防控措施，更好复工复产，做到安全生产、健康生产，把失去的时间抢回来，努力完成2020年的目标任务。

在听取了山西省委和省政府相关工作汇报后，习近平总书记强调，当前我国外防输入压力持续加大，国内疫情反弹的风险始终存在，要绷紧疫情防控这根弦，坚持外防输入、内防反弹，完善常态化防控机制，坚决防止疫情新燃点，决不能前功尽弃。

（6）坚持以人民为中心的发展思想，扎实做好保障和改善民生工作

习近平总书记强调，要坚持以人民为中心的发展思想，扎实做好保障和改善民生工作，实实在在帮助群众解决实际困难，兜住民生底线，落实就业优先战略和积极的就业政策，突出做好高校毕业生、退役军人、农民工、城镇困难人员等重点群体就业工作，加快补齐这次疫情暴露出的公共卫生体系方面的短板弱项，推动社会治理重心向基层下移。

（7）坚持以政治建设为统领，坚持不懈抓好党内政治生态建设

习近平总书记强调，要坚持以政治建设为统领，坚持不懈抓好党内政治生态建设，加强理想信念教育，巩固深化主题教育成果，严格遵守政治纪律和政治规矩，落实全面从严治党主体责任，一体推进不敢腐不能腐不想腐，增强基层党组织政治功能和组织力，坚决反对形式主义、官僚主义，旗帜鲜明同各种不正之风作斗争。

2. 把习近平总书记交办的事情办好

（1）保持战略清醒，以坚定执着的信念之笔书写新答卷

以上率下，先学一步；举旗定向，谋篇布局。山西省委把学习宣传贯彻习近平总书记在山西考察调研重要讲话重要指示作为头等大事和首要政治任务。2020 年习近平总书记考察调研后，山西省委常委会第一时间召开扩大会议传达学习，召开山西省委十一届十次全会，就深入学习贯彻作出全面部署；召开山西省委十一届十一次全会暨省委经济工作会议，审议通过《中共山西省委关于制定国民经济和社会发展第十四个五年规划和二〇三五年远景目标的建

议》，为山西全省上下沿着习近平总书记指引的"金光大道"奋勇前进绘制了作战图、路线图、施工图。

理论创新每前进一步，理论武装就要跟进一步。自 2021 年 2 月开展党史学习教育以来，山西省坚持把党史学习教育同深入学习贯彻习近平总书记在山西考察调研重要讲话重要指示紧密结合起来，各地探索创新学习形式，深挖红色资源，丰富学习内容，赓续共产党人精神血脉，推动党史学习教育走深走实。

2020 年以来，山西省委通过召开常委会会议、年度民主生活会，举办党史学习教育专题学习、中心组学习，深入学习贯彻习近平总书记在党史学习教育动员大会上的重要讲话精神，及时跟进学习贯彻习近平总书记重要会议、重要活动的讲话和批示指示，按照党中央部署带头开展"我为群众办实事"实践活动，从百年党史中汲取智慧和力量，转化为推动资源型地区经济转型发展的磅礴动力。

学党史、悟思想、办实事、开新局。山西省委统一部署，省委常委、省政府副省长、省高级人民法院院长、省人民检察院检察长，围绕分管领域，聚焦群众呼声，深入基层开展调研，面对面倾听群众诉求、征求群众意见建议，现场办公为大家办实事、解难题，切实推动解决人民群众"急难愁盼"的问题。

（2）勇于攻坚克难，以驰而不息的奋斗之笔书写新答卷

2021 年 1 月 27 日，我国自主研发的首台氢燃料电池混合动力机车在大同成功下线，标志着我国氢能利用技术取得关键突破。这项成果是 2020 年度山西科技攻关重要成果。2 月 9 日，从筹划到揭牌运行仅用时两个月的山西省与华为技术有限公司共建的智能矿山创新实验室揭牌。实验室，成为山西速度、山西效率、山西形象的有力印证。

打造创新生态，重拳频出，培育做强转型新动能。山西省把创新摆在核心位置，大力实施创新驱动、科教兴省、人才强省战略，全力打造一流创新生态，聚力推进"六新"突破。一大批科技创新成果为转型发展提供了强力支撑，催生一个个优势项目，蝶变为新兴产业。围绕信创、大数据、半导体、光电、光伏等十四大标志性引领性新兴产业集群，一系列实招硬招，招招见效，山西创新生态加速形成，创新成果持续涌现。

改革开放是转型发展的强大动力。国资国企改革事关山西转型综改全局、事关山西国企长远健康发展。山西省委、省政府始终把国资国企改革摆在转型发展全局的突出位置。特别是 2020 年以来，把专业化战略重组作为推动省属企业转型发展蹚新路的重中之重，采取更名重组、整合新设、联合重组等方式，集中实施了 15 个领域的改革重组，推动太原钢铁（集团）有限公司与中国宝武钢铁集团有限公司联合重组，催生出能源产业"双航母"和一批新兴产业旗舰企业，在全国率先开展国有企业"六定"改革，省属企业集团总部机构、员额分别压减 40% 和 72%。国有资本布局更趋优化，国有经济加快从"一煤独大"向"八柱擎天"转变，国有经济的竞争力、创新力、控制力、影响力、抗风险能力不断增强，为转型综改提供了强力支撑。

改革永远在路上，征程未有穷期。针对结构性、体制性、素质性问题和不充分不平衡不协调特征，山西持续在财税金融、营商环境、民营经济、扩大内需、城乡融合等重点改革领域攻坚克难。探索建立"揭榜挂帅"人才使用体制机制，借助"全球大脑"解决"卡脖子"技术难题。实施战略性新兴产业 0.3 元／千瓦时电价改革正式落地，内陆地区对外开放新高地正在隆起。

晋能光伏技术有限责任公司光伏组件车间生产线

    营商环境是生产力、是竞争力。山西对表中央要求，对标发达地区做法，对接国际通行的投资贸易规则，打造"六最"营商环境，取得明显成效。率先开展全省域营商环境评价，全省一体化在线政务服务平台实现五级全覆盖。2020 年，山西各开发区共承接省市县下放权限 11482 项，为企业提供"保姆式""一对一"服务。全面推行证照分离，提高行政审批效率，进一步激发了市场主体活力。

    习近平总书记在山西考察调研时指出要发挥重大投资项目带动

作用，奋发有为推进高质量发展。山西坚持把转型项目建设作为硬任务、硬指标、硬抓手，瞄准产业链领军企业、头部企业，实施精准招商，强化延链补链，集中举行"三个一批"活动，全省上下铆足干劲、倒排工期，挂图作战、压茬进行，持续掀起项目建设高潮。2020年新开工项目7274个，计划总投资1.24万亿元，带动全社会固定资产投资增长10.6%，其中制造业投资增长25.9%。

一项项重大改革、一个个创新举措、一次次优化发展环境，凝聚起推动转型的磅礴力量。山西聚焦"六新"突破，推动项目建设不断取得新突破，一批大项目好项目优质项目纷纷抢滩登陆。上海凯赛生物、山东如意、福川未来交通等国内龙头企业落户，锦波生物、美锦氢能、大运汽车等省内领军企业加快发展，信创、大数据、半导体、光电等一批新产业从无到有、由点到面，逐步呈燎原之势。此时的山西，高质量发展成为最强音，基础产业持续做优做强，新兴产业加速培育壮大，未来产业谋篇布局。

（3）践行初心使命，以脚踏实地的倾情之笔书写新答卷

山西是脱贫攻坚重要战场，山西全省上下以不获全胜决不收兵的意志，攻坚克难，苦干实干，走出了一条具有山西特点的减贫之路。2020年，山西精准施策、集中攻坚，有效克服疫情影响，58个贫困县全部摘帽，7993个贫困村全部退出，329万贫困人口全部脱贫，"两不愁三保障"全面实现，解决了区域性整体贫困问题。

脱贫摘帽不是终点，而是新生活新奋斗的起点。山西严格落实"四个不摘"重大要求，保持现有帮扶政策总体稳定，出台巩固产业、就业、教育扶贫成果三个实施意见和易地扶贫搬迁后续扶持7个方面26条措施。针对"一老一小一青壮"群体特点，着力实施强保障防返贫、抓教育斩穷根、抓培训增技能三方面工作，全生命周期

巩固脱贫成果。

人民至上、生命至上。2020年，面对形势严峻的新冠肺炎疫情，山西省委、省政府坚决贯彻习近平总书记重要指示和党中央决策部署，在大考中交上了一份优异答卷：用36天时间基本消除本土新发病例，用52天时间实现本土病例清零，13支医疗队1516名优秀医护人员驰援湖北，坚决打赢疫情防控阻击战，让生命的春天如期而至。

进入疫情常态化防控阶段后，山西制定实施面上放开、点上精准，关口内置、闭环管理工作策略，扎实做好冷链物流市场监督管理、省外入晋人员健康监测等重点工作，周密做好国际航班经停太原入境赴京防控工作。山西全省上下始终保持战略清醒，持续抓好常态化疫情防控工作。

面对错综复杂的国内外环境和新冠肺炎疫情的严重冲击，山西做好"六稳"工作，落实"六保"任务，掌握发展主动权。省委、省政府及时出台支持中小企业共渡难关10条举措和有序复工复产21条措施、促进服务业稳定增长24条措施、支持文旅企业共渡难关若干措施、稳外贸"双20条"等政策，帮扶困难企业渡难关。全面落实制度性和阶段性减税降费政策，最大限度减轻企业负担。全力稳定农业生产，推动山西全省干部"进工地、到一线、解难题"入企服务。

民生无小事，枝叶总关情。山西实施就业优先政策，多措并举抓好高校毕业生、农民工、退伍军人等重点群体就业。出台《山西教育现代化2035》及加快推进山西教育现代化三年实施方案，统筹推进各级各类教育协调发展，努力办好人民满意的教育。深化县域医疗卫生一体化改革，建立与国内一流医院、一流临床专科、一流专家团队的帮扶合作机制，扎实推进基本公共卫生服务均等化，加快补齐医疗卫生短板弱项。不断完善社会保障体系，制定支持社区居家养老服务发展意见，住房公积金"跨省通办"信息化建设走在全国前列……人民群众的获得感、幸福感、安全感在高品质生活的创建中不断增强。

绿水青山就是金山银山。太原市实施"九河"综合治理，不断深化水生态保护与修复，重现山如黛染、水似碧玉的旖旎风光。汾河流域 13 个地表水国考断面水质全部退出劣 V 类，森林覆盖率历史性超过全国平均水平……到 2020 年底，山西污染防治攻坚战阶段性目标任务和各项约束性指标圆满完成，蓝天、碧水、净土三大保卫战圆满收官，人民群众生态环境获得感显著增强。

文化是民族生存和发展的重要力量，山西挂牌成立山西大同云冈学学院、云冈研究院和云冈文化生态研究院，深入挖掘云冈石窟历史文化价值。大力实施文化强省战略，乡镇、农村公共文化设施基本实现全覆盖，一批批文艺作品不断涌现，山西在文化强省战略中迈出了新步伐。

（4）扛牢政治责任，以敢于斗争的担当之笔书写新答卷

2020 年 6 月以来，金融系统展开调查、采取措施，一批地方金融系统和金融监管机构"蛀虫"被查。

山西省委全面落实新时代党的建设总要求，以政治建设为统领，推进全面从严治党，构建良好政治生态，用高质量党建为蹚出一条转型发展新路子提供了有力的组织保障、强大的动力支撑。

牢牢扛起管党治党主体责任。山西省委制定进一步加强政治监督的实施意见，健全贯彻落实习近平总书记重要指示批示闭环工作机制，确保条条落实、件件落地、事事见效。严明政治纪律和政治规矩，确保党中央政令畅通、令行禁止，严肃党内政治生活，构建"亲""清"政商关系、"简""减"同志关系、"严""严"组

织关系，实现干部清正、政府清廉、政治清明。坚持全面从严管党治警，扎实开展政法队伍教育整顿，努力打造党和人民信得过、靠得住、能放心的政法铁军。

为政之要，唯在得人。山西省委深入贯彻新时代党的组织路线，着力打造忠诚干净担当有作为的高素质干部队伍。贯彻落实《2019—2023年全国党政领导班子建设规划纲要》，选优配强了各级领导班子。全面试行省管领导干部业绩评价工作，大力营造以结果论英雄的浓厚氛围，引导党员、干部在转型创业中冲锋在前、建功立业。

从严治党永远在路上。省委坚持不敢腐不能腐不想腐一体推进战略目标，一刻不停深化党风廉政建设和反腐败斗争。2020年山西全省纪检监察机关共立案29835件，给予党纪政务处分28530人，组织处理42828人，移送审查起诉629人。

2020年，是中华人民共和国历史上极不平凡的一年，也是山西发展史上极不平凡的一年。山西铭记关怀，不负重托，在历史性赶考中交出了新答卷。放眼三晋大地，到处充满希望和活力，山西转型发展面貌、改革开放面貌、干部群众精神面貌发生了前所未有的变化。奋进的山西步履铿锵，未来发展，三晋可期。

3. 重走之路，感悟领袖情怀

"现在生活条件比原来好很多了，家家户户通了天然气，用水用电都方便。以前住在土窑洞，今天怕漏雨，明天怕掉土，现在3间大瓦房又宽敞又舒服。还有公交车，哪都能去，跟住在城里没什么两样。"在外打工30多年的刘有仁2021年回到大同市云州区西坪镇坊城新村，在村集体合作社有了一份喜欢的工作，拿上了工资。

"就是习近平总书记说的那样：更好的日子还在后头！"说到以后的生活，刘有仁满脸笑容。

白高山家的小院打扫得干净利落，三间正房窗明几净，"家里的布置没变，但生活变了，变得更好了！一个月我们老两口能赚2600元，工资按月发。""这都是托了习近平总书记的福，赶上了党的好政策。"交谈中，白高山又回忆起习近平总书记来他家的情形。

如今，行走在坊城新村，随处可见村民幸福的笑脸。坊城新村干部群众牢记习近平总书记嘱托，在党的建设、产业发展、就业培训、乡村旅游、环境整治等方面下大功夫，不断激发发展活力，倾力打造村美民富的新农村。

西坪镇副镇长、坊城新村党支部书记刘世贵说，现在坊城新村全村200户440人，只要有劳动能力的，没有一个闲人，全都有营生干、有钱赚，农村变美了，生活富裕了，农民的日子越过越好了。

2022年春节期间，受疫情影响，云冈石窟静谧安然。"游客少了，但保护工作一刻也没有停止。"云冈研究院院长杭侃说。

云冈研究院积极贯彻落实习近平总书记在云冈石窟考察调研时的重要指示精神，始终把保护放在第一位，以高水平创建云冈学为引领，推动云冈文旅深度融合，不断扩大云冈石窟影响力、美誉度，保护、研究、管理、利用各项工作取得显著成效。云冈研究院积极拓展文保项目储备，扎实推进各类保护工程，加快文保实验室建设和研究成果出版工作，持续推动科研课题研究，深化与知名高校合作，不断提升保护水平，云冈学建设再上一个新台阶。

面对石窟岩体、水患、风化等多种病害，多学科、多部门协作，最大限度地对石窟寺的本体信息进行有效保护。经过几十年不懈努力，云冈石窟的稳定性问题基本解决，水害得到有效遏制，洞窟保存环境和保护状态得到极大改善。等比例复制的 20 窟大佛、世界首例采用三维激光扫描与 3D 打印技术原比例复制的云冈第 3 窟落户山东青岛城市传媒广场、3D 版第 12 窟"音乐窟"从浙江"走"到上海……"数字云冈"正在向大众传递千年文化的成果和智慧，让人类文化遗产大放光彩。

让文物活起来、走出去，云冈研究院探索出一条数字化研究、保护、开发利用之路，其多项科研项目取得重大成果。2021 年 12 月 14 日，云冈石窟迎来申遗成功 20 周年的日子。20 年来，云冈石窟的保护理念和技术体系日趋成熟，保护工作重点已由抢救性保护转向预防性、研究性保护，为我国的世界文化遗产保护递交了一份满意的答卷。

2022 年新春佳节，太原汾河景区在夜色中流光溢彩。24 座跨汾大桥霓虹闪烁，古香古色的画舫金碧辉煌。遍布景区的 7 万余盏灯饰，与滨河东西路的光带交相辉映，展现出一幅色彩斑斓的立体

太原市汾河晋阳桥造型别致，古典与现代完美地融合在一起

美景。

2017 年 6 月、2020 年 5 月，习近平总书记亲临山西考察调研，对于汾河治理先后提出水量丰起来、水质好起来、风光美起来及要切实保护好、治理好汾河，再现古晋阳汾河晚渡的美景，让一泓清水入黄河等重要指示，为太原市进一步加强汾河流域生态治理提供了根本遵循。

汾河养育了千千万万的山西人，我们有责任守护好自己的"母亲河"。牢记习近平总书记的殷殷嘱托，让一泓清水永续长流，太原市汾河景区管理委员会的每一位工作人员都深感责任重大。2021 年 5 月，太原市滨河自行车道建成通车，在完善城市骑行网络、降低能耗的同时，打造出"一泓碧水穿城过，河畔彩带映春色"的美景。同年 9 月，太原汾河景区四期正式对外开放，建有观景台、趣味沙滩、画廊、草亭等生态景点 27 处，形成集休闲、健身、旅游等于一体、可持续性发展的多元化生态环境系统。

为了提升汾河水质，太原市着力推进"九河"治理工程，完成了河道综合治理、水系雨污分流、绿化提质升级以及地下管线建设等工程。令人欣喜的是，治理后太原建成区河道内基本消除了黑臭水体，曾经的臭水沟变成了飘动在城市版图上的"绿丝带"。

如今，太原汾河景区共种植各类树木花卉 230 余种，实现了"三季有花、四季常绿"的景观效果。紫鹭、斑嘴鸭、花凫、翠鸟等 165 种鸟类在这里迁徙栖息，对保护物种多样性发挥了重要作用。此外，汾河及其两岸大量植树、种草，保留沙洲、芦苇等，给各种动物提供了适宜生存的环境。

2022 年，太原市继续实施提质改造工程，全面提升汾河景区日常管理水平和服务质量，继续做好汾河景区水体生态维护、改善工作，做好自行车道设施安全、路面整洁、秩序良好等保障工作，努力打造国内一流的自行车道，再现"锦绣太原城"盛景。

（三）习近平总书记2022年在山西考察调研

1. 重要讲话重要指示

在中华民族传统节日春节即将到来之际，2022年1月26日至27日，习近平总书记来到山西考察调研，看望慰问基层干部群众。这是习近平总书记五年来第三次来到山西，充分体现了党的领袖对老区人民的深切关怀，充分体现了党中央对山西工作的高度关注。三晋大地一片欢腾，3500万干部群众倍感振奋。

两天时间里，习近平总书记先后来到山西临汾、晋中等地，深入农村、文保单位、企业一线考察调研，与基层干部群众拉家常、话发展，喜迎虎年春节，送去党中央的关心和慰问。在霍州市师庄乡冯南垣村，听取山西省灾后恢复重建、秋冬补种、确保群众温暖过冬以及防灾减灾体系建设等情况汇报，入户查看房屋重建情况；在汾西县僧念镇段村，了解巩固拓展脱贫攻坚成果、接续推进乡村振兴、加强基层党建等情况，到养殖户家中了解增收情况，并察看春节民俗活动，与现场群众亲切交流；在平遥古城考察古城墙、平遥县衙、日昇昌票号等，听取文化遗产保护利用、晋商精神传承等情况介绍，沿街巷查看古城风貌，了解特色店铺经营情况；在山西瑞光热电有限责任公司，听取山西省能源保供及能源革命综合改革试点情况汇报，了解企业供电供热、节能减排、安全运行等情况，与一线职工亲切交流。

（1）到山西第一站就来到这里，是要实地看一看灾后恢复重建情况

2021 年 10 月，山西出现有气象记录以来最强秋汛，全省 11 市 240 多万人、480 多万亩农作物受灾。

习近平总书记最牵挂的是受灾群众，考察首站就来到受灾较为严重的霍州市师庄乡冯南垣村，一下车就站在大雪中听取山西省受灾情况、恢复重建情况汇报，走进受灾村民家中仔细察看重建住房。

山西省有关负责同志告诉习近平总书记，灾情发生后，山西重点抓了解决吃穿住、确保不返贫、关注风雨雪、抓紧种收建这几件大事，5 万多户受损农房已全部修缮重建，冬小麦播种面积还有所增加。

在受灾村民师红兵家中，师红兵告诉总书记，这房子又结实又暖和，一家人可以踏踏实实过年了，衷心感谢党和政府。

习近平总书记指出，自己一直牵挂着灾区群众，今天到山西第一站就来到这里，是要实地看一看灾后恢复重建情况。看到村容村貌干净整洁，生产生活秩序得到恢复，重建修缮的房屋安全暖和，家家都在忙年，年货备得也很齐全，庄稼地里孕育着生机，自己感到很欣慰。乡亲们在生产生活上还有什么困难，党和政府要继续帮助解决。要统筹灾后恢复重建和乡村振兴，加强流域综合治理，补齐防灾基础设施短板，提升防灾减灾救灾能力，带领人民群众用勤劳双手重建美好家园，用不懈奋斗创造幸福生活。

（2）建设现代化国家离不开农业农村现代化

如何巩固拓展脱贫攻坚成果、接续推进乡村振兴，是习近平总书记此行考察调研的另一个重点。

汾西县僧念镇段村属于原吕梁山区集中连片特困地区，2014 年全村还有建档立卡贫困户 275 户。通过种植、养殖、林果、光伏

产业等多元发展，段村于 2019 年 12 月整村脱贫。

在村便民服务中心，一张挂在墙上的"防止返贫动态监测和帮扶作战图"吸引了习近平总书记的目光。作战图上，清晰列明 16 个脱贫不稳定户、边缘易致贫户的名单，每一户的监测识别时间、风险分类、帮扶责任人、帮扶措施、解除风险时间一目了然。村干部向习近平总书记逐一介绍了他们开展为民服务、提升基层治理水平、防止返贫动态监测和帮扶等做法。

村文化广场上，红灯笼挂满树梢，乡亲们打起威风锣鼓、扭起秧歌。走进热闹的人群，习近平总书记对乡亲们说，共产党的根本宗旨就是为人民群众办好事，为人民群众幸福生活拼搏、奉献、服务，现在如期打赢了脱贫攻坚战，如期实现了全面建成小康社会目标，踏上了全面建设社会主义现代化国家新征程。建设现代化国家离不开农业农村现代化，要继续巩固脱贫攻坚成果，扎实推进乡村振兴，让群众生活更上一层楼，在推进农业农村现代化中越走越有奔头。

（3）共产党就是给人民办事的

在汾西县僧念镇段村村民蔡文明家中，习近平总书记一一察看厨房、卧室和羊圈，详细询问家庭收入多少、生活怎么样。

"现在村里水、电、交通都很好，大家都有事做、有收入，我们赶上了好时代，都是托共产党的福、托习近平总书记的福。"蔡文明朴实的话语道出了真挚的心声。

听说一家人 2016 年底脱贫后，如今靠养羊、外出务工日子越过越红火，习近平总书记十分高兴地指出，让人民群众过上幸福生活，是我们党百年来的执着追求，我们要不忘初心、牢记使命，一代接着一代干。

习近平总书记的重要指示充分体现了人民领袖始终与人民群众

心贴心的深厚情怀。

（4）供电供热事关经济发展全局和社会稳定大局，是关系民生的大事

习近平总书记十分关心山西能源保供工作。

在山西瑞光热电有限责任公司考察调研时，习近平总书记首先听取山西省能源革命综合改革试点和企业推进煤炭清洁高效利用、加快传统产业转型升级等工作介绍。在企业热电机组生产集中控制室、燃料智能化管控中心、机器人自动化验室，习近平总书记察看了生产运行数据，向现场技术人员了解企业加强节能减排、提高生产效率和安全生产保障等情况。习近平总书记随后走进企业储煤场，察看煤场储煤等情况。

习近平总书记指出，供电供热事关经济发展全局和社会稳定大局，是关系民生的大事，要贯彻落实党中央关于能源保供各项部署要求，多措并举加强供需调节，提升能源供应保障能力，大企业特别是国有企业要带头保供稳价，强化民生用能供给保障责任，确保人民群众安全温暖过冬。

习近平总书记的重要指示，对山西是肯定更是鞭策。

（5）推进碳达峰碳中和，不是别人让我们做，而是我们自己必须要做，但这不是轻轻松松就能实现的，等不得，也急不得

习近平总书记多次强调，实现碳达峰碳中和目标，事关中华民族永续发展和构建人类命运共同体。这次在山西瑞光热电有限责任公司考察调研时又指出，推进碳达峰碳中和，不是别人让我们做，而是我们自己必须要做，但这不是轻轻松松就能实现的，等不得，也急不得，必须尊重客观规律，把握步骤节奏，先立后破、稳中求进。富煤贫油少气是我国国情，要夯实国内能源生产基础，保障煤

炭供应安全，统筹抓好煤炭清洁低碳发展、多元化利用、综合储运这篇大文章，加快绿色低碳技术攻关，持续推动产业结构优化升级。要积极稳妥推动实现碳达峰碳中和目标，为实现第二个百年奋斗目标、推动构建人类命运共同体做出应有贡献。

（6）在高质量发展上不断取得新突破

2009 年，时任中央政治局常委的习近平同志在山西考察时，亲自推动山西建设国家资源型经济转型综合配套改革试验区，为山西发展指明了"金光大道"。

习近平总书记前两次在山西考察调研，都对山西省资源型经济转型提出明确要求。这次调研时，再次强调要持续推动产业结构优化升级，在高质量发展上不断取得新突破。习近平总书记的重要指示，为山西省推动高质量发展指明了前进方向。

（7）把富有民族特色的传统文化产业发扬光大、推向世界

习近平总书记在平遥古城考察调研时，自迎薰门步行入城，登上城墙俯瞰古城全貌，随后乘车来到平遥县署，听取古城历史沿革、建筑布局、文化遗产保护传承等情况汇报。习近平总书记指出，历史文化遗产承载着中华民族的基因和血脉，不仅属于我们这一代人，也属于子孙万代，要敬畏历史、敬畏文化、敬畏生态，全面保护好历史文化遗产，统筹好旅游发展、特色经营、古城保护，筑牢文物安全底线，守护好前人留给我们的宝贵财富。

平遥是晋商发源地，文化底蕴深厚。日昇昌票号开创了我国金融业发展的先河。在日昇昌票号博物馆，习近平总书记了解了晋商文化和晋商精神的孕育、发展等情况。习近平总书记强调，要坚定文化自信，深入挖掘晋商文化内涵，更好弘扬中华优秀传统文化，更好服务经济社会发展和人民高品质生活。

　　古城南大街年味浓郁。习近平总书记沿街巷察看古城风貌，走进平遥牛肉店、推光漆器店、东湖老醋坊，了解当地文化遗产保护利用和开展特色经营情况。习近平总书记指出，要做优秀传统文化

平遥推光漆以其高超的制作技艺、独特的文化内涵、重要的艺术价值，成为山西传统工艺的卓越代表

传承者，保护好推光漆器等文化瑰宝，把富有民族特色的传统文化产业发扬光大、推向世界。

（8）各级党委和政府要始终绷紧疫情防控这根弦

习近平总书记强调，当前，全球疫情仍在扩散并呈现新的特点，新型变异毒株传播快、传染力强，加上冬季各类传染性疾病高发，防控风险增大。各级党委和政府要始终绷紧疫情防控这根弦，坚持以预防为主，持续抓紧抓实抓细外防输入、内防反弹工作，提高防控的科学性、精准性。群众就医、供应、通行等方面也要全面跟上，保障好人民生命安全和基本生活需要。

习近平总书记的重要指示，充分体现了人民至上、生命至上的执政理念和价值追求。

（9）统筹发展和安全

2022 年是中国共产党第二十次全国代表大会召开之年，做好安全稳定工作十分重要。

习近平总书记 2020 年在山西考察调研时就要求推动社会治理重心向基层下移，这次又强调要统筹发展和安全，充分体现了坚持底线思维、增强忧患意识的思想方法、工作方法、领导方法。

2. 把习近平总书记交办的事情办好

这是党的十八大以来，习近平总书记第三次到山西考察调研，从雁漠古域到尧舜故土，从巍巍太行到滔滔黄河，3500 万三晋儿女倍感温暖、备受激励、倍加振奋。

山西全省上下把学习贯彻习近平总书记在山西考察调研重要讲话重要指示作为重要政治任务，与学习贯彻党的十九大和十九届历次全会精神结合起来，与学习贯彻习近平总书记 2017 年、2020 年在山西考察调研和在推动中部地区崛起、黄河流域生态保护和高质量发展等会议上的重要讲话重要指示精神结合起来，与学习贯彻中国共产党山西省第十二次代表大会、山西省委十二届二次全体会议暨省委经济工作会议和省"两会"精神结合起来，胸怀"两个大局"，心怀"国之大者"，锚定转型不松劲、一张蓝图绘到底，时刻与群众想在一起干在一起，全面把握山西资源禀赋、区位优势、经济基础、产业结构、短板风险、人文环境，深刻认识山西发展面临的双重压力、双重难题、双重挑战，把习近平总书记对山西的关怀关爱落实到行动上、体现到发展中。

继续扎实推进灾后恢复重建。山西统筹灾后恢复重建和乡村振兴，实施汾河流域防洪能力提升工程，2022 年汛期前完成 245 座水毁水库工程设施以及河道堤防水毁修复，做好桑干河、滹沱河、漳河、沁河等流域综合治理，推进应急管理体系和能力现代化，提升防灾减灾救灾能力。

推动巩固拓展脱贫攻坚成果同乡村振兴有效衔接。山西全面贯彻落实好 2022 年中央一号文件精神和山西省实施意见，健全防止返贫动态监测和帮扶机制，抓好产业和就业两个关键，强化联农带农机制，扎实推进乡村建设行动，完善乡村振兴的政策体系、工作体系、制度体系。

着力增进民生福祉。山西把财政新增部分进一步向民生和社会事业倾斜，突出重点、补齐短板，扎实做好促进就业、居民增收、教育服务、医疗卫生、社会保障等各项工作，让老百姓底气更足、笑脸更多、生活品质更高。

坚定担起保障国家能源安全的职责使命。山西统筹抓好煤炭清洁低碳发展、多元化利用、综合储运这篇大文章，积极布局矿井产能接续项目，在大力推动煤电机组节能降碳改造、灵活性改造、供热改造"三改联动"基础上，有序开展超超临界改造，布局推进一批特高压及外送通道重点电网工程，进一步提升对国家能源安全和宏观经济稳定的支撑保障能力。

以碳达峰碳中和目标为牵引深化能源革命。山西科学编制并有序落实山西碳达峰实施方案，落实好新增可再生能源和原料用能不纳入能源消费总量控制政策，积极有序发展风能、太阳能、生物质能、氢能等新能源，因地制宜大力推进非常规天然气增储上产、地热能利用和干熄焦发电，加快抽水蓄能项目和汇集站建设，有力有序实施重点行业能效提升行动，积极稳妥推动实现碳达峰碳中和目标。

坚定推动资源型经济转型。山西加大传统优势产业改造提升力度，不断发展壮大战略性新兴产业，实施好服务业提质增效十大行动，推动农业特优高效发展，着力打造创新生态，大力发展数字经济。深化国资国企、财税体制、地方金融等改革，接续实施"三个一批"活动，研究"五有套餐"配套办法，贯彻"三无""三可"要求，推动营商环境持续优化。

保护利用山西省丰富历史文化遗产。山西坚定文化自信，用好文化富矿，统筹好旅游发展、特色经营、文物保护，打造中国文化传承弘扬展示示范区，把富有特色的传统文化产业发扬光大、推向世界。

加快推动美丽山西建设。山西统筹推进山水林田湖草沙系统治理，严格落实"四水四定"刚性约束，扎实推进"两山七河一流域"生态修复治理和生态省建设，持续抓好中央生态环保督察和黄河、汾河流域环境突出问题整改，探索建立生态产品价值实现机制，争创国家生态文明试验区。

持续抓好常态化疫情防控。山西强化多点触发监测预警响应和属地"第一时间、第一落点"管控，扎实做好中高风险地区入晋返晋及关联人员排查管控、国际航班经停入境管理、冷链物流和寄递物流管理等工作，督促村（社区）严格落实验码、测温、戴口罩"三要素"，保障好人民生命安全和基本生活需要，坚决守好山西阵地。

坚决维护社会大局稳定。山西以为中国共产党山西省第十二次代表大会胜利召开创造安全稳定的政治社会环境为主线，牢固树立总体国家安全观，引深安全生产风险隐患大排查大整治百日攻坚等行动，完善社会矛盾综合治理机制，扎实做好防风险、保安全、护稳定各项工作，切实当好首都"护城河"。

全方位推动高质量发展的首要任务是经济高质量发展，经济高质量发展的关键是产业转型。山西将坚定不移推动资源型经济转型，以增强生存力发展力为方向改造提升传统优势产业，以加快集群化规模化为方向发展壮大战略性新兴产业，推动农业"特""优"发展、服务业提质增效，以数字技术赋能三次产业跨越发展。同时加快构建"一群两区三圈"城乡区域发展新布局，着力打造开发区建设升级版，大力实施市场主体倍增工程，全面创优营商环境，为经济高质量发展提供了有力抓手和重要保障。

全方位推动高质量发展是为了让人民过上好日子。2021年，山西各项民生事业取得长足进步。山西将始终坚持以人民为中心的发展思想，统筹疫情防控和经济社会发展，努力做到民生投入只增不减、惠民力度只强不弱、惠民实事只多不少，扎实推动共同富裕，让老百姓底气更足、笑脸更多、生活品质更高。

二、小康工程建设的恢宏历程

（一）起步地平线

1949 年 10 月 1 日，新中国成立，标志着中华民族任人宰割、饱受欺凌的时代一去不复返了，中国人民从此站起来了。山西是革命老区，早在 1949 年 8 月召开的山西省委第一次全委扩大会议上，就确立了山西省解放初期的工作方针，其基本任务是恢复与发展工

"一五"时期，太原第二热电厂工人正在检修发电机组

农业生产；恢复与发展教育、文化、卫生事业；加强治安工作，安定社会秩序，保卫生产建设和人民生命财产的安全。

从 1949 年至 1978 年，山西和全国一样，开始了艰难的社会主义制度建立和社会主义发展道路的探索，逐步走上了一条符合本省实际，以煤炭、冶金、电力、机械、化工为支柱产业的工业化发展道路。在工农业战线，涌现出石圪节煤矿、西沟、大寨等一批先进典型。山西的农田水利建设取得了光辉成绩，先后建成了汾河水库、册田水库、漳泽水库等一批水利工程，造福山西百姓。

1978 年 12 月召开的党的十一届三中全会，确立了解放思想、实事求是的思想路线，明确作出把党和国家工作重点转移到社会主义现代化建设上来的战略决策，提出"对内搞活，对外开放"的总方针，山西从此进入了改革开放和社会主义现代化建设的新时期。

农村家庭联产承包责任制逐步成为全省农村的基本生产组织形式，极大地调动了农民的生产积极性，焕发出了农村的活力。1984 年，全省粮食产量达到 87.2 亿公斤，农村居民人均消费支出由 1978 年的 90.6 元上升到 224.3 元。与此同时进行的能源基地建设，成为山西经济建设的重头戏。

在伟大转折的时刻，邓小平同志首先用"小康"诠释"中国式的现代化"，提出"小康之家"的目标。1982 年，党的十二大把小康作为主要奋斗目标和我国国民经济和社会发展的阶段性标志，提出到 20 世纪末力争使人民的物质文化生活达到小康水平。1987 年党的十三大制定了经济建设的"三步走"战略：第一步，实现国民生产总值比 1980 年翻一番，解决人民的温饱问题；第二步，到 20 世纪末，使国民生产总值再增长一倍，人民生活达到小康水平；第三步，到 21 世纪中叶，人均国民生产总值达到中等发达国家水平，人民生活比较富裕，基本实现现代化。

小康，从提出到起步，再到目标清晰，是一个渐进的过程。山西小康社会建设，起步基础薄弱，1978 年，全省生产总值仅 88 亿元，人均生产总值仅有 365 元，财政总收入 19.6 亿元，城镇居民人均可支配收入仅为 301.4 元，农村居民人均纯收入仅为 101.6 元；城镇居民人均消费支出 275 元，农村居民人均消费支出仅 90.6 元；城镇居民家庭恩格尔系数 55.5%，农村居民家庭恩格尔系数 67.3%；城镇居民住房面积人均 4.53 平方米，农村人均住房面积 9.4 平方米。改革开放初期，山西仍有近 1000 万贫困人口。

（二）跨越温饱线

小康社会建设，关键是农村的小康建设，重点是农村，难点也是农村。"文化大革命"结束后，山西的农村大部分还很贫穷，解决温饱问题是当时山西乃至中国经济社会发展面临的最为迫切的问题。党的十一届三中全会之后，山西的改革着重于解放生产力。1978 年 12 月 28 日至 1979 年 1 月 8 日，山西省委召开了常委扩大会议；1979 年 1 月 9 日至 23 日，省委四届二次全体（扩大）会议召开，传达贯彻党的十一届三中全会关于实行工作重点转移和改革开放重大决策的精神，讨论贯彻《中共中央关于加快农业发展若干问题的决定（草案）》。这两次会议把全省干部群众的思想逐步统一到了党的十一届三中全会精神上。

农村联产承包责任制的推广普及。山西是最早实行包产到组、包产到户、联产到劳和包干到户责任制的地方。1978 年 2 月，运城地区闻喜县裴庄公社南郭大队瞒着上级把棉田包给 19 户社员，并签订了一份秘密棉花生产合同，约定棉花亩产 60 公斤，记工分 1000 分，超产部分归社员自己所有，并约法三章，不许泄密。秋后，尽管当年遭受了旱灾与虫害，但 19 户社员承包的棉田由过去的亩产 12.5 公斤增加到 42 公斤，总产量达到 4220.5 公斤，交够了规定的任务量后，社员还有富余。闻喜县委当即在全县推广了南郭大队的做法。南郭大队秘密包产到户的做法，早于安徽肥西县山南大队约 9 个月，早于凤阳小岗村 10 个月。无独有偶，位于吕梁山区的离石县，当时也首先在坪头公社赵家山大队试行"以队核算，以牛划组，定产到田，责任到人，以户管理，全奖全赔"的联产责任制；宁武县推行"以队核算，分组作业，联产计酬""三包一奖，包产到组"等办法。

一石激起千层浪，尽管长期受"左"的思想影响，联产承包责任制的推广阻力重重、举步艰难，但势不可挡，1980 年 10 月 21 日，山西省委向中共中央报送《关于全省农业学大寨经验教训的初步总结》报告。11 月 23 日，中共中央转发了这个报告，并在批语中指出："各地应认真总结学大寨和三中全会以来农业战线上的经验教训，以利于进一步肃清农业战线上'左'倾路线的影响，更好地贯彻执行三中全会以来中央制定的各项农村政策。"1980 年底，全省实行包产到组、包产到户和包干到户的生产队，达到全省农村生产队总数的 40.7%。1981 年全省掀起了责任制的热潮，到 1982 年 5 月，全省 12.5 万个生产核算单位已经基本建立了各种生产责任制，尤其是山西 28 个长期困难的县，在短短两年时间内基本解决了农民的吃饭问题。长期困扰农村的温饱问题迅速得到解决。

农村专业户与重点户的涌现。伴随着包干到户生产责任制的全面实行，农村多种经营也逐步发展起来，出现了新的经济群体——专业户和重点户。专业户是指以家庭经营为基本单位，以商品生产为基本特征，专门从事某项生产的农户；重点户是指在承包经营集体责任田的同时，用很大一部分精力从多种经营中选择一种专业着重经营。"两户"的出现，使一部分农民率先富裕起来。应县义井公社杨庄大队社员张学仲，全家7口人，两个整劳力，两个半劳力，1981年承包了38.6亩地，养了47头猪、8头牛、1头骡子、1头驴、7只羊，当年向国家提供商品粮3075公斤、油料201.5公斤，并向市场提供牛7头、羊3只、仔猪19头，全家收入7115元，人均1016元，成为四邻八乡的"冒尖户"，之后各地不断出现张学仲式的农户，应县有4000农户办起了家庭养殖场。河津县出现了各种各样的专业户、重点户，到1982年6月，全县"两户"就由1981年的265户增加到2853户，占到总户数的6%。山西省委、省政府高度重视"两户"的培养，采取一系列措施进行推广，并于1983年发出了《关于大力抓好专业户、重点户培训的通知》。《山西日报》连续刊登五台县、寿阳县、吕梁地区、长治市等发展"两户"的报道，宣传各地因地制宜，支持发展"两户"的经验。1982年底，山西各种专业户、重点户达到83万个，占全省总户数的17%。如雨后春笋般涌现出来的专业户、重点户成为农村经济发展的生力军，同时又孕育出商品粮生产专业户，创造出户包治理小流域的形式，为之后山西农村的改革和持续发展奠定了坚实的基础。

乡镇企业异军突起。乡镇企业是改革开放之后山西农村兴起的一种企业组织方式。1985年2月28日，山西省委、省政府做出《关于加速发展乡镇企业的决定》，明确提出"积极开发资源，坚持对外开放，认真搞好改革，加强技术改造"的方针，并对加速乡镇企业发展制定出 25 条保护政策。在政策的指导下，极大地焕发了农村的活力，乡镇企业发展如火如荼。从企业数量看，1983 年，全省有社队企业 6.9 万个，1987 年发展到 35.63 万个，4 年增加了 4.1 倍；从职工数量看，1983 年全省社队企业有职工 96.97 万人，1987 年发展到 226.86 万人，4 年间增长 1.3 倍；从产值看，1983 年全省社队企业总产值为 29.06 亿元，1987 年达到 108.9 亿元，4 年间增长 2.7 倍。1987 年全省乡镇企业总产值 74.6 亿元，为农业总产值的 211.6%，占农村社会总产值的 62.4%，占全省工业总产值的 26.86%，全省乡镇企业安置了 27.57% 的农村劳动力就业，全省农村 1/4 至 1/3 的劳动力在乡镇企业上班。乡镇企业的发展为农村经济注入了新的生机和活力，成为全省国民经济的重要组成部分、国家与地方财政收入新的来源和出口创汇的生力军。乡镇企业的发展也为农村的工业化找到了一条出路，随着乡镇企业的发展，全省迅速崛起一大批小城镇，成为农村的商品生产基地及商品交流、金融、运输、信息、文化活动的中心，为后来的城镇化建设奠定了坚实的基础。

扶贫工程启动。山西是全国贫困面较大的省区之一，至 1978 年，山西 80% 的农民仍处于贫困状态。伴随着改革开放的号角，山西紧跟全国脱贫解困的步伐，持之以恒地展开了 40 年的扶贫工作。1978 年 11 月 29 日，山西召开第十四次全省民政工作会议，在全省范围内选择了兴县白家沟公社、浑源县西河口公社、平鲁县只泥泉公社等 11 个公社作为扶贫试点。1982 年，全省扶贫试点增加至 38 个县的 200 个公社。1983 年 5 月，山西省政府根据党的十二大精神成立了山西省扶助农村贫困户工作领导组，随后各地、市、县也成立了相应的机构，使扶贫工作进入常规化。1984 年 6 月，山西省在怀仁县召开第一次全省扶贫工作会议暨全省扶贫工作怀仁现场经验交流会，研究了扶贫措施，确定了此后两年的扶贫任务，明确了扶贫标准。之后，根据中央的精神，山西省委、省政府组织大批干部，深入调查研究，划定了贫困县，制定了《关于帮助贫困地区尽快改变面貌的实施方案》，明确提出"七五"期间扶贫工作的基本目标就是解决大多数贫困地区人民的温饱问题，到"七五"末赶上全省经济发展的步伐，人均收入达到或接近全省平均水平。从1984年开始，山西的扶贫工作改变了单纯的救济做法，实行了治标与治本相结合、救济生活与发展生产相结合的办法，扶助贫困户发展生产，提升脱贫致富能力。为解决连片贫困地区的问题，1983年山西召开了山区建设工作会议，研究制定扶持山区发展的一系列政策措施。之后又组织干部深入吕梁、太行山区的28个县调查研究，制定了《关于帮助贫困地区改变面貌的实施方案》，确定了第一批38个贫困县，其中分布在吕梁山区的有20个，分布在太行山区的有11个。1985年7月通过的《山西省"七五"期间国民经济和社会发展纲要》更是明确把扶贫确定为"七五"期间的五个发展重点之一。1987年1月，省扶贫工作领导组将山西省的扶贫目标确定为"从1985年算起，到1989年，用5年时间，解决31个贫困县和中央安排的右玉、神池、五寨、岚县等4个专项贴息贷款扶持县的温饱问题"。1988年，山西省委、省政府认真总结扶贫开发工作的经验教训，在4月召开的全省贫困地区工作会议上，提出扶贫的指导思想变"输血"为"造血"，连续两年在贫困地区实施交通建设工程、电网改造工程、改善人畜饮水工程。1994年，为贯彻党中央、国务院《国家"八七"扶贫攻坚计划》的决定，省委、省政府制定了《山西省1994—2000年扶贫开发攻坚方案》，重新审查并确定了 50 个贫困县，其中国定贫困县为 35 个，省定贫困县为 15 个，贫困人口 381 万。到 2000 年底，有 28 个县 320 万人基本解决了温饱问题。

城镇改革扩容。城镇化建设可以有效地扩大内需，拉动经济，统筹城乡，开辟就业渠道，增加人民收入。改革开放之后，随着农村各项政策的推行、乡镇企业的崛起，被长期束缚在土地上的农民纷纷冲破禁锢，涌向城市，务工从商，加快了山西城镇化的发展，山西的城镇化水平由 1979 年的 19.81% 增长至 1990 年的 28.9%。2000 年 12 月的山西省"十五"规划纲要中，把"重点实施城镇化工程"作为全省八大工程之一。2001 年，山西省委、省政府颁布了《中共山西省委、省政府关于促进小城镇健康发展的实施意见》。2005 年 6 月，为进一步加快小城镇发展，山西省人民政府发布了《关于加快全省小城镇建设的意见》，提出实施小城镇建设"1323"工程，

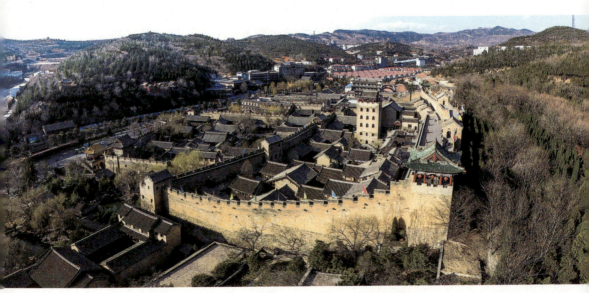

中国历史文化名村——晋城市阳城县皇城村

围绕推进全省城镇化一个目标，抓住"大运""太晋""青银高速路山西段"三条城镇带，突出抓好重点小城镇和历史文化名镇（名村）两个重点，省市县三级人民政府从三个层次，大力加强小城镇建设工作。

（三）区域突破

小康建设是一个不断探索、渐进积累的过程。地区经济发展的不平衡导致小康建设也必然有先有后，山西抓住经济发展好的地方先试先行，进行区域突破。1982 年 9 月 1 日至 11 日召开的党的十二次代表大会，确定在 20 世纪末实现工农业总产值翻两番和人民生活达到小康的经济建设总目标。1982 年 12 月 11 日至 18 日，山西省委召开四届六中全委（扩大）会议，讨论部署全面开创山西省社会主义现代化建设新局面的问题，提出"六五"期间山西经济发展的速度要达到年平均递增 6%，"七五"期间达到 7%，1990 年后迈出更大步伐。1992 年 7 月 11 日，山西省委制定了《中共山西省委贯彻〈中共中央关于进一步加强农业和农村工作的决定〉的实施意见》，对全省农村小康建设做出初步规划，即 6 条标准：1. 物质生活比较富裕——到 20 世纪末国民生产总值在 1980 年的基础上翻两番，农村居民人均纯收入按 1990 年不变价格计算，达到 1100 元。2. 精神生活比较充实——农民文化用品与文化生活服务支出占到消费总支出的 15% 以上，基本普及九年义务教育，农村劳动力受教育水平达到 8 年，社会风尚良好，人们的思想健康向上。3. 居住环境改善——农村人均住房面积达到 16 平方米，做到美观、适用、舒适，实现村镇绿化、美化和街道整洁。4.健康水平提高——农民享受基本的医疗保健，人口平均寿命达到 70 岁。5.基础设施建设和公益事业发展——行政村全部通车、通电、通邮、通电话，社会福利事业比较健全，每个乡镇都有敬老院、养老院，农村"五保户"供养得到保障。6.社会治安良好——农村基本控制重大刑事案件发生，人民安居乐业。

1992 年，山西农村小康建设正式起步，要求在 1995 年前，全省 30% 的经济发展较快的县提前达小康；到 20 世纪末全省 70% 的县要进入小康行列。1992 年至 1999 年 8 年中，山西省委、省政府先后在晋城、大同、阳泉、太原、晋中、运城等地连续 8 次召开全省小康建设现场会议，交流推广各地小康建设的先进经验，研究讨论小康建设中的问题。1995 年，全省 7579 个小康村中，50 个贫困县区只有 453 个，仅占全省小康村的 6%。到 1997 年底，全省有阳泉、晋城 2 个市、32 个县、726 个乡、13000 多个村、1300 万农村人口基本达到小康水平，农村小康综合实现程度达到 80% 以上。

1993 年，山西省委、省政府明确提出三个基础、四个重点的经济发展战略，简称"三基四重"。三个基础即基础农业、基础工业、基础设施，四个重点即挖煤、输电、引水、修路。 1993 年 10 月，山西开展了大规模的三项建设，即重点工程建设、公路建设、农田水利基本建设。经过几年努力，农村的基础设施大为改善，基本实现了镇镇通油路、乡乡通公路、村村通机动车；1993 年 10 月至 1996 年 9 月，全省先后兴建各类农田水利基本建设工程 30 多万处，新增水地 116 万亩，改善水地 965 万亩，新增节水面积 345 万亩，新增基本农田 353 万亩，解决 345 万人的饮水困难，农村水利建设得到大发展，极大地改善了农业生产条件。

1994年2月，根据中央精神，山西省委、省政府制定了《关于进一步深化农村改革、加快农业和农村经济发展的主要政策措施》，做出延长土地承包期和建立土地使用权流转制度的决定，并颁发《延长农村土地承包期、允许土地使用权有偿转让的实施办法》，明确提出"现有土地承包期再延长30年不变，贫困山老区和边远山区延长50年不变"。截至1996年底，全省有93%以上的行政村完成延长土地承包期工作，给农民吃了一颗"定心丸"。鼓励农民在土地上投入，提高土地产出率和农业生产的发展，进一步促进了土地向规模化、集约化经营的转化，促进了农村第二、三产业的发展。

1996年1月31日至2月6日，山西省委召开第七次代表大会，通过了《中共山西省委关于制定全省国民经济和社会发展第九个五年计划和2010年远景目标的建议》，提出了兴晋富民的跨世纪宏伟目标和"三步走"赶超战略。1996年6月6日至9日，省委召开七届二次全体会议，通过《关于进一步扩大对外开放的若干意见》《关于调整产业结构的实施意见》《关于"九五"期间实现扶贫攻坚目标的实施意见》，扩大开放、结构调整、扶贫攻坚成为山西工作的三件大事。

1997年，山西省委、省政府出台了《关于进一步推进农业产业化经营的实施意见》，农业产业化在全省铺开。到2001年底，全省产业化龙头企业和组织发展到4200个，实现销售收入146亿元。

1994年3月，山西省委、省政府在长治市召开全省农村股份合作制培训会议，提出大面积推广股份合作制。1994年9月，省委、省政府在晋城召开全省农村股份合作研讨会，对股份合作制的一些重要问题进行深入探讨。1995 年 12 月，山西省政府颁布《关于进一步深化乡镇企业产权制度改革，加快推行股份合作制的意见》。1996 年，省委、省政府在朔州召开全省农村股份合作制座谈会，进一步推动股份合作制的改革。至 1997 年底，全省农村股份合作制企业达到 10 万个，参股农户 97 万户，股金总额达到 161 亿元。农村股份合作制为乡镇企业改制找到了科学的办法，开辟了广阔的道路，焕发了生机，并为乡镇企业做大做强奠定了基础。

1997 年 9 月 25 日，山西省委、省政府制定了《关于进一步加快全省农村达小康步伐的意见》。通过一系列重要措施的实施，到 2000 年底，全省累计有 59 个县（市、区）、1657.4 万农村人口达到小康，分别占全省县（市、区）和农村人口总数的 50% 和 70%。

2000 年 7 月 5 日，山西省委、省政府发出《关于印发〈山西省农村税费改革试点工作方案〉的通知》。2003 年山西全面推行农村税费改革，农民负担由改革前的 20.5 亿元下降到 6.23 亿元，减负率达到 69.6%，基本上做到了村村减负、户户受益。

2001 年底，山西农村小康建设取得突破性进展，有太原、阳泉、晋城、长治、临汾、晋中 6 个市，61 个县（市、区）整体基本达小康。根据"中国农村小康综合评价指标体系"测算，到 2001 年底，山西农村小康建设的综合实现指数达到了 97.87%。

（四）全域建设

小康是全体人民的小康，是全区域的小康。自然资源禀赋不同必然会导致发展的不平衡。经过持续奋斗，山西小康建设在实现区域突破之后，如燎原之势，迅速在三晋大地展开，统筹城乡、统筹区域发展成为全省上下各级干部的自觉行动。

持续调整经济结构。1998 年 1 月 21 日至 22 日，山西省委召开七届七次全体会议，通过《中共山西省委关于到 2000 年实现"三个基本"目标的决议》，提出到 2000 年国有大中型企业基本走出困境、农村贫困人口基本解决温饱问题、全省农村基本实现小康。1999 年在运城召开全省经济结构调整工作会议，会议讨论了省政府起草的《山西省人民政府关于培育"一增三优"、实现产业优化升级的实施意见》，最后形成下发了《山西省人民政府关于培育一增三优，发展潜力产品，推进产业优化升级的实施意见》，提出重点培育和支持清洁能源、高新技术、特色农业和农副产品加工、旅游、冶金、机械装备和建材 7 类优势企业，重点培育 100 种科技含量高、

2003 年 2 月塔山煤矿开工建设，2006 年 7 月试产出煤，是国内设计生产能力最大的特大型矿井

市场竞争能力强、发展潜力大的优势产品，重点培育和扶持50余种产品结构调整比较好的优势企业。山西经济结构调整以"一增三优"（即培育新的经济增长点，培育优势产业、优势产品和优势企业）为主攻方向，省委、省政府制定了《关于进一步推进经济结构调整，实施"1311"规划的意见》：在第一产业重点扶持发展100个农业产业化龙头企业，在第二产业重点扶持发展30个战略性工业潜力产品项目，在第三产业重点扶持发展10个旅游景区，在高新技术领域重点扶持发展100个高新技术产业化项目。2000年底，经济结构调整取得成效：培育了一批名牌产品，组建了太钢、太化、西山煤电等大型企业集团；基础设施建设方面，太旧、原太、晋阳、运风、夏汾、京大路山西段高速公路相继建成；国有企业改革脱困3年目标基本实现，34户优势企业进行了公司制改革，81户地方国有大中型企业有59户脱困，80%的中小型企业实行了多种形式的改制，17户企业成为上市公司。

循环经济蹄疾步稳。2004年底，山西省委、省政府召开推进循环经济工作会议，确定山西资源综合利用近期目标，即从2005年起用3年时间，将全省万元GDP综合能耗下降6%，万元GDP取水量下降10%。紧接着发起了煤炭行业整顿、煤炭资源整合、建设现代化大型煤矿和煤化工企业三大战役；取缔土焦、关闭改良焦；通过"绿色山西"建设，实施"蓝天碧水"、造林绿化工程，促使山西走上可持续发展的道路。2005年3月25日，山西省委、省政府出台《关于加快林业发展的意见》，对"绿色山西建设"进行了规划。2006年6月8日，省政府下发《关于实施"蓝天碧水"工程的决定》，对大气环境质量改善、生态环境修复、饮用水源地水质达标等做出规划。2010年，全省11个市中有10个达到国家环境空气质量二级标准，空气优良率达到95.1%，84个县（市、区）环境空气质量达到国家二级标准，空气优良率达到95.9%，"蓝天碧水"工程362项指标完成。从2006年开始，全省绿化工程每年完成造林400万亩以上，到2010年森林覆盖率达到18%以上。

新农村建设与城乡融合发展。2006年3月，全省建设社会主义新农村工作会议召开，讨论通过《中共山西省委、山西省人民政府关于加快建设社会主义新农村的意见》，决定实施"千村试点、万村治理"工程，即全省选择1000个有代表性的村，作为新农村建设试点村、示范村、重点村；对1万个村进行人居环境治理，每年治理2000个左右，到2010年，使全省1/3村的面貌得到改观。2008年12月18日，省委九届六次全体会议审议通过《中共山西省委贯彻落实〈中共中央关于推进农村改革发展若干重大问题的决定〉的实施意见》，提出六大任务、30条具体意见。党的十六大之后，山西高度关注"三农"问题，实行了一系列支农惠农政策，从发展农村经济、减免税收、农机补贴、组织农村剩余劳动力转移、扶贫、移民搬迁、饮水解困等多方面加强农村工作。2004年3月，山西省委、省政府出台了《中共山西省委、省政府关于进一步加快农村劳动力转移的意见》，确定了全省劳动力转移的指导思想、基本原则、目标任务和主要途径。到2007年底，全省共有471万农村劳动力得到转移，占全省农村劳动力的50%以上。

"四大增收"和"整村推进"。2003年，山西省扶贫领导组重新确定了扶贫工作的思路：以移民搬迁为重点，全面推进"四大增收"工程，即扶贫移民工程、旱作节水工程、种草养畜工程、农产品加工增收工程。移民搬迁被列为省长工程，从2003年起，用5年左右的时间，将2600多个山庄窝铺、25万贫困人口全部搬出。

从 1996 年开始的移民搬迁，到 2006 年，11 年中全省投入扶贫资金 8.6 亿元，建设扶贫移民新村 542 个，惠及贫困人口约 32 万。从 2002 年开始实施的"四大增收"工程不断推进，仅 2003 年全省在扶贫移民工程方面共安排资金 1.5 亿元，项目涉及 30 个县，共移民 718 个村、13765 户、5 万人。旱作节水方面完成人畜饮水工程 378 处，打水井、集雨旱井 4000 多眼，修造沟坝滩地 20 多万亩，项目覆盖 57 个贫困县、900 多个自然村、近 20 万人口。种草养畜工程方面，全省种草、改良草地 80 万亩，发展舍饲养羊 80 多万只，项目覆盖 57 个县、470 个贫困村、10 万贫困人口。农产品加工增收工程方面，安排财政扶贫资金 1000 万元，吸收银行贷款 1.8 亿元，为 70 个加工企业注入发展资金。从 2004 年开始的"整村推进"扶贫工程，以扶贫开发重点村为对象，以增加贫困群众收入为核心，以完善基础设施建设、发展社会公益事业、改善群众生产生活条件为重点，以促进经济社会文化全面发展为目标，整合资源、科学规划、集中投入、分批实施、逐村验收。工程实施几年，取得了很好的效果，全省每年都有一批贫困村庄整体脱贫，走上致富的道路。

革命老区和贫困山区开发。2006 年 7 月 12 日，山西省委、省政府做出《关于加快晋西北、太行山革命老区开发的决定》，确定了"两区"开发范围，包括全省 10 个市的 59 个县（市、区），提出以增加地方财政收入和农民收入为主要目标，以产业发展为龙头，以交通基础设施建设为重点，带动改善生态，促进社会各项事业全面发展，加快推进"两区"经济、社会、生态的全面协调可持续发展。3 年打基础、5 年上台阶、10 年大翻身，确定了第一轮产业项目 402 个，总投资 2988 亿元。2008 年底，这些产业开发项目全部开工，其中全部投产或部分投产的项目达 319 个，这些项目在带动农民致富、促进财政增收中发挥了较为明显的拉动作用。

技能培训与开拓就业渠道。从 2004 年起，山西省实行了以贫困地区劳动力转移培训为主要内容的"雨露计划"，全省 57 个贫困县农村困难家庭初、高中毕业后未升学的青年，通过择优确定培训基地、开展技能培训、组织劳务输出等途径，帮助他们掌握技能、更新观念、实现就业。至 2010 年底，"雨露计划"累计投入专项资金 1.24 亿元，培训贫困地区劳动力 41.8 万人次，其中 33.5 万人实现转移就业，转移就业率达 80% 以上。与此同时，先后出台加强全省就业工作的 4 个政策性文件和 14 个配套办法，形成促进就业的政策体系。2007 年至 2011 年，全省城镇新增就业 215 万人，新转移农村劳动力 176.6 万人次。

（五）全面建成小康社会

全面小康是全体中国人民的小康，是多维度、全方位的小康，是物质文明、政治文明、精神文明、社会文明、生态文明协调发展的小康。

两轮农村"五个全覆盖"工程。2009 年初，山西省委、省政府决定在 2009 年、2010 年两年中，在农村实行"五个全覆盖"工程，即具备条件的建制村通水泥（油）路全覆盖，中小学校舍安全改造全覆盖，县乡村三级卫生服务体系特别是村级卫生室全覆盖，村通广播电视全覆盖，农村安全饮水全覆盖。两年共投入 300 多亿元，新建村通水泥（油）路 2.5 万公里，改造中小学校舍 9483 所，建成 6637 个村级卫生室，覆盖了 6971 个卫生室"空白村"，建成各类饮水工程 1.27 万处，完成 9638 个村的村通广播电视任务。2011 年初，山西省委、省政府决定启动实施农村新的"五个全覆盖"工程，即在 2011 年、2012 年两年内，实现农村街巷硬化全覆盖、农村便民连锁商店全覆盖、农村文化体育场所全覆盖、中等职业教育免费全覆盖、新型农村社会化养老保险全覆盖。到 2012 年 10 月底，投资 256 亿元，完成 27763 个行政村 13.68 万公里的农村街巷硬化任务；省级投资 1.44 亿元，建成 8427 个便民店，加上 2010 年底前，全省已建成的便民店 15502 个，农村便民连锁店实现全覆盖；投资 5.7 亿元，建成农家书屋 21239 个，加上 2010 年底建成的农家书屋 7100 个，实现农家书屋全覆盖；投资 4 亿元，完成剩余 5354 个村的体育场所建设，并解决了 2139 个行政村体育场地合建的历史遗留问题，加上 2010 年底已建成的 22846 个体育场所，实现了农村体育场所全覆盖；投资 1.4 亿元，为 4383 个村配送价值 5000 元的"农村流动书库"或农村文化活动器材，加上 2010 年底前已建的 23852 个村文化室，全省提前一年完成村级文化活动场所全覆盖。2011 年秋季和 2012 年春季各级财政下达补助资金 5.74 亿元，免除了全省 289 所职业高中（职业中专）和"送教下乡"30.8 万学生的学费。2012 年秋季学期全省 524 所职业高中（职业中专）、普通中专、技工学校和"送教下乡"所有学生学费全免，基本实现中等职业教育免学费全覆盖。全省 115 个农业县全部开展了新农保工作，提前半年完成了新型农村社会养老保险全覆盖，全省各级财政为此投入了 14.3 亿元。两轮"五个全覆盖"不仅改善了农民群众的生产生活条件，有效解决了行路难、上学难、购物难、养老难等一系列困扰农民多年的难题，更为区域经济发展注入了活力。

精准施策决战脱贫攻坚。2013 年，山西省委、省政府启动实施百企千村产业扶贫工程,支持引导各类企业参与吕梁和太行两大连片特困地区实施的区域化、规模化、产业化扶贫开发与扶贫攻坚。当年底,全省59个县开工实施项目209个,项目内容覆盖设施农业、规模养殖、特色农业、农产品加工流通、易地扶贫搬迁、开发性农业建设、生态旅游等领域,总投资690亿元,吸纳带动10万人以上贫困村劳动力就业。2014年,全省开始对贫困村和贫困户实施精准识别建档立卡工作,全省共计有贫困村7993个,占行政村总数的28.3%;农村贫困人口329万,占农村人口总数的13.6%。2016年7月,省委、省政府印发《关于坚决打赢脱贫攻坚战的实施意见》,提出实施精准脱贫八大工程、建立完善脱贫攻坚政策保障六大机制、构建打赢脱贫攻坚战四个"三位一体"组织体系的具体举措办法。八大工程,即特色产业扶贫工程、易地扶贫搬迁工程、培训就业扶贫工程、生态补偿脱贫工程、社会保障兜底工程、基础设施改善工程、公共服务提升工程、社会力量帮扶工程。六大机制,即财政扶贫资金稳定增长机制、扶贫开发资源整合机制、金融扶贫精准服务机制、扶贫开发利用地保障机制、资产收益扶贫机制、资金项目监管机制。四个"三位一体"组织体系,即政府、市场和社会"三位一体"的脱贫攻坚大格局,考核、退出、评估"三位一体"的脱贫成效评价机制,包括领导、驻村工作队和第一书记"三位一体"的精准帮扶工作队伍,党政监督、社会监督、舆论监督"三位一体"的监督体系。至2020年底,全省脱贫攻坚全面收官,剩余2.16万贫困人口全部脱贫,转移农村劳动力37.7万人,贫困地区农村居民人均可支配收入达10352元,58个贫困县全部摘帽。

城乡面貌变化巨大。党的十八大以来,全省城乡建设提质扩容,交通水利基础设施日渐完善,人居环境改善,重大公益建筑建设、生态文明建设等方面也取得长足进展。从 2011 年开始构建"一核一圈三群"城镇体系框架，"一核"即由太原市区、晋中市区、清徐县城、阳曲县城构成的太原都市区。"一圈"即以太原都市区为中心，以太原盆地涵盖太原都市圈为核心，以太原盆地涵盖太原都市区、晋中市和吕梁市部分县市为依托的城镇密集区为主体，辐射阳泉、忻州市忻（府）定（襄）原（平）、吕梁市离（石）柳（林）中（阳）城镇组群的都市圈。"三群"即以大同、朔州为核心的晋北城镇群，以临汾、侯马、运城为核心的晋南城镇群，以长治、晋城为核心的晋东南城镇群。积极推进农业转移人口市民化、全面提升城市功能、加快培育中小城市和特色小城镇、辐射带动新农村建设。

民生福祉显著提升。2012 年至 2018 年，全省城镇居民人均可支配收入由 20411 元增加到 31035 元；全省农村居民人均可支配收入由 7064 元增加到 11750 元。人民生活水平得到根本改善，并向更高层次迈进，衣食住行档次不断攀升，消费档次从温饱型向舒适型、享受型发展。教育方面，2018 年提前两年实现全省域县域义务教育基本均衡发展的任务。2018 年全省学前教育毛入园率 89.7%、小学学龄儿童净入学率 99.5%、高中阶段毛入学率 96.58%、高等教育毛入学率 48.5%。从人有所学到学有所长，再到人人皆学、处处能学、时时可学，一个学习型社会正逐步形成。医疗卫生事业方面，2017 年县乡医疗机构一体化改革实现全覆盖，全省新型农村合作医疗制度和城镇居民基本医疗保险制度并轨运行，2018 年整合为覆盖范围、筹资政策、保障待遇、医保目录、定点管理和基金管理"六统一"的城乡居民医疗保险制度，城市、农村参保人员公平享受统一医保制度。2018 年末，全省参加城镇职工基本医疗保险的达到 686.4 万人，较上年增长 2.1 万人；参加城乡居民基本医疗保险的达到 2573.5 万人，较上年增加 2.09 万人，全省基本实现全民医保。社会保障方面，不断改革完善社会统筹和个人账户相结合的覆盖城乡的养老、医疗保险制度，不断提高城镇职工养老、失业、工伤、医疗、生育五项社会保障水平，不断完善城乡居民最低生活保障制度。2018 年，全省参加城镇职工基本养老保险 837.4 万人、失业保险 431.1 万人、工伤保险 596.7 万人、生育保险 481.4 万人，参加城乡居民养老保险 1879.3 万人。越织越密的社会保障安全网，解除了人们的后顾之忧，人民群众工作更安心、生活更舒心。文化事业发展方面，省市级"五馆一院"（博物馆、公共图书馆、文化〈群众艺术〉馆、科技馆、体育馆和剧院〈场〉），县级"三馆一院"（文化〈博物〉馆、体育馆〈场〉、图书馆和多厅影院）及乡镇文化站、村文化室等五级公共文化设施建设不断推进和完善，政府购买公共演出服务全面推行，文化惠民活动广泛开展。至 2018 年，全省共有公共图书馆 128 个、群众艺术馆（文化馆）130 个、博物馆 152 个、文化站 1409 个（含乡镇综合文化站 1196 个）、农村文化活动场所 2.8 万个。在休闲娱乐的同时，不断充实、丰富精神生活，知礼节、明荣辱的文明社会风气逐步形成。

三、全面建成小康社会的成就和经验

伴随着新中国前进的步伐，中华民族日益强盛，山西这块古老的黄土地也发生了翻天覆地的变化，取得了举世瞩目的成就。特别是党的十八大以来，全省国民经济和社会发展取得了令人鼓舞的成就，一个富有生机、充满活力的新山西在共和国气势磅礴的历史画卷上，浓墨重彩地写下了绚丽多彩、光辉灿烂的一页。

（一）山西经济总体规模

新中国成立 70 多年来，山西经济总量实现飞跃，经过转变发展方式、优化产业结构、转换增长动力和建设现代化经济体系的光辉历程，为迈向高质量发展奠定了坚实基础。

1. 经济发展大幅跨越

新中国成立初期的山西，经济基础十分薄弱。1952 年，全省地区生产总值仅 16 亿元，人均地区生产总值仅 116 元。经过 70 多年的不懈努力，全省国民经济总量不断扩大，经济增长速度明显加快，总体实力和人均水平都大大提高，2018年，全省实现地区生产总值15958.13亿元，人均地区生产总值达到1.68万元。改革开放40年为全省经济快速发展奠定了强大基础。党的十八大以来，中国经济发展转向高质量发展阶段，山西经济连续迈上新台阶。2012年至2016年，全省地区生产总值均在1.2万亿元以上；2017年，地区生产总值达到14484.27亿元；2020年再上新台阶，达到17651.93亿元，增长6.7%。

随着经济大幅跨越，全省财政收入大幅增长，财政支出结构日益合理，不仅有效发挥了宏观调控功能，同时为实现全省经济转型、民生大幅改善起到了重要的支撑作用。2018年，全省一般公共预算收入达到2292.7亿元，首次突破"两千亿"大关。财政支出规模持续扩大，2020年全年全省一般公共预算支出5110.9亿元。

2. 产业结构优化升级

70多年来，随着经济的快速增长，山西由贫穷落后的农业主导经济转变为三次产业协同发展。全省三次产业比例由1952年的

粗具规模的太原重型机器厂，1958年是该厂生产能力增长最快的一年

58.6 ∶ 17.2 ∶ 24.2 演进为 2018 年的 4.4 ∶ 42.2 ∶ 53.4。第一产业
大幅降低 54.2 个百分点，第二、三产业分别上升 25.0 个和 29.2 个
百分点，第三产业成为拉动全省经济增长的第一动力。到 2020 年，
全省三次产业比例达到 5.4 ∶ 43.4 ∶ 51.2。

3. 投资结构持续优化

新中国成立 70 多年来，山西在固定资产有效投资不断扩大的
同时，投资结构持续改善，不仅促进了全省经济结构、产业结构的
持续调整和优化，同时成为新时代以来进一步转变经济发展方式的
主要动力。

三次产业投资结构由 1949 年的 0.1 ∶ 84.1 ∶ 15.8 变为 1978
年的 0.8 ∶ 61.4 ∶ 37.8，再变为 2018 年的 3.9 ∶ 37.4 ∶ 58.7，二
产投资比重持续下降，三产比重持续上升。党的十八大以来，全省
新兴产业投资进入快车道，2018 年，全省新能源汽车制造业投资
同比增长 2 倍，电器机械和器材制造业投资增长 2.7 倍，计算机通
信和其他电子设备制造业投资增长 76.1%，均显著快于固定资产投
资。在投资结构不断优化升级的同时，民间投资逐步占据主导地位。
2008 年，全省民间投资所占比重为 48.4%，到 2018 年，民间投资
所占比重提高到 54.2%，民间投资逐步占据了主导地位。到 2020 年，
在固定资产投资中，国有及国有控股投资比上一年增长 11.4%，民
间投资比上一年增长 10.2%。

4. 对外开放步伐加快

改革开放前，山西只有少量对外贸易，基本处于相对封闭落后
状态。改革开放后，山西积极适应经济全球化、加入世界贸易组织

以及国际产业资本加速转移的新形势，不断扩大对外开放，持续加快发展方式转变。特别是党的十八大以来，山西着力构建内陆地区对外开放新高地，深度融入国家开放大战略，持续建设大都市，不断构建大通道，积极打造大平台，全力培育外贸新主体。重点服务业企业勇于"走出去"开展国际战略投资，积极"引进来"强化本地技术和管理水平提升，太原煤炭交易中心等一批产业发展服务平台逐步成型，服务业外向型经济格局开始显现。

5. 民生事业不断改善

70多年来，山西始终把民生改善作为一切工作的出发点和落脚点。20世纪80年代，居民生活从贫困走向温饱，90年代逐步迈向小康，20世纪末全省平均总体生活水平跨进小康社会的初级阶段。党的十八大以来，全省向全面建成小康社会大踏步迈进。

居民收入大幅度增长。城镇常住居民人均可支配收入由1952年的126元增长到2020年的34793元；农村居民人均可支配收入由1954年的75元增长到2020年的13878元。

居民消费持续增长，消费结构发生质的飞跃。城镇居民人均消费支出由1952年的93元增加到2020年的20332元，农村居民人均消费支出由1954年的70元增加到2020年的10290元。70多年来，人民生活品质和品位不断提升，餐桌食品充裕丰富，服装服饰从单一化走向多姿多彩和个性化，手机、互联网的普及使人们日常交往变得更加快捷，家用轿车、旅游、文化娱乐、教育和健康养生等品质消费持续升温，居民居住环境极大改善。

6.科教文卫事业蓬勃发展

科技创新成绩斐然。新中国成立初期，山西的科技工作一片空白，科研机构寥寥无几，中华人民共和国的成立成为山西科技事业腾飞的起点。科技是国家强盛之基，创新是民族进步之魂。70 多年来，全省科技投入不断加大，科技队伍不断壮大，科技成果不断涌现。党的十八大为科技创新再次插上了腾飞的翅膀。2020 年，全省全社会研究与试验发展经费投入总量为 211.1 亿元，经费投入强度（与地区生产总值之比）为 1.2%。2020 年，专利授权量为 27296 件。

教育事业为社会进步提供人才基础。1949 年，山西仅有高等学校 1 所、中等专业学校 42 所、普通中学 34 所、小学 20073 所，各类学校在校学生总数 103.3 万，仅占全省总人口的 8.1%。2020 年末，全省有普通高等学校 85 所，比 1949 年增加 84 所，中等职业教育学校 427 所，普通中学 2227 所；各类学校在校学生总数 639.21 万；全省普通本专科招生 26.36 万人，在校生 84.20 万人，毕业生 21.88 万人。

文化、体育事业长足发展。2020 年，全省有公共图书馆 128 个，比 1978 年增加 67 个；博物馆 159 个。发行报纸 60 种（不含高校校报）18.6 亿份、各类期刊 201 种 2088 万册，出版各类图书 3229 种 10955 万册。截至 2020 年末，全省共有文化馆 130 个、文化站 1410 个、中短波转播发射台 18 座、调频转播发射台 203 座、100 瓦以上电视转播发射台 169 座。2020 年末全省有体育场地 108776 个。2020 年全年运动员在国内外重大比赛中获金、银、铜牌分别为 53 枚、53 枚和 80 枚（包括非奥运项目比赛），全年销售中国体育彩票 24.4 亿元。

卫生服务体系日臻完善。2020年，全省共有卫生机构（含诊所、村卫生室）由 1949 年的 1262 个增加到 4.3 万个，卫生机构床位数由 1949 年的 917 张增加到 22.37 万张，卫生技术人员由 1949 年的 4989 人增加到 26.8 万人。

（二）山西能源重化工基地建设举世瞩目

新中国成立 70 多年来，山西能源工业发展实现了前所未有的重大变革，能源工业规模化和集约化水平大幅提升，主要能源产品产量位居全国前列，安全生产能力明显提高，取得了举世瞩目的历史性成就，为全省乃至全国经济社会持续快速发展提供了坚实有力的能源基础保障。特别是党的十八大以来，全省供给侧结构性改革持续推进，聚焦能源高质量转型发展，发展动力由量的增加加速向依靠科技创新转变，发展方式由粗放式向精细化快速转变，能源结构由煤炭为主加速向多元化转变，能源消费总量得到合理控制，节能降耗工作成效显著。

1. 能源工业改革持续推进

新中国成立 70 多年来，山西能源工业规模化和集约化水平不断提高，能源产业布局深入调整，特别是党的十八大以来，供给侧结构性改革持续推进，能源体制改革不断深入，新能源发展势头强劲，能源产业素质和竞争力不断提高。

煤炭行业集约化发展持续推进。新中国成立初期，山西煤矿开采方式落后，回采率低，安全系数低。通过国民经济恢复建设和改造建设，煤矿开始机械化开采，回采率不断提高。改革开放以后，中央决定把山西建设成全国的能源重化工基地，在大规模投资建设以及"有水快流"政策刺激推动下，全省煤炭矿井大幅增加，煤炭产能大幅提高。21世纪以来，山西煤炭产业进入高速发展的黄金期，经过资源整合兼并重组，煤炭产业在集约化、规模化方面有了长足发展，煤矿由最多时的1万多个减少到2009年的1053个，办矿主体由2200多家减少到130家，所有矿井全部实现了机械化开采，形成4个年生产能力亿吨级和3个5000万吨级以上的煤矿企业。截至2021年1月底，全省共有生产煤矿670座，合计产能11.93亿吨。2018年煤炭生产百万吨死亡率下降到3.3%，保持了全国先进水平，全省安全生产形势持续好转。近年来，全省深入推进供给侧结构性

1950年10月4日，太原重型机器厂（现太原重型机械集团有限公司）正式开工建设，这是新中国成立后我国自行设计建造的第一座重型机器厂，光荣载入中国重型机械装备的制造业史册

改革，积极化解过剩产能，2020年，全省退出煤炭过剩产能8841万吨，同时把发展先进产能作为煤炭供给侧结构性改革的重要举措，提高了安全供给水平，为保障煤炭供应提供了有力支撑。煤炭行业积极推进煤制油、煤制烯烃、乙二醇、煤制天然气等一批转型重大项目，煤焦化、煤气化、煤液化产业链发展进一步加快。

科学调整焦炭产业布局。新中国成立初期至改革开放前，焦化产业以土法炼焦为主，技术水平落后。改革开放以来，山西实施"发展大机焦、限制小机焦、坚决取缔土焦、改良焦"战略，不断推动焦化产业结构优化升级。到2007年底，大机焦已成为山西焦化产业的主力军。2009年，山西制定了《山西省焦化产业调整和振兴规划》，焦化产业发展方式明显改变，产业集中度得到明显提升，产业技术达到国内领先水平。2011年，山西出台《山西省焦化行业兼并重组指导意见》，组建了具有较大竞争优势的大型集团公司，有效压减了落后生产能力；完成重组的企业，赢利水平显著改善。到2015年，山西省焦化行业兼并重组已基本完成，全省规模以上工业焦炭生产企业数量从2009年的215户减至2015年的138户，户均产量由36万吨提高至58万吨。2017年，山西印发《山西省焦化产业布局意见》，提出要深化焦化行业供给侧结构性改革，进一步提高山西焦化产业可持续发展能力和企业竞争力。2018年，全省积极化解焦化过剩产能，退出过剩产能691万吨。2018年，全省规模以上工业焦炭生产企业减至122户，户均产量提高至75万吨。2018年，山西印发《山西省焦化产业打好污染防治攻坚战推动转型升级实施方案》，提出以生态环境保护倒逼产业转型，以提质升级推动能源革命，进一步优化结构布局，加速淘汰整合，加快退城入园，推动规模集聚，延伸产业链条，提升装备水平，努力实现绿色、集聚、智能、高端发展。

电力体制改革取得突破。1949年，全省电力装机容量仅有4万千瓦，全部为火力发电。改革开放以后，大容量超高压机组不断增加，大型机组逐渐成为发电装备主力军，但仍然以火电为主。21世纪以来，山西大力开发利用风能、太阳能资源，风电和太阳能发电装机容量实现快速增长。2009年全省首次出现风电装机，2011年首次出现太阳能发电装机。截至2021年末，全省发电装机容量达11337.9万千瓦。电网结构不断优化，建成"两交一直"特高压输电通道，山西电网智能化和安全可靠性逐步提高，外送能力达到3830万千瓦。电力体制改革取得突破。2016年，国家正式批复山西省电力体制改革综合试点实施方案，这是国家电网覆盖范围内第一个全省域电改综合试点。制定配套电改方案，输配电成本监审取得预期成效。推进售电侧改革，山西电力交易中心挂牌成立，国家电网运营区内第一家股份制电力交易中心正式运营。2020年，山西省积极化解电力行业过剩产能，关停淘汰煤电机组21.7万千瓦，超额完成国家能源局下达的目标任务。

煤层气开发利用量位居全国首位。新中国成立初期，山西省就开始了小规模井下瓦斯抽采。改革开放以后，进入地面抽采试验阶段。21世纪以来，煤层气和致密气开发利用技术相继突破，煤层气勘查开采进入产能建设和规模开发阶段，煤层气开发利用快速发展。2006年，煤层气产量突破1亿立方米，2010年突破10亿立方米。2018年全省煤层气产量突破50亿立方米，位居全国首位。煤层气产能持续增长为优化能源结构、保障煤矿安全生产、保护生态环境、弥补冬季天然气缺口等提供了重要支撑。全省煤层气开发利用逐步实现产业化，包括勘探、抽采、液化、运输、瓦斯发电等，构建了完整的煤层气产业链。到 2021 年，全省煤层气产量达到 89.5 亿立方米。

近年来，全省大力发展光伏、风电等新能源，同时加快布局氢能产业。1949 年，全省发电装机容量全部为火力发电。2018 年，全省发电装机容量中火电占比 75.68%、风电 11.91%、太阳能发电 9.87%、水电 2.54%，风能发电成为全省第二大电源，风电光电发电规模位居全国前列，新能源快速发展为山西打造全国能源革命排头兵奠定坚实基础。

运城市芮城县光伏领跑技术基地，是全国首家在县级层面实施的国家光伏领跑技术基地

2. 主要能源产量始终位居全国前列

新中国成立 70 多年来，山西能源产品由以原煤为主转向多元发展，能源生产结构不断优化，山西主要能源产量始终位居全国前列，外调能源为支持全国经济发展作出重大贡献。

煤炭、煤层气产量居全国前列。新中国成立时，全省一次能源（以原煤为主）生产总量只有 226.95 万吨标准煤。经过大规模投资积累和持续建设，1954 年，全省一次能源生产总量达 1113.5 万吨标准煤。1980 年，全省一次能源生产总量突破 1 亿吨标准煤。2002 年，全省一次能源生产总量突破 3 亿吨标准煤。党的十八大以来，全省一次能源生产总量保持在 7 亿吨标准煤左右。2020 年全省一次能源生产总量达 7.5 亿吨标准煤。2000 年左右全省煤炭行业处于低谷期，全年全省原煤产量为 2.52 亿吨。2002 年至 2011 年，煤炭行业处于上升期，全省原煤产量持续上升，2011 年达到 7.45 亿吨。党的十八大以来，全省原煤产量始终保持在 9 亿吨上下。2018 年全省原煤产量达 8.93 亿吨，煤炭产量占全国的比重由 1978 年的 15.9% 提高到 2018 年的 26.1%。1949 年至 2018 年，全省累计生产原煤 192.1 亿吨。2021 年，山西省原煤产量达到 11.93 亿吨。

煤炭清洁高效利用深入推进。为提高能源工业效益，山西省委、省政府先后提出大力发展煤炭加工转换和输煤输电并举的发展战略，促进了全省二次能源产品的大幅度增加，极大地优化了全省的能源产品结构。1985 年，用于加工转换的煤炭仅占全省原煤总产量的 8.85%。"十二五"以来，全省把煤炭产业安全、高效、清洁、低碳发展作为根本路径，黑色煤炭实现绿色发展，优化延伸煤炭产业链，煤炭深加工比例大幅提升。2018 年用于加工转换的原煤占到全省原煤总产量的 90.4%。二次能源产品产量飞速增长。1978 年炼焦洗精煤产量仅为 395 万吨，2018 年达到 2.05 亿吨，比 1978 年增长了 50 倍。1949 年全省焦炭产量仅为 7.5 万吨，2018 年达到 9256.16 万吨，为 1949 年的 1228 倍，占全国总产量的 21.1%。全省焦炭产量从 1980 年至今一直排在全国各省之首。2020 年，全年全省规模以上原煤产量 10.63 亿吨，焦炭产量 1.05 亿吨。1949 年全省发电量仅为 0.63 亿千瓦时，2018 年达到 3087.63 亿千瓦时，为 1949 年的 4901 倍，占全国的 4.55%，全国各省中排名第九位。2020 年，全省全社会发电量 3395.4 亿千瓦时。

能源生产结构多元化。新中国成立初期，全省一次能源生产只有原煤，产品结构单一。改革开放后，全省持续推进产业结构调整，逐步开始开发利用煤层气、风电、光电等清洁能源。特别是党的十八大以来，以风电、太阳能为代表的新能源得到快速发展，全省能源生产结构正朝着多元化的目标转型前进，风电、光电等清洁能源占比不断提高，电源结构持续优化。1949 年，全省发电量全部为火力发电量。2018 年，全省火电、水电、风电和光电发电量分别为 2738.55 亿千瓦时、42.90 亿千瓦时、212.13 亿千瓦时和 94.05 亿千瓦时，占全部发电量比重分别为 88.69%、1.39%、6.87% 和 3.05%，风电、光电和水电等清洁电力占比达 11.31%，比 2012 年提高 7.68 个百分点。

外调能源支持全国经济发展，贡献巨大。山西原煤、焦炭、电力外调量位列各省前茅，外调能源辐射全国 26 个省（区）、市，有力支援了全国经济建设。1949 年，山西原煤外调量仅有 62 万吨。1978 年，全省煤炭外调量为 5270 万吨。21 世纪之初，煤炭行业处于低谷期，2000 年全省煤炭外调量为 2.25 亿吨。2002 年以后，煤

七峰山环抱下的同煤集团循环经济园区——塔山煤矿工业园区

炭行情上涨，外运煤炭量逐渐上升，2010 年达到 5.12 亿吨。2018 年全省煤炭外调量达到 5.88 亿吨，为 1949 年的 948 倍。直到近年来，受去产能影响，山西的煤炭调出量才退居全国第二位。1978 年外调焦炭 25 万吨，2018 年外调焦炭 7138.7 万吨，为 1978 年的 285 倍。1978 年电力外调量仅为 2.8 亿千瓦时，2018 年向省外输送电力 927.1 亿千瓦小时，为 1978 年的 331 倍。随着全省优质能源品种的增加，外输能源结构不断优化。1949 年全省外送能源全部为原煤，改革开放后逐步增加了电力、洗精煤和焦炭。2018 年外送能源中，煤炭占 80.8%，电力占 6.08%，焦炭占 12.31%。2020 年向省外输电 1053.6 亿千瓦时。

新中国成立 70 多年来，全省能源工业发展的巨大变革是山西转变发展方式、优化经济结构、转换增长动力的具体体现和生动实践，有力地促进了全省经济持续较快发展。当前山西能源产业结构性矛盾仍然突出，全面实现绿色发展仍需付出巨大努力。今后要继续深入贯彻党中央国务院决策部署和习近平总书记在山西考察调研的重要讲话精神，坚持新发展理念，紧紧扭住转型升级和创新驱动不动摇，扎实推进能源革命综合改革试点，持续深化供给侧结构性改革，促进山西能源工业高质量发展取得更大成效。

（三）山西基础设施建设发展迅猛

1. 交通运输业实现跨越式发展

新中国成立 70 多年来，山西省交通运输业和邮电通信业持续快速发展，取得了举世瞩目的成就。尤其是党的十八大以来，全省交通运输业和邮电通信业不断深化改革，交通运输基础设施和装备技术实现跨越式发展，服务能力和水平大幅提升；邮政新业务发展壮大，信息通信技术及应用成果不断涌现，成为国民经济快速发展的强有力支撑，为经济社会发展注入强大动能。

（1）运输网络由弱变强

铁路建设突飞猛进。新中国成立初期，由于战争破坏，山西铁路基本处于瘫痪状态，全省铁路通车里程仅为 783 公里。原铁道部和山西省人民政府组织广大铁路战线职工及时对被战争破坏的京包线、南同蒲线和北同蒲线进行抢修，仅用了两年多时间，原有的山西铁路全线恢复营运，1951 年通车里程达到 1263 公里。1955 年 12 月至 1956 年 1 月，用不到 40 天时间完成了对南同蒲窄轨的拓宽，结束了山西窄轨铁路的历史。1970 年，风陵渡黄河大桥竣工，这是山西在黄河上修建的第一座使南同蒲铁路与陇海铁路在潼关接轨的永久性铁路桥梁。到 1977 年，全省铁路通车里程达到 2053 公里。

　　改革开放后，山西铁路进入全新发展阶段。本着"多通车、大能力、现代化"的建设方针，山西铁路建设突飞猛进，向现代化、电气化高铁迈进，铁路运输业发生质的飞跃。1992年底全线通车的大秦铁路，是中国第一条双线电气化重载铁路。1994年竣工通车的侯月线，开辟了晋煤外运的南通道。2005年6月，山西开工建设第一条高速铁路——石太客运专线，2009年4月正式通车，太原与北京实现3小时互通，山西铁路正式进入高铁时代。2014年7月，大西高铁(太原南至西安北段)开通运营，太原到西安由原来的10个小时缩短到3个小时，使"千里秦晋一日还"变为现实。同时，大西高铁与石太、郑西、西宝、西成等线路连为一体，构成连接华北、华中、西北、西南的高铁客运网络，助推了沿线经济发展。截至2020年底，山西铁路营业里程达到6048公里。大西高铁全线贯通，大张客专、郑太高铁开通运行，集大原高铁控制性工程开工。经过70多年的建设，山西省铁路初步形成纵贯南北、辐射

2020年郑太高铁全线建成开通

东西的脉状铁路网络骨架。

公路建设成效显著。新中国成立之前,山西公路交通发展极为缓慢。1949 年,全省公路通车里程仅有 1288 公里,由于战争破坏,重要的干线公路均不能全线贯通,而且路面不整、坎坷难行,"无雨三尺土,有雨一街泥"是当时山西公路的真实写照。

新中国成立后,在国家财力、物力有限的情况下,山西公路交通部门发动群众义务建路,首先对太原—大同、太原—军渡、太原—风陵渡等几条重要公路进行了抢修,干线公路快速恢复通车。1957 年底,公路网轮廓初步形成。1977 年底,全省公路通车里程达 29287 公里。

改革开放后,在国民经济"调整、改革、整顿、提高"的方针指引下,山西公路交通有了较快发展。1996 年太旧高速公路建成通车,山西省高速公路实现了零的突破,之后大运、长晋、太长等高速公路相继建成,高速公路从无到有,有等级公路里程迅速增长,有力推动了山西的经济建设。到 2018 年末,山西省高速公路出省口达到 26 个,全省仅有 5 个县未通高速公路。1996 年,全省高速公路通车里程仅为 170 公里,到 2020 年已达到 5745 公里。2020 年,全省公路通车里程达 144323 公里,公里密度达到 92.1 公里 / 每百平方公里,完成"四好农村路"7.48 万公里。太原大都市圈基本实现了高速公路"一小时通达",一个纵横交错、覆盖全省、东连京冀、西达秦蜀、南通中原、北出长城的高速公路网已经形成。

民航事业迅猛崛起。新中国成立前全省拥有太原城北机场、亲贤机场、武宿机场、大同南关机场、临汾机场、运城机场等 6 个机场,但当时机场条件简陋,没有通用航空及专业航空,适航能力较差,航空运输量极少且运费昂贵。

改革开放后，山西航空运输业发展迅猛。1978年，中国民用航空第二飞行总队落户山西，飞机从无到有，共有执管飞机38架，主要从事通用航空飞行。当时，山西仅有十余条国内航线，太原机场客运量不足2万人次，旅客周转量仅508万人次公里。近年来，尤其是党的十八大以来，山西航空产业集团公司几经变革，驶入发展快车道。同时，全省民航基础设施建设不断增强，吞吐量稳步提高，太原机场巩固了全国大型繁忙机场的地位。随着山西投资环境的逐步改善，航空事业进一步发展，目前，以太原为中心，长治、大同、吕梁、临汾、运城、五台山"一干六支"，连接全国、面向国际的航空运输格局初步形成。为使运输生产增速加快，让空中经济快速"飞"起来，山西航空产业集团充分结合山西旅游市场需求，加大航班密度，在优化航线网络布局的同时，还整合"铁、公、机"等资源，大力发展多式联运建设，延伸服务范围，努力培育新的客运增长点。

2017年，太原国际机场年旅客吞吐量首次突破1000万人次，成为全国"千万级机场俱乐部"的成员。2018年10月，山西开通太原—海口—悉尼、太原—浦东—芝加哥、太原—成都—圣彼得堡或哥本哈根三条洲际航线。全省人民不仅可以享受通航国际地区9个城市的便利，也实现了由太原直飞澳洲、美洲和欧洲的梦想。到2018年底，山西省已拥有7个机场，空中航线达227条，通航城市139个，基本形成了以太原为中心，辐射全国的空中运输网络。

（2）交通运输量成倍增长

2019年山西省公路、铁路等主要运输方式完成客运量24342万人、旅客周转量395.57亿人公里，分别是1978年的5.41倍和10.2倍；完成货物运输量21.93亿吨、货物周转量4690.47亿吨公里，分别是 1978 年的 14.06 倍和 24.74 倍。

铁路旅客运输进入高铁时代。山西作为我国重要能源重化工基地，铁路运输发挥着举足轻重的作用。以石太客专、大西高铁开通及太原南站的开通运营为标志，山西崭新的高铁时代序幕已拉开。2014 年大秦铁路成功试验开行 3 万吨组合列车，创造了我国铁路重载列车牵引重量的新纪录。1978 年，山西全省铁路系统只有机车 442 台、客车 491 辆，其中机车大多是蒸汽机车，客车大多是硬座车。到 2018 年底，山西铁路机车拥有量达 1190 台，是 1949 年的 5.2 倍，其中和谐 1 号、2 号等大功率机车 535 台。与 1978 年相比，机车数量和种类均发生了质的飞跃，以燃烧煤炭为动力的蒸汽机车已全部为内燃机车和电力机车所取代。

公路运输装备水平明显提高，私人轿车数量显著提升。在公路运输车辆不断增加的同时，高档化、舒适化、大型化、专业化车辆比重上升，高档载客汽车和大型化专业化载货汽车迅速增加。公路旅客运输向快捷、舒适、安全发展，公路货运向快速、长途、重载发展，专用车产品向重型化、专用功能强、技术含量高的方向发展。新中国成立初期，山西的民用汽车拥有量十分有限，在狭窄的公路上看到的只有少数的手扶拖拉机和货物卡车，甚至一些地方的客运使用的也是大卡车。70 多年来，随着国民经济的快速发展，汽车的拥有量成倍增长，客货运输量直线上升。1949 年山西民用汽车仅有 210 辆，1978 年快速上升到 45634 辆，2020 年底达 761.39 万辆。其中，载货汽车 83.37 万辆、载客汽车 678.02 万辆。每百公里公路的汽车拥有量由 1949 年的 16.3 辆增长到 2021 年的 5275.6 辆。随着公路建设的不断发展，民用汽车的不断增加，人民交通出行越来越便利。

2. 电力工业迅猛发展

山西农村用电始于 1953 年，到"一五"期末的 1957 年，全省农村用电量仅占当年全省总用电量的 0.05%。经过多年的不断发展，电力给广大农村和千家万户的生产生活带来了极大的方便，改变了农业和农村面貌，促进了农村经济的繁荣。1978 年，全省农村用电量为 12.3 亿千瓦时，占全省全社会用电总量的 11.5%。到 2018 年，全省农村用电量达到 118.4 亿千瓦时，比 1978 年增长 8.6 倍。纵横交错的农用输配电网已覆盖全省广大农村，电力已广泛应用于农业生产和以中小企业为主的农村非农产业的各个方面。

山西农村电网发展日新月异。1978 年初，全省实现县县通电。1983 年 12 月 31 日，全省农村实现社社通电。2006 年 10 月 22 日，全省农村实现户户通电，工程惠及大同、朔州、忻州、晋中、临汾、运城、长治 7 市的 34 县、652 村、17572 户、64443 人。

1998 年至 2005 年，全省分两期实现农电"两改一同价"，累计改造农户 625.8 万户，减轻农民负担 1.5 亿元。2008 年至 2009 年，国家电网公司在山西投资 210 亿元，完成城农网建设与改造项目，助推山西经济社会又好又快发展。2016 年至 2017 年，山西省小城镇 (中心村) 电网改造升级和井井通电工程提前三个月完工。其中，机井通电工程 728 项，通电机井 4.5 万眼，惠及农田 785.57 万亩；小城镇 (中心村) 工程 332 项，改造小城镇 (中心村)1491 个；村村通动力电工程 55 项，改造自然村 460 个。山西提前打赢新一轮农网改造升级两年攻坚战，为农村经济社会发展、全面建成小康社会提供了坚强的电力支撑。

1978 年全省电力装机容量仅为 212.5 万千瓦，1998 年首次突破 1000 万千瓦，2009 年全省电力装机容量达 4089.36 万千瓦，首次出现风电装机容量 12.45 万千瓦。2011 年全省电力装机容量达 4983.47 万千瓦，首次出现太阳能发电装机容量 1.5 万千瓦。截至"十三五"末，全省电力装机容量达 1.038 亿千瓦，其中，新能源发电装机容量 3282.7 万千瓦。

智能电网建设成果突出。"十一五"期间，山西电网"三纵四横"主干网架全面建成，完成电网建设投资 383.7 亿元，110 千伏及以上变电容量、线路长度分别为 2005 年的 2.5 倍和 1.6 倍。2009 年 1 月 6 日，1000 千伏晋东南—南阳—荆门特高压交流试验示范工程正式投运。此后，1000 千伏蒙西—天津南特高压交流工程、±800 千伏雁门关—淮安直流输电工程、1000 千伏榆横—潍坊特高压交流工程相继投运。截至 2018 年 11 月底，"三交一直"特高压工程为华北、华东、华中地区输送电量 1371.56 亿千瓦，相当于运送了 4115 万吨原煤。山西以特高压为核心的智能电网进入全面建设阶段，电力系统多项成果获国家级和省级科技进步奖项。

2016 年，国家正式批复山西省电力体制改革综合试点实

2002 年 10 月 18 日，万家寨引黄入晋一期工程全线试通水圆满成功

施方案，山西作为国家电网覆盖范围内第一个全省域电改综合试点，制定配套电改方案，推进售电侧改革，山西电力交易中心有限公司挂牌成立，"僵尸"、亏损企业处置稳步推进，山西电力工业始终走在全国前列。

3. 水利基础建设明显增强

新中国成立以来，山西针对十年九旱、水土流失严重的自然条件，在省委、省政府的正确领导下，大力开展农业基础设施建设，兴修农田水利，成效显著。1949年，全省耕地有效灌溉面积仅有379.1万亩，只占总耕地面积的6.1%，人均不足3分，农田灌溉条件十分落后。到1978年，全省耕地有效灌溉面积达到1638.7万亩，比1949年增长3.3倍；占总耕地面积的比重为28.7%，比1949年提高22.6个百分点。特别是党的十八大以来，全省大力推进大水网建设，实施最严格的水资源管理制度，加快生态水利、民生水利、平安水利建设，不断夯实水利发展基础，水利基础建设明显增强。到2020年，全省耕地有效灌溉面积达到2276.07万亩。水利事业的大发展，使山西的自然面貌和农业生产条件显著改善，许多昔日"不种千亩，不打百石"的风沙坡、盐碱滩，如今变成了机、电、井、渠、路、林全面配套的丰产田、米粮川。

党的十八大以来，山西深入践行习近平生态文明思想和习近平总书记在山西考察调研时的重要讲话重要指示，按照省委、省政府决策部署，以水资源优化配置为基础，以水生态保护与修复为重点，以重大水利项目建设为支撑，以民生水利为根本，各项水利目标任务全部完成，为全省全面建成小康社会提供了有力支撑。

4. 邮政业不断发展完善

山西近代邮电业开创于 1896 年，至新中国成立前发展极为缓慢。1949 年全省仅有邮电局、所 447 处，其中邮政部门自办局、所 137 处，邮路 45995 公里，邮运汽车 2 辆，电信业务几乎为零。太原解放后，广大邮电职工迅速恢复了因战争而中断的邮电通信业务。1956 年，太原电信综合大楼建成，开启了山西邮政电信的设施现代化进程。

改革开放后，山西邮政业飞速发展。2020 年底，全省邮政业务总量达到 150.7 亿元。邮电通信业已成为山西国民经济基础产业中发展最快的产业之一，作为信息产业的重要组成部分，广泛地参与社会的各个领域，成为人们社会联系和信息交流的主要手段，在推动国民经济和社会发展中显示出越来越重要的作用。

（1）邮政基础设施显著增强

一是邮政网络建设成绩显著。新中国成立之初，山西省邮政网络规模小、网点少、设备陈旧、技术落后，邮政业务大都依靠人工完成，工作效率普遍较低。经过 70 年的投资建设，邮政基础设施明显改善，邮政网络得到快速发展，形成了沟通城乡、通达全国、连通世界的现代邮政网络。

二是邮政收寄、投递能力大幅提升。新中国成立初期，山西省邮政运力主要靠铁路客运加挂邮政车厢和汽车货运邮件，当时，全省只有火车邮厢 9 辆、各类邮政汽车 220 辆，收寄、投递力量严重不足，积压逾期现象十分突出。2018 年全省邮政行业已拥有各类汽车 5864 辆，是 1978 年的 26.7 倍，其中快递服务汽车 3442 辆，占邮政业汽车总数比重近六成。

三是邮政网点明显增加。2018 年末，山西省邮政行业拥有各类营业网点 6779 处，比 1978 年增加了 5143 处。其中，设在农村的 2426 处，比 1978 年增加了 1230 处。快递服务营业网点 5140 处，其中设在农村的 1235 处。截至 2020 年，全省邮政邮路 922 条，总长度（单程）139456 公里；邮政农村投递路线 2056 条，农村投递路线长度（单程）101563 公里；邮政城市投递路线 2834 条，城市投递路线长度（单程）52301 公里。

四是服务质量和水平不断提高。2018 年，全省邮政行业平均每一营业网点服务面积为 23.12 平方公里，平均每一营业网点服务人口为 0.55 万。邮政城区每日平均投递 2 次，农村每周平均投递 6 次，人均函件量为 1 件，每百人订有报刊 7 份，年人均用邮支出 199 元。

（2）邮政业务量迅猛增加

新中国成立之初，邮政业务量较小，种类比较单一。改革开放后，为适应国民经济快速增长的需要，邮政业根据自身网络优势，在巩固、发展传统业务的同时，也加速发展快递等新业务，为经济建设和人民群众生活提供多层次、多样化的服务。

一是邮政业务量迅猛增加。2018 年，全省邮政行业累计完成业务收入（不包括邮政储蓄银行直接营业收入）74.2 亿元，比 1978 年增长 230.7 倍；累计完成业务总量 94.1 亿元，比 1978 年增长 525.1 倍。2018 年，全省 409 个空白乡镇实现了邮政局所全覆盖，其中百余局所转为自办，建制村通邮率达 100%，1024 个电子化营业网点"第三方支付"开通率 100%，发生支付的网点占 51.4%。

二是快递业务蓬勃发展。2018 年，全省完成快递业务量由 1988 年的 153.0 万件增长到 30332.8 万件，年均增长 16.1%；完成快递业务收入 38.6 亿元，占邮政业务收入的 52.1%。从快递业务看，

异地快递业务占比最大。同城快递业务持续增长，全年同城快递业
务量完成 5681.5 万件，实现业务收入 59575.6 万元；异地快递业务
快速增长，全年异地快递业务量完成 24577.4 万件，实现业务收入
201714.5 万元。国际及港澳台快递业务快速增长，全年国际及港澳
台快递业务量完成 74.0 万件，实现业务收入 5291.6 万元。同城快
递业务和国际及港澳台占比上升，同城、异地、国际及港澳台快递
业务量占全部比例分别为 18.7%、81.0% 和 0.2%，业务收入占全部
比例分别为 15.5%、52.3% 和 1.4%。

5. 电信业务飞跃发展

新中国成立初期，邮电通信业是国民经济发展的薄弱环节之一。
改革开放后，随着电信业务的不断发展，山西电信业通信能力有了
质的提升。电信业已构建起全方位、多层次、多元化的服务体系，
电信服务水平进一步提高，服务内容更加丰富多彩，在推动经济和
促进社会发展中贡献突出。

（1）电信业务快速发展

新中国成立初期，通过三年恢复建设，山西省架设了石太、南
同蒲长途电信干线，初步形成了以太原为中心的山西邮电通信网。
"一五"开始，在邮电部"有线为主，无线为辅"的方针指导下，
山西重点发展省际、省内长途电信。1956 年，太原电信综合大楼
建成，山西电信设施日趋现代化、网络更趋合理化。随着"宽带中
国""互联网＋"等政策实施，互联网经济在国民经济发展中的战
略地位越来越重要。新中国成立初期，全省电信业务量仅有 41 万
元，1978 年增长到 5666 万元，到 2018 年底，全省电信业务总量
达 1370.1 亿元，业务收入达 253.3 亿元，总量成倍攀升。其中，固

定通信业务收入实现 63.7 亿元，移动通信业务收入实现 186.6 亿元。非话业务收入达 198.4 亿元，在总收入中的占比达到 79.3%。移动数据及互联网业务收入达 103.2 亿元，居各业务增长贡献的首位，成为拉动行业收入增长的第一驱动力。

（2）4G 移动用户发展迅猛

随着智能手机的普及，4G 牌照发放及信息技术的广泛应用，移动业务飞速发展，移动电话对固定电话的替代作用越来越明显。截至 2018 年，全省电话用户达 4238.1 万户，其中，固定电话用户数 276.6 万户；全省移动电话用户 3961.5 万，比上年末增加 313.6 万，比才有移动业务的 1992 年底增长 19807.5 倍。其中，3G 电话用户数 342.1 万，比上年末增加 31.9 万，占全省移动电话用户数的比重降至 8.6%；4G 电话用户总数达 2947.2 万，比上年末增加 363.9 万，占全省移动电话用户数的比重高达 74.4%。移动宽带用户（3G+4G)达 3289.3 万户，在全省移动电话用户中的比重达 83%，移动宽带用户普及率达 89.3%。 到 2020 年末，全省移动电话用户 4022.8 万户，其中，4G 移动电话用户 3318 万户。

1997 年，全省（固定）互联网宽带接入用户仅有 746 户，到 2018 年底达 991 万户。"宽带中国"战略继续推进，光纤宽带建设进度加快，光纤接入用户达 811.5 万户，占宽带用户比重提升至 93%，高于全国平均水平。宽带提速效果日益显著，山西省 20M 以上宽带用户达 814.2 万户，在宽带用户中占比达 93.3%；50Mbps 以上宽带用户达 619.9 万户，在固定宽带接入用户中的占比达 71%；100Mbps 以上宽带用户达 223.6 万，在固定宽带接入用户中的占比达 25.6%。全省家庭宽带用户总数达 872.8 万户，比才有宽带接入的 2001 年增长 6395.1 倍，比 2007 年增长 4.3 倍，固定宽带家庭普及率达 70.2%。2020 年，全省宽带接入用户 252.1 万户。

《山西省互联网发展报告（2019）》显示，山西省信息基础设施建设持续深化，网络服务能力稳步提升，全省光缆总长度达到127.9 万公里，居全国第 18 位；互联网宽带接入端口升至 2148 万个，居全国第 18 位；移动宽带网络覆盖能力稳步提升，移动通信基站总数达到 23 万，居全国第 18 位。FTTH/O（光纤接入）用户在固定宽带用户中占比达到 97.5%，渗透率居全国第 1 位；移动互联网月户均接入流量达到 8929.2MB，同比增长 44.9%；省际出口带宽进一步扩宽，达到 18291Gbps。互联网基础资源管理持续强化，2019 年 IPv4 地址数量共计 496.0 万，居全国第 19 位；注册域名数量达 82.06 万，居全国第 20 位；备案的互联网网站达 57518 个。

（四）城乡居民生活水平大幅提升

70 多年来，山西人民在党的正确领导下，解放思想、同心同德、艰苦创业、锐意进取，取得了巨大的成就，写下了光辉的篇章。特别是党的十八大以来，山西省委、省政府坚持以习近平新时代中国特色社会主义思想为指针，牢固树立以人民为中心的发展思想，紧紧围绕保障和民生改善这条主线，多措并举增投入、补短板、兜底线，千方百计增加居民收入，实现了居民收入稳定增长，城乡收入差距不断缩小，消费结构换挡升级，人居环境明显改善。70 年披荆斩棘，70 年风雨兼程，三晋儿女实现了由贫穷到温饱，再到迈向全面小康的历史性跨越。

1. 城乡居民收入剧增

新中国成立以来，山西省城乡居民收入发生了翻天覆地的变化。城镇常住居民人均可支配收入由 1957 年的 196.9 元增长到 2020 年的 34792.7 元；农村居民人均可支配收入由 1957 年的 80 元增长到 2020 年的 13878 元。特别是改革开放的 40 多年间，城镇居民人均可支配收入和农村居民人均可支配收入年均增长分别达到 12.4% 和 12.7%。

新中国成立 70 多年来，特别是改革开放 40 多年，山西省收入分配制度改革逐步推进，破除了传统计划经济体制下的平均主义分配方式，在坚持按劳分配为主体的基础上，允许和鼓励资本、技术、管理等要素按贡献参与分配，不断加大收入分配调节力度，极大地提高了人们的劳动积极性。就业观念不断更新，就业门路增多，经营和理财意识不断增强，工资收入、经营收入以及各种财产收入不断增加，特别是随着收入分配制度的不断深化，城乡居民的转移性净收入也快速增加。城乡居民增收呈现四大亮点：

（1）工资性收入增长

2000 年以前，按劳分配制度释放了劳动者极大的生产积极性，带来了工资性收入的不断提高；2000 年以后，市场导向的就业机制逐步建立，社会职业构成发生变化，社会分工不断细化，劳动力在不同行业、地域自由流动，分配制度不断完善，劳动力价值得以充分体现，推动工资性收入快速攀升。在农村，随着乡镇企业、城镇化水平、区域经济不断发展，大量剩余劳动力不断向第二、第三产业转移。国家各项劳动保障制度的完善，保护了居民就业的积极性。特别是山西省最低工资标准的不断上调和对各项保障措施的有效落实，促使居民就业收入稳定增长。

新中国成立 70 多年来，特别是改革开放的 40 多年间，山西省城镇居民的工资性收入增长了 58.8 倍，年均增幅 11.1%；农村居民的工资性收入增长了 70.3 倍，年均增幅 11.5%，高于城镇 0.4 个百分点。2010 年，农村居民工资性收入首次超过经营净收入，成为农村居民收入的第一大来源。农民工资性收入占比的提高，表明农村剩余劳动力实现了有效转移，越来越多的农民脱离了传统收益较低的农业生产经营，外出打工获得了较高收入，农村居民增收渠道进一步拓宽，工资性收入成为农民增收的最大亮点。

（2）家庭经营方兴未艾

随着市场经济体制的建立和不断完善，全省经济发展越来越具有活力，为城乡居民增收提供了更多的选择平台和就业机会，也拓宽了增加收入的渠道。人们不再单纯追求"铁饭碗"，而是适应市场经济的变化，积极选择非公有制经济，寻找收入较高的行业就业。特别是党的十八大之后"大众创业，万众创新"政策实施以来，省委、省政府着力经济环境的改善，为"双创"营造了良好的环境。2012 年，国家批准山西建设国家资源型经济转型综合配套改革试验区，全省上下以转型综改区建设为统领，创新转型综改区建设体制机制；农村土地承包经营权确权登记颁证改革等改革持续推进，并着力打造"六最"营商环境。这些政策极大激发了群众创新创业热情。

山西省全体居民经营净收入从 1984 年的 1 元提高到 2020 年的 3250 元，占人均可支配收入的比重由 1978 年的 0.2% 提高到 2020 年的 12.9%。

（3）财产净收入增收

社会经济的发展对山西省城镇居民的投资理财观念产生了很大

影响，居民的投资理财意识不断增强，金融投资活动日趋活跃。居民通过购买债券、股票、基金等有价证券获得利息、股息和红利等，使得财产净收入大为增加。同时，住房制度改革以后，越来越多的居民拥有了自有产权住房，许多家庭还通过出租住房增加财产收入。数据显示，1986 年以来，全省城乡居民财产净收入逐年提高，城镇居民财产净收入由 1986 年的 4 元增长到 2020 年的 2384 元。农村居民财产净收入由 1978 年的 2 元增长到 2020 年的 205 元。财产净收入已经成为当前居民增收的潜力股。财产净收入的逐年增加，有效推动了百姓生产生活水平的提高，真正体现了"藏富于民"的理念。

（4）社保改革覆盖全面

近年来，民生保障体系逐步完善，社会保险覆盖面不断扩大，城乡居民基本养老保险制度实现全覆盖，城乡居民基础养老金、城乡低保和医保财政补助标准持续提高，养老服务体系初步形成等，对增加群众收入，提高生活水平和社会稳定发挥了积极作用。2020 年，全省城镇居民人均转移净收入 9268 元，相比 1978 年的 3 元，增长 9265 元，成为城镇居民第二大收入来源。转移净收入已经成为城镇居民增收的新亮点。

2. 消费能力显著增强

新中国成立以来，随着经济的快速增长和社会的全面发展，山西省城乡居民逐渐告别了物质生活相对短缺的时代，餐桌食品充裕丰富，服装服饰从单一化走向多姿多彩和个性化，手机、互联网的普及使人们日常交往变得更为快捷，外出旅游成为百姓日常生活的一部分。尤其是改革开放以后，山西省城镇居民消费性支出从

1978 年的 275 元增加到 2020 年的 20332 元，增长 73.9 倍；农村居民消费性支出由 1978 年的 91 元增加到 2020 年的 10290 元，增长 113.1 倍。

（1）低下来的恩格尔系数

"民以食为天"，居民食品消费的状况和变化是衡量居民家庭生活水平高低的标志。山西省城镇居民恩格尔系数由 1978 年的 55.6% 下降到 2018 年的 23.8%；农村居民恩格尔系数由 1978 年的 67% 下降到 2018 年的 27.7%。恩格尔系数的下降，表明全省居民用于食品消费支出的比重逐步降低，用于发展和享受型消费的比重逐步提高。

（2）衣着服饰时尚化、品牌化

70 多年间，山西省城乡居民的衣着消费也发生了深刻的变化，

龙城（太原市）安居梦

彻底改变了以前御寒保暖耐穿的"新三年，旧三年，缝缝补补又三年"的观念。生活水平的逐步提高，使居民对"形象消费"逐渐产生兴趣，着装由长期注重价格和实用性转变为追求成衣化、时尚化、品牌化。为展现个性魅力，根据场合选购品牌衣着、时尚服饰已屡见不鲜，用于衣着服饰方面的消费也不断增多。2018年全省城镇居民人均衣着支出1821元，比1978年的47.6元增长38.3倍，年均增长9.5%。农村居民人均衣着消费支出626元，比1978年的13元增长48.2倍，年均增长10.2%，增幅超过了城镇。由此可见，农村居民的购买力在不断增强。

（3）居住环境不断改善

"安得广厦千万间，大庇天下寒士俱欢颜，风雨不动安如山。"新中国成立以来，随着住房制度改革的深入，城镇居民拥有一套舒适宽敞的住房终于由梦想变成了现实，从居者"忧"其屋发展为居者"优"其屋。调查数据显示，1980年，全省城镇居民人均住房面积仅为4.54平方米，而截止到2017年，城乡居民人均住房面积分别为32.40平方米和37.81平方米。根据《山西省住房和城乡建设事业"十三五"规划》，到2020年，城镇居民人均住房面积达38平方米。同时，住房配套设施日趋完善，家庭住宅内配备自来水、卫生间的比重有了很大提高。而在农村，随着社会主义新农村建设和乡村振兴战略的稳步推进，农村居民的居住环境也得到了极大改善，过去的土窑洞越来越少，越来越多的农民都住上了设施齐全的新房。

住房条件的改善相应拉动了城镇居民的住房消费支出，山西省城镇居民居住方面的支出由1978年的9元增长到2018年的4247元，年均增长16.6%，农村居民的居住支出由1978年的9元增长

山西大力推进低碳生活方式，2016年太原成为全国首个出租车全部纯电动化的城市

到2018年的2076元，年均增长14.6%。

（4）出行通信更加便捷

70多年来，山西省城乡交通条件显著改善，城市道路、铁路、高速公路和航线不断增加，居民出行的交通工具不断升级，发展出越来越多的方式，飞机、火车、高铁、公交、私家车、出租车、共享汽车、共享单车、网约车等等，人们可以选择最适合自己的交通方式出行。值得一提的是当今汽车消费档次也在升级换代，从代步工具的适用性向追求舒适、高档和享受型转变。随着通信产业的蓬勃发展，居民的信息消费需求不断增强，从固定电话再到互联网的普及为居民沟通架起了桥梁。手机已成为城乡居民的必备品，成为集通信、拍照、社交、上网、支付等多种功能于一体的智能手机。数据显示，山西省城镇居民交通通信支出由1978年的3元增长到

2020 年的 2687 元；农村居民交通通信支出由 1978 年的 0.5 元增长到 2020 年的 1145 元。

随着经济发展和社会进步，居民文化消费的快速增长期已经到来，这不仅对居民消费的增长产生相应的刺激作用，更重要的是将对居民生活质量的提高产生更大的推动力，同时也极大地丰富了人们的精神生活。近年来，旅游消费正走进百姓生活，飞机、高铁等各种交通方式的迅速发展为人们外出旅游提供了更多的便利。同时，随着"黄金周""春节假""小长假"以及企事业单位带薪休假政策的落实，旅游消费的热潮被有效带动，很多国内著名旅游景点接待人数和旅游收入都双双刷新历史纪录。除了外出旅行，城乡居民也开始更加注重日常精神生活水平的提高，博物馆、图书馆、科技馆等文化场馆设施齐全，每逢周末便门庭若市，图书馆更是"一座难求"，对精神文化生活的重视，促进了居民在教育文化娱乐方面消费的不断增长和升级。

3. 就业规模不断扩大，就业结构不断优化

新中国成立以来，山西省经济持续快速发展，综合实力不断增强，就业规模不断扩大，就业结构不断优化，就业保障体系不断完善，就业作为社会稳定器的重要作用日益凸显。

（1）就业规模不断扩大

1953 年至 2020 年，山西省常住人口数量从 1426.78 万增长到 3490.50 万，年平均增加 30.35 万，常住人口增长保持在平稳的发展状态。

劳动适龄人口占常住人口比重稳步上升。1953 年至 2018 年，劳动适龄人口（15 岁至 64 岁）数量从 875.55 万增长到 2743.76 万，

年平均增加 28.74 万，年平均增速为 1.77%，其中 1982 年至 1990 年间增速最快，平均达到 2.56%，2017 年增速由正转负，劳动适龄人口数量略微下降。

1953 年至 2018 年，劳动适龄人口占常住人口的比重从 61.37% 上升至 73.79%，年平均上升 0.19 个百分点，峰值为 75.80%（2013 年），劳动适龄人口占常住人口的比重呈现稳步上升状态。

就业人口占常住人口比重稳步上升。1953 年至 2020 年，就业人口数量从 671.96 万增长到 1738 万，年平均增加 15.68 万，其中 1964 年至 1982 年间增速最快，平均达到 2.65%，2018 年增速由正转负，就业人口数量略微下降。

1953 年至 2020 年，就业人口占常住人口的比重从 47.10% 上升至 49.79%，年平均上升 0.04 个百分点，峰值为 51.83%（2016 年），就业人口占常住人口的比重呈现稳步上升状态。

（2）就业结构不断优化

伴随着经济的转型升级和劳动力市场的逐步完善，山西省就业人员的城乡结构、所有制结构和产业结构持续优化，实现了和就业规模同步的健康发展。

各类型经济体竞相发展，促进就业结构动态调整。1949 年后，山西省就业总量持续增长，三种类型经济体（城镇非私营单位、城镇个体和私营企业、农村及乡镇企业）竞相发展，就业人员结构长期处于动态调整中。

第一，城镇非私营单位发展壮大，转型调整进入新阶段。2020 年，山西城镇非私营单位就业人员 442.60 万人。其中，国有单位就业人员 172.9 万人，集体企业就业人员 6.4 万人，其他单位就业人员 225.1 万人。

第二，城镇个体和私营经济逐渐成为吸纳就业的主要力量。1949 年以来，以个体、私营经济为主体的山西省非公有制经济从无到有、从小到大、由弱变强，持续不断发展，逐渐成为吸纳就业的主要力量。据省工商局提供的数据，2018 年，山西省个体工商户为 163.02 万户，是 1980 年的 222.30 倍，就业人员 367.92 万人，是 1980 年的 353.77 倍；山西省私营企业 54.83 万个，是 1989 年的 219.32 倍，就业人员 274.86 万人，是 1989 年的 49.26 倍。

第三，农村及乡镇经济就业人口比重有序下降。1949 年以来，山西农村及乡镇企业就业人员始终是就业人员的主体部分，但所占比重呈逐年下降的趋势。1949 年，山西农村及乡镇企业就业人员约为 541 万人，占全部从业人员的比重为 92.86%；2018 年，山西农村及乡镇企业就业人员约为 1101 万人，占全部从业人员的比重为 57.62%。

经济结构转型升级，促进就业结构更加合理。经济结构决定就业结构。新中国成立 70 多年来，山西经济实力不断增强，产业结构稳步升级，就业结构不断优化。2018 年，全省就业人员的三产比例为 33.69 ∶ 23.15 ∶ 43.16，与 1949 年的 89.67 ∶ 4.86 ∶ 5.47，相比第二产业、第三产业，就业人员比重大幅度提高，就业结构更加合理。

（3）就业保障体系不断完善

推进充分就业，完善就业保障体系，事关人民群众的切身利益。新中国成立后，山西省不断加快完善就业保障体系的步伐，推行积极稳定的就业政策，不断创立新型用工形式，持续深化工资分配制度改革，配套完善社会保险制度，尤其是近年来大力实施就业优先战略和更积极的就业政策，山西省就业保障体系覆盖范围明显扩大，保障水平明显提高，对改善民生状况具有深远的意义。

就业政策更加积极稳定。新中国成立初期，山西省劳动部门从减少失业和扩大就业两个方面采取了一系列措施，并普遍开展扫盲运动，创办技工学校，1957年全省技工学校增加到11所；1979年，全省实行劳动部门介绍就业、自愿组织起来就业和自谋职业的"三结合"就业方针；1992年，全省取消企业招工指定性计划，放宽劳动力流动和跨地区就业，劳动者自主择业、企业自主用人的机制开始形成；1995年，下岗职工基本生活保障和再就业工作被列入"一把手"工程，到1998年共成立再就业服务中心4125个，98万下岗职工的基本生活有了保障；1998年到2006年，全省共筹集资金54.6亿元用于保障下岗职工的基本生活，支持了国有企业改革，维护了社会稳定；21世纪以来，全省就业政策重点转向创业扶持与援助、资金扶持、开展创业培训、开发公益性就业机会等方面，不断改善就业创业环境；党的十九大以来，全省坚持实施就业优先战略和积极就业政策，实现了更高质量和更充分就业，就业形势正在发生积极的变化。

劳动用工制度不断创新。1949年前后，山西省政府为了稳定社会秩序，保障工人生活，逐渐形成了固定工制度，到1960年固定工总数增加到129.8万；1982年，为适应全面推行承包经营责任制的需要，固定工制度的主导格局被打破，国有企业中普遍实施临时工、轮换工、合同工等多种用工形式；1994年，省政府开始以劳动合同制度来规范用工形式，到1997年全省企业基本实行用工劳动合同制；2007年，省、市、县三级全部建立了劳动关系协调三方机制，定期商讨解决劳动纠纷等重大问题；2016年，山西出台了《关于做好化解煤炭钢铁行业过剩产能职工安置工作的实施意

见》，并于 2016 年当年安置化解煤炭钢铁行业过剩产能职工 3.17
万人。

工资分配机制改革持续深化。1951 年至 1978 年，山西省以计
件工资制度为主导，先后经历了确认、受冲击、重新确认、停止实
行、重新推行等阶段；1985 年，部分工业企业实行工资总额同经
济效益挂钩办法，企业和机关事业实行不同工资制度；1986 年至
1991 年，全省进行了 4 次比较大的工资调整；1989 年至 2002 年，
山西省先后对工资总额、弹性工资、最低工资保障、工资指导线、
工资集体协商等内容制定了一系列制度和政策；1997 年至 2007 年
间 6 次提高最低工资标准；2007 年以后，几乎每年都发布工资增
长指导线以及提高地区最低工资标准；2010 年以后，全省进行了 2
次工资标准的调整。2018 年，全省城镇非私营单位在岗职工平均
工资为 67669 元，是 1952 年平均工资的 180.45 倍，年均增长 8.06%，
扣除物价因素后年均实际增长 4.74%。

社会保险制度趋于成熟。1951 年，中央人民政府政务院颁布
了《中华人民共和国劳动保险条例》，山西省随之废止了一些地方
原来制定的劳动保险办法；1958 年至 1966 年，山西省对社会保险
制度进行全面整顿、修改和补充，社会保险制度初步建立；改革开
放以来，山西省的保险事业重新发展，职工的企业保险发展为社会
统一筹集资金、企业之间互相调剂的社会保险，享受保险的人员范
围扩大，保险费用变为国家、企业、个人三方合理负担，各级社会
保险机构从无到有，逐步发展壮大，一个基本适应市场经济要求和
山西经济发展水平的社会保险体系框架初步形成。

经过 70 多年的奋斗，山西省国民经济持续、快速、健康发展，
居民生活水平显著提高，劳动就业工作成绩斐然。在就业规模不断

扩大的前提下，全省就业局势始终保持稳定，就业结构不断升级优化，就业保障体系逐步完善，为创建和谐稳定的社会环境发挥了重要作用。

（五）山西投资逐步优化

新中国成立 70 多年来，大规模的固定资产投资活动谱写了山西建设历史上最精彩的华章之一。在历届省委、省政府一系列正确决策的指引下，特别是党的十八大以来全省上下认真贯彻新发展理念，深入推进供给侧结构性改革与转型综改试验区建设，更加注重有效转型投资，把扩大产业投资、促进民间投资、补齐发展短板作为投资工作重点要求，全省固定资产投资规模持续扩大，有效投资明显增加，投资结构明显优化，转型升级步伐加快，投资活力进一步增强，发挥了投资需求拉动全省经济平稳健康发展的关键性作用，增强了山西的国民经济综合实力。70 多年投资建设，既为全省经济的起飞奠定了深厚基础，积蓄了强大力量，也为在 2030 年基本完成全省资源型经济转型奠定了坚实基础。

1. 投资质量逐步提高

新中国成立 70 多年来，全省固定资产投资飞速发展，无论投资规模还是投资结构、投资质量还是投资效果，都取得了显著的成就。投资对全省经济增长和社会进步作出了突出贡献，全省经济综合实力不断增强，经济社会发展基础更加坚实。投资在形成新的生产力的同时，已成为推动全省经济稳定增长、社会事业健康发展的主要力量。

（1）投资规模不断扩大

新中国成立以来，全省全社会投资累计完成 112145.8 亿元，年均完成 1602.1 亿元，平均每年增长 16.8%，投资规模不断扩大，增速步步登高。

（2）投资贡献作用加大

新中国成立以来，全省投资对 GDP 增长贡献作用逐步加大。特别是改革开放以来，在经历的建设起步（1979—1992）、扩大调整（1993—2002）、优化发展（2003—2007）、转型发展（2008—2018）四个阶段中，全省全社会投资平均增速为 17.0%、18.3%、29.5%、17.5%，投资率平均水平为 41.5%、44.4%、52.3%、65.8%，投资率逐步加大，GDP 年均增速为 8.1%、10.5%、13.7%、8.8%。可以看出，投资水平对经济发展水平的影响较大，投资是保持全省经济社会较快发展的主动力。

（3）融资渠道逐步拓宽

新中国成立以来，全省固定资产投资资金来源由过去的国家财政资金的单一形式，转化为资金来源多元化，扭转了建设资金短缺的局面。特别是改革开放以来，国家预算内资金占全省投资资金总量的比重由 1979 年至 1992 年的 17.9% 下降到 1993 年至 2002 年的 5.4%，2003 年至 2007 年仅占 4.4%，2008 年至 2018 年升到 6.1%。国内贷款、利用外资、自筹资金和其他社会资金的比重由 1979 年至 1992 年的 82.1% 上升到 1993 年至 2002 年的 94.6%，2003 年至 2007 年最高到 95.6%，2008 年至 2017 年回落到 93.8%。全省国家预算内资金所占比重逐步降低，国内贷款和自筹资金等所占比重快速上升，特别是利用外资、自筹资金和其他社会资金的比重

太原江铃重型汽车有限公司新车制造过程中

由 1979 年至 1992 年的 60.3% 上升到 1993 年至 2002 年的 69.4%，2003 年至 2007 年到 76.1%、2008 年至 2018 年到 84%。

2. 投资结构逐步优化

随着投融资体制改革的不断深化，投资不仅是引导社会资源优化配置的主要途径，而且是转变经济发展方式的主要动力。投资结构的逐步改善，促进了全省经济结构、产业结构的调整和优化。投资结构调整成为推动经济结构、产业结构调整转型的主要动力。

（1）投资的产业结构逐步调整

新中国成立以来，全省全社会投资中，第一产业累计完成投资 7671 亿元，平均每年增长 20.1%，占全省投资总量的比重为 6.8%；第二产业累计完成投资 46968.5 亿元，平均每年增长 15.7%，占全省投资总量的比重为 41.9%；第三产业累计完成投资 57506.3 亿元，平均每年增长 18.0%，占全省投资总量的比重为 51.3%。从产业投资流向来看，尤其改革开放以来，山西投资结构调整对产业结构变动作用明显，产业结构变动趋势是由投资结构变动的趋势决定的，投资是促进产业结构调整优化的主变量。

（2）投资主体结构明显变化

改革开放完全打破了传统体制下主要依靠国家财政的国有单位单一投资渠道，有力地调动了各方面投资建设的积极性，使非国有投资、民间投资逐步走上建设领域的舞台，除国有投资外，非国有的集体、私营个体等投资异常活跃，不断发展壮大，已逐渐成为直接投资的重要主体。1979 年至 2018 年在全省全社会投资中，非国有投资累计完成投资 61850.1 亿元，平均每年增长 20.1%，占全省投资总量的比重由 1978 年的 9.3% 上升到 2017 年的 55.4%。非国有投资规模逐步扩大，所占比重不断提高。在 2008 年至 2018 年的转型发展阶段，民间投资所占比重由 2008 年的 48.4% 上升到 2018 年的 54.8%，投资主体结构实现了国有投资主导向非国有等民间投资、外商及港澳台投资主导转变。

3. 投资行业分布重点突出

新中国成立 70 多年来，特别是改革开放以来，随着一大批重点项目的建成，山西省的社会生产力逐步提高，经济社会发展基础更加坚实，发展潜力不断增强。

（1）工业投资转型升级步伐加快

新中国成立 70 多年来，在全省全社会投资中，工业累计完成投资 46973.9 亿元，平均每年增长 19.3%，占全省投资总量的比重达到 41.9%。能源原材料工业发展是山西工业投资行业结构的主旋律。改革开放以来，为了缓解全国对能源需求紧张的矛盾，国家进一步加大了对山西能源基地的建设力度，煤炭和电力工业投资长足发展，冶金、化工等原材料工业投资增长也很快。随着供给侧结构性改革的持续深化和全省转型升级发展，工业投资中去产能等行业投资逐步缩减，食品、化学、医药、机械建材工业投资力度不断加大，全省工业投资结构逐步优化，全省煤炭工业和非煤工业投资比例由 1978 年的 32.4 ：67.6 转变为 2018 年的 16.9 ：83.1。

（2）基础设施补短板投入加大

新中国成立 70 多年来，全省基础设施累计完成投资 23398.6 亿元，平均每年增长 18.2%，占全社会投资的比重为 20.9%。特别是改革开放以来，全省基础设施建设规模空前，城乡建设同步推进，公共资源配置有效性显著提升，人民生活得到很大改善。截至 2020 年底，全省城镇化率达到 60% 以上，城镇化水平跨上新台阶。全省基础设施建设成绩显著，拉动全省经济社会全面高效发展。

（3）批发和零售业、住宿和餐饮业投资增加

新中国成立 70 多年来，全省批发和零售贸易及餐饮业累计完成投资 3299.4 亿元，平均每年增长 17.8%，占全社会投资的比重为 2.9%。全省公路、高速路的建设以及各种星级特色酒店的建成使用，极大提高了全省的旅游接待水平。

（4）文教卫生投资快速增长

新中国成立 70 多年来，全省文教卫生业累计完成投资 3813 亿元，平均每年增长 18.7%，占全社会投资的比重为 3.4 %。新建的山西省高校教育园区（占地 9900 多亩）包含 10 所高校的大学城以及各市县高中、职业中学改扩建、中小学的危房改造，极大地改善了全省的教学条件；新建的山西白求恩医院等医疗、预防、保障等

卫生机构，为全省居民的健康提供了保障。

（5）房地产开发业快速崛起

新中国成立70多年来，住宅建设投资累计完成16040.9亿元，平均每年增长17.3%，占全社会投资的比重为14.3%。其中改革开放40年，全省住宅建设投资累计完成17334.7亿元，平均每年增长20.2%，占全社会投资的比重为15.5%。随着住房制度改革逐步深入，住房供给市场化的转变，房地产业破茧成蝶，房地产开发业成为住宅建设主体。山西的商品房起步于1987年，1988年至2018年全省房地产开发投资累计完成13184.8亿元，平均每年增长28.3%，占全社会投资的比重为11.8%，在拉动内需、鼓励消费和大规模城市改造的宏观经济背景下，居住环境优美、配套设施齐全的现代化小区拔地而起。房地产业对全省经济、社会持续发展的影响越来越大，居民居住环境得到有效改善。

新中国成立70多年来，全省固定资产投资的快速增长取得了辉煌成就，也为全省经济的高质量发展找准发力点提供了强大支持，为转型升级发展增添了活力。

（六）小康工程建设经验

在2021年7月1日庆祝中国共产党成立100周年大会上，习近平总书记庄严宣告，经过全党全国各族人民持续奋斗，我们实现了第一个百年奋斗目标，在中华大地上全面建成了小康社会。

党的十六大提出全面建设小康社会的奋斗目标。党的十八大首次将"全面建设小康社会"调整为"全面建成小康社会"，并正式提出至 2020 年全面建成小康社会的奋斗目标。党的十八届五中全会根据新形势新情况，提出了今后 5 年全面建成小康社会新的目标要求。

党的十八大以来，山西经历了极不寻常的发展历程。从一度发生系统性塌方式腐败、经济遭遇断崖式下滑，到政治生态由"乱"转"治"、发展由"疲"转"兴"，到政治生态风清气正、转型发展态势良好，再到全方位推动高质量发展蔚然成势，山西各项事业稳步向上、持续向好。特别是近年来，山西全面贯彻习近平新时代中国特色社会主义思想，深入贯彻习近平总书记在山西考察调研时的重要讲话重要指示，坚决落实党中央各项决策部署，保持了经济持续健康发展和社会大局稳定。

在经济建设方面，坚持稳中求进工作总基调，认真贯彻新发展理念，推动转型发展呈现强劲态势。深化供给侧结构性改革，做好"六稳"工作、落实"六保"任务，经济总量稳步增长。传统产业加快升级，战略性新兴产业和现代服务业快速成长。新型城镇化与乡村振兴协同推进，一批重大基础设施建成投运。科技创新能力持续提升，一批国家级、省部级重点实验室建成，国家超级计算太原中心建成试运行。转型综改试验区建设深入推进，能源革命综合改革试点稳步实施，开发区"三化三制""承诺制＋标准地＋全代办"等改革成效明显，县域医疗卫生一体化等改革走在全国前列。营商环境持续改善，山西正在成为内陆地区对外开放新高地。

在政治建设方面，坚持党的领导、人民当家作主、依法治国有机统一，社会主义民主法治更加健全。支持和保证人民代表大会依法行使职权，地方国家权力机关的重要作用更好发挥。健全政协发扬民主和增进团结相互贯通、建言资政和凝聚共识双向发力的程序机制，协商民主更加广泛活跃。民族、宗教、外事、侨务、港澳和对台工作不断加强，爱国统一战线进一步巩固拓展。工会、共青团、妇联等改革不断取得实效。法治山西建设扎实推进，全社会法治观念进一步增强。

在文化建设方面举旗帜、聚民心、育新人、兴文化、展形象，牢牢掌握意识形态工作领导权。主流思想舆论巩固壮大，社会主义核心价值观深入人心，精神文明创建稳步提升，群众精神风貌更加昂扬。文旅融合持续深化，公共文化服务富有成效，文化遗产保护利用有力加强。

在社会建设方面，持续加强普惠性基础性兜底性民生建设，民生保障水平稳步提高，脱贫攻坚取得全面胜利。重塑性构建公共卫生体系，应对重大突发公共卫生事件的能力不断增强。零就业家庭动态清零，教育普及率不断提升，社保覆盖面持续扩大，城乡居民补充养老保险制度在全国率先实施。基层社会治理水平进一步提升，平安山西建设取得重要成效。安全生产形势总体平稳。

在生态文明建设方面，自觉践行"绿水青山就是金山银山"理念，生态文明建设取得显著成效。"两山七河一流域"生态保护和修复工程深入实施，森林覆盖率达到23.57%，超过全国平均水平。地表水水质、优良天数比例、PM2.5平均浓度、单位GDP二氧化碳排放下降比例完成国家考核任务，单位GDP能耗较2015年下降15.3%。绿色生产生活方式加快形成，生态文明制度体系基本建立。

山西全面建成小康社会的实践，深刻启示我们：

——必须时刻牢记初心使命、坚决做到"两个维护"。做好山西工作，最根本的一条就是坚持党中央权威和集中统一领导，始终在思想上政治上行动上同以习近平同志为核心的党中央保持高度一致。要进一步增强"四个意识"、坚定"四个自信"、做到"两个维护"，把忠诚注入血液里、融进事业中、写在大地上。

——必须一棒接着一棒跑、一任接着一任干。山西的事业是一场接力赛，只有锚定转型发展不松劲、全面从严治党不动摇，才能不断取得新成绩。要树立正确政绩观，弘扬右玉精神，不反复不折腾，一张蓝图绘到底，在接续奋斗中不断书写新篇章。

——必须勇于攻坚克难、善于化危为机。面对资源型经济转型的困难和挑战，既要有胆魄，也要有智慧。要勇于突围、敢于突破，以改革促转型、以开放带转型，以创新引领转型、以环保倒逼转型，奋力蹚出一条新路来。这一过程是艰辛的，但注定是壮丽的。

——必须赶考和补考并重、"拿来"和首创并举。实现山西高质量发展，既要推进当下改革，又要补齐历史欠账；既要借鉴"他山之石"，又要激发内生动力。要坚决破除陈旧观念束缚，革旧鼎新、推陈出新，赶上前进步伐、勇立时代潮头。

——必须在发展中保安全、在安全中促发展。过去在安全发展上的深刻教训警示我们，要想攀高峰，必先守底线。要牢固树立总体国家安全观，统筹发展和安全，统筹疫情防控和经济社会发展，警惕"黑天鹅"、防范"灰犀牛"，坚决当好首都"护城河"。

——必须心系人民、与群众想在一起、干在一起。高质量发展的最终目的，是满足人民日益增长的美好生活需要。要坚持以人民为中心的发展思想，永远与群众坐在一条板凳上，关心人民安危冷暖、解决群众急难愁盼，确保在共同富裕的路上一个都不掉队。

如期全面建成小康社会，无论在中华民族发展史上，还是在世界发展史上、在社会主义发展史上，都具有极为重大的意义。今天，山西和全国人民一道，全面建成小康社会，实现了第一个百年奋斗目标，一个经济更加发展、民主更加健全、科教更加进步、文化更加繁荣、社会更加和谐、人民生活更加殷实的社会从梦想走进现实。在乘势而上开启全面建设社会主义现代化国家新征程，向着第二个百年奋斗目标进军的新的赶考之路上，三晋儿女必将意气风发、心向未来，续写新的伟大篇章。

四、脱贫攻坚的成就和经验

小康不小康，关键看老乡。

习近平总书记指出："全面建成小康社会，最艰巨最繁重的任务在农村、特别是在贫困地区。没有农村的小康，特别是没有贫困地区的小康，就没有全面建成小康社会。"

全面建成小康社会，必须坚决打好脱贫攻坚战。

（一）几代人接力扶贫

新中国成立后，尤其是改革开放以来，在党中央的坚强领导下，历届山西省委、省政府带领三晋儿女为消除贫困、改善民生、逐步实现共同富裕，进行了不懈努力。

1. 山西贫困区域分布

山西地处太行山之西，黄土高原东翼，境内重峦叠嶂、丘陵起伏、沟壑纵横，山地、丘陵占全省总面积的 80%，是全国脱贫攻坚的重要战场。全国 14 个集中连片特困地区，山西省就有吕梁山、燕山——

太行山两个。全省 117 个县（市、区）中，就有 36 个国定贫困县。其区域分布如下：

太原市：娄烦县

大同市：天镇县、阳高县、广灵县、灵丘县、浑源县、大同县

长治市：武乡县、壶关县、平顺县

朔州市：右玉县

晋中市：左权县、和顺县

运城市：平陆县

忻州市：神池县、宁武县、五台县、河曲县、静乐县、偏关县、五寨县、保德县、繁峙县、代县、岢岚县

临汾市：大宁县、永和县、隰县、汾西县、吉县

吕梁市：临县、石楼县、方山县、中阳县、兴县、岚县

此外，山西还有 22 个省定贫困县，分别为沁县、沁源县、沁水县、陵川县、榆社县、昔阳县、古县、安泽县、浮山县、乡宁县、蒲县、万荣县、闻喜县、垣曲县、夏县、离石区、柳林县、交口县、交城县、阳曲县、平鲁区、山阴县。

这些贫困县贫困人口多、贫困面积大、贫困程度深、基础设施落后、公共服务欠缺，贫困像一座大山，阻挡了这些地方全面建成小康社会的步伐。

2. 不断探索扶贫之路

摆脱贫困，不仅是贫困地区人民群众的热切期盼，更是全面建成小康社会必须补齐的短板。为此，山西省委、省政府带领三晋儿女进行了不懈努力。

从以下这些关键词可以粗略了解山西数十年扶贫工作不断探

索创新、开拓进取的历史脉络。

第一，成立扶贫领导组。1983 年 6 月，山西省扶助农村贫困户工作领导组成立，这标志着山西省扶贫工作有了专门的领导机构。

第二，首次扶贫专门会议。1984 年 6 月 11 日至 15 日，山西省扶贫工作现场经验交流会在怀仁县召开，这是山西省首次召开的扶贫工作专门会议。会议对推进扶贫工作作出部署，主要举措是各级政府加大扶贫工作力度、扶贫资金使用实行救济生活与发展生产相结合、对贫困户从各方面给予照顾、积极为贫困户发展生产搭桥铺路、建立县乡村三级干部扶贫责任制等。

第三，由单纯经济扶贫转向综合扶贫。1986 年 4 月 16 日至 20 日，山西省委、省政府在临汾召开全省贫困地区工作会议。会议决定贫困山区的县乡干部相对稳定，一般 5 年不变；健全党的农村基层组织，提高基层干部素质；依靠先进榜样的力量，逐步消除贫困地区人民由于长期贫困所造成的精神桎梏；从振兴教育入手，加强智力开发，增加智力投资，搞好科技扶贫。这次会议标志着全省扶贫工作由单纯的经济扶贫转向经济、政治、文化、科技综合扶贫的新阶段。

第四，扶贫工作“五到户”。1987 年 3 月 6 日至 7 日，山西省委、省政府在太原召开全省贫困地区工作会议，要求今后的扶贫工作要做到规划目标到户、脱贫项目到户、扶贫资金到户、服务措施到户、帮贫致富责任到户“五到户”。

第五，变“输血”为“造血”。1988 年 4 月 5 日至 7 日，山西省政府召开全省贫困地区工作会议，强调扶贫工作的指导思想要实现由单纯救济向经济开发的转变，要变“输血”为“造血”。

第六，省直单位包县扶贫。1991 年 7 月 15 日，山西省贫困地区经济开发领导组办公室和省委干部下乡领导组办公室联合印发《关于省直单位包县帮助扶贫的实施方案》，要求省直单位按照保证重点、突出实效、明确责任的原则，对 20 个贫困县实施包县扶贫，一定 5 年不变。

第七，革命老区开发。2006 年 7 月 12 日，山西省委、省政府印发《关于加强晋西北、太行山革命老区开发的决定》，提出加快"两区"开发的现实基础、战略机遇、重大意义、指导思想、原则要求及目标任务等。"两区"范围包括在战争年代为革命作出重要贡献、仍然比较贫困的地区，涉及全省 10 个市、59 个县（市、区），其中 54 个县是国家和省扶贫开发重点县。

第八，"一村一品""一县一业"产业开发和扶贫移民。2011 年 12 月 5 日，山西省委召开常委扩大会议，强调要在加大扶贫开发投入力度、做好机关定点扶贫、加强农村基层组织建设的基础上，着力抓好"一村一品""一县一业"产业开发和扶贫移民等工作。

……

3. 全面打响脱贫攻坚战

党的十八大以来，以习近平同志为核心的党中央把贫困人口脱贫作为全面建成小康社会的底线任务和标志性指标，在全国范围全面打响脱贫攻坚战。

2015 年 11 月，中央扶贫开发工作会议发出了打赢脱贫攻坚战的总攻令。立下愚公移山志，咬定目标、苦干实干，坚决打赢脱贫攻坚战，确保到 2020 年所有贫困地区和贫困人口一道迈入全面小康社会，习近平总书记向全党发出了动员令。

从这一年开始，山西全面打响了脱贫攻坚战，脱贫攻坚力度之大、规模之广、影响之深，前所未有。2017年6月、2020年5月，习近平总书记两次到山西考察调研，掌舵领航、把脉定向，山西省委、省政府认真贯彻习近平总书记关于扶贫工作的重要论述和对山西脱贫攻坚工作的重要指示精神，始终把脱贫攻坚摆在全局工作的突出位置，构建了一整套行之有效的政策体系、工作体系、制度体系，走出了一条具有山西特点的减贫之路。

（1）扶贫新政密集出台

出台一系列政策，认真贯彻习近平总书记提出的精准扶贫指导思想，严格执行扶持对象精准、项目安排精准、资金使用精准、措施到户精准、因村派人精准、脱贫成效精准"六个精准"要求。

采取一系列措施，扎实推进发展生产脱贫一批、易地搬迁脱贫一批、生态补偿脱贫一批、发展教育脱贫一批、社会保障兜底一批"五个一批"工程。比如，实施产业开发"特""优"战略，建立完善带贫益贫机制；瞄准"一方水土养不好一方人"的区域，"六环联动"推进3365个深度贫困自然村整村搬迁；"五大项目"实施生态扶贫，平均每年带动52万以上贫困人口增收；大力推进"人人持证、技能社会"建设，培训贫困劳动力63.4万人次、技能持证13.91万人，带动务工就业91.8万人；健康扶贫落实"三保险三救助"政策，农村低保保障标准连续5年提标，全省平均达到5319元，惠及44.6万贫困人口；在全国率先建立起城乡居民补充养老保险制度，为防止返贫致贫提供制度保障等等。

（2）攻坚力度前所未有

严格执行党中央脱贫攻坚的决策部署，把脱贫攻坚作为政治任务摆在突出位置；立下军令状，省、市、县、乡、村五级书记抓扶贫，全党动员促攻坚，为打赢脱贫攻坚战提供了坚强的政治保障。

实施各级扶贫干部驻村包村，选派第一书记到贫困村任职，成为打通扶贫路上"最后一公里"的重要力量，为打赢脱贫攻坚战发挥了至关重要的作用。

财政专项扶贫资金持续加大投入。整个"十三五"脱贫攻坚期间，全省各级财政专项扶贫资金共投入 1200 多亿元，其中中央财政 168 亿元，为打赢脱贫攻坚战提供了资金保障。

（3）扶贫路径、方式、考核等全面创新

全方位推进扶贫路径、方式、考核等方面的创新，使创新成为脱贫攻坚的强大动力。比如，从"大水漫灌"向"精准滴灌"的转变，这是扶贫开发路径的创新；由多头分散向统筹集中转变，这是扶贫资源使用方式的创新；由偏重"输血"向注重"造血"转变，这是扶贫开发模式的创新；由侧重考核地区生产总值向主要考核减贫脱贫成效转变，这是扶贫考核体系的创新。

（4）脱贫速度创造奇迹

2012 年以后，山西贫困人口逐年大幅度递减，减贫速度之快、脱贫规模之大，创造了山西减贫史上的奇迹。

透过以下这组统计数字，可以听到党的十八大以来，三晋儿女在脱贫攻坚道路上披荆斩棘、高歌猛进的铿锵足音：

2013 年，全省 47 万贫困人口实现脱贫；

2014 年，全省 47 万贫困人口实现脱贫；

2015 年，全省 50 万贫困人口实现脱贫；

2016 年，全省 57 万贫困人口实现脱贫；

2017 年，全省 75 万贫困人口实现脱贫；

2018 年，全省 64.9 万贫困人口实现脱贫；

2019 年，全省 23.9 万贫困人口实现脱贫；

2020 年，全省剩余的 2.16 万贫困人口全部脱贫，山西省脱贫攻坚工作全面收官。

（二）践行"两山"理论

以习近平总书记"绿水青山就是金山银山"理念为指导，实施生态扶贫，勠力在"一个战场"打赢脱贫攻坚和生态治理"两个攻坚战"，是山西决战决胜脱贫攻坚的重大战略举措和突出特色。

山西省深度贫困区域和生态脆弱区域高度重合，贫困人口最集中的吕梁山、燕山—太行山片区，也是生态最脆弱的地方，长期以来深度贫困与生态脆弱互为因果、恶性循环。

在全面建成小康社会的征程中，如何统筹脱贫攻坚与生态建设，成为山西面临的一大时代考题。

鉴于此，脱贫攻坚战打响后，山西省在"绿水青山就是金山银山"理念指导下，创造性地将生态治理与脱贫攻坚相结合，探索在"一个战场"上同时打赢脱贫攻坚和生态治理"两个攻坚战"。

2017 年 6 月，习近平总书记在山西考察调研时指出："在生态环境脆弱地区，要把脱贫攻坚同生态建设有机结合起来。这既是脱贫攻坚的好路子，也是生态建设的好路子。"

习近平总书记的嘱托，成为全省上下勠力同心、探索实践生态扶贫的强劲动力。依靠不断改革创新，山西走出了一条生态生计统一、增绿增收双赢的绿色扶贫之路。

吕梁市荒山造林

1. 创新造林绿化新机制，让表里山河绿起来

组建造林专业合作社是山西创新生态扶贫机制的一大创举，有效串联起了生态治理和脱贫攻坚"两个攻坚战"。2018 年 11 月，国家三部门联合印发通知，在全国推广山西组建扶贫造林（种草）专业合作社的脱贫模式，"山西经验"变成了"全国路径"。统计显示：到 2020 年，全省 58 个贫困县已组建造林合作社 3378 个，完成造林 820.8 万亩，带动 7 万多贫困社员人均增收 1.6 万元。

素有"三川十塬沟四千，周围大山包一圈"之称的大宁县，是国家扶贫开发工作重点县，生态脆弱和贫困高发在这里相互叠加。

寻求突围的大宁，以购买式造林为抓手，让群众在兴林增绿中脱贫致富。何为"购买式造林"？简单地说，就是由政府制定规划、标准，造林合作社承包林地种树，验收合格后政府以购买社会化服务方式进行回购。曲峨镇白村是大宁县购买式造林的试点之一，68

岁的冯还堂是第一批加入合作社的村民。他说："购买式造林是个好买卖啊！一人种树，全家脱贫！跟着合作社种树，一天能挣100多元，一年能增收1万多元！"实施购买式造林短短几年时间，大宁县组建贫困户占80%的造林专业合作社37个，累计完成购买式造林27.37万亩，增加群众劳务收入8625万元，带动6772户实现了脱贫。

东依吕梁山、西濒黄河水的石楼县义牒镇褚家峪村，2018年成立喜平造林合作社，通过造林、绿化、美丽乡村建设等工程，合作社成员每年至少收入5000元，最多者在1万元以上。负责人张秋林说，"党支部＋造林合作社"模式，使过去的单一造林正在向造林、管护、经营一体化方向发展，植树造林在荒山上种出"绿色银行"，让大地披绿、村民获益。2018年至2020年，合作社每股分红3500元。借助创新的力量，石楼县利用"党支部＋造林合作社"模式，按照"资源共享、生产互助、利益共沾"的运行机制，打造"吕梁市造林合作社升级版"。到2020年，全县组建造林合作社137个，每个党支部引领一个造林合作社，实现了行政村全覆盖，带动农户1.15万人，形成了"造林、管林、用林"三位一体的生态建设新格局。

2.打造项目联动新模式，让贫困群众富起来

推动生态扶贫，关键是创新增绿变增收的有效机制。实践中，山西省联动实施退耕还林奖补、造林绿化务工、森林管护就业、经济林增效、林产业增收五大项目，建立稳定的带贫益贫机制，确保收益精准到村到户到人。

（1）造林绿化务工保收入

创新林草生态建设参与机制，组建造林扶贫合作社承揽贫困县

造林任务，改招投标为议标，推行"党支部＋合作社"运作模式，打破不能干的制度壁垒，补齐不会干的能力短板，防范不公正的分配漏洞，让贫困群众成为生态建设的参与主体、受益主体。全省58个贫困县组建造林扶贫合作社3378个，吸纳贫困社员7万余人，累计完成造林1300万亩，平均每年惠及4.3万贫困社员，人均年增收8700多元。

（2）退耕还林奖补增收益

把握国家启动实施新一轮退耕还林的历史机遇，下功夫把生态区位重要、贫困人口集中、不适宜耕种的土地退下来，基本实现25度以上陡坡耕地的应退愿退尽退。全省累计退耕还林473万亩，其中58个贫困县实施436万亩，20.66万贫困户退耕154.4万亩；累计下达退耕还林农户补助36.84亿元，其中58个贫困县33.96亿元，户均累计增收7700多元。

（3）森林管护就业促脱贫

在精准落实国家生态护林员政策的基础上，整合天然林保护、国家公益林、未成林管护等项目投资，精准设立生态管护岗位，吸纳贫困人口在参与管护中增收。以2020年为例，58个贫困县管护员数量达到4.2万，其中建档立卡贫困人口3.18万，管护工资达到每人每年7300元。

（4）经济林提质增效惠民生

大力实施干果经济林提质增效工程，实现贫困户低质低效经济林的全覆盖，累计完成经济林提质增效450万亩，建设省级示范园100个，补齐了林农经营管理的短板，有效带动了贫困户增收。全省新发展经济林450万亩，干果特色经济林种植面积达到1950万亩，初步形成了核桃、红枣、仁用杏、柿子、花椒五大干果主产区。隰

忻州市宁武县管涔山国有林管理局高桥洼林场

县、安泽、岚县、右玉、绛县等相继荣登中国特色农产品优势区名
单，山西核桃、吕梁红枣成为区域品牌和地理标志产品。

（5）特色林产业增收拓财源

实施"小灌木大产业"战略，大力推行"林药林菌林禽林蜂"
立体化种植养殖模式，引导贫困群众发展林下种植养殖和森林旅游
康养产业，着力构建"稳受益、不返贫"的林草产业发展体系。全
省林下经济经营面积达到535万亩，实现产值29亿元。

3. 培育产业发展新路径，让富民机制活起来

生态扶贫如何让群众稳定持续受益？实践中，山西立足资源禀
赋，深挖绿色发展潜能，以改革促增绿、增绿促增收，充分释放生
态扶贫政策红利。具体做法如下：

（1）林权改革添动力

探索集体林地三权分置运行机制，启动集体公益林国有林场托管，补偿收益和经营收益归林农所有。

（2）资产收益增活力

发展林业新型经营主体 8816 个，支持贫困户以林地经营权、林木所有权、财政补助资金等入股发展林产业，启动林业资产性收益试点，推进资源变资产、林农变股东、权益变收益。

（3）盘活资源挖潜力

挖掘沙棘、连翘、油用牡丹等灌木经济林资源，培育有区域特色的生态产业。依托森林景观资源，融入"夏养山西"战略，形成靠山吃山再养山、管林护草促增收的良性循环。

生态扶贫绿了三晋大地。据统计，截至 2021 年底，山西省森林面积达到 5542.93 万亩，森林覆盖率达到 23.57%，历史性超过全国平均水平。

生态扶贫富了贫困农民。5 年来，山西省 58 个贫困县组建造林专业合作社 3378 个，吸纳贫困社员 7 万余人，累计完成造林 1300 万亩，52.3 万贫困人口受益，增收十多亿元。

山西践行"两山"理论，走出了一条生态建设与脱贫攻坚互促双赢的路子。

地处雁门关外的朔州，曾是典型的生态脆弱区。明代诗人王越曾这样描写塞上的荒凉景象："雁门关外野人家，不养桑蚕不种麻。百里并无梨枣树，三春哪得桃杏花。六月雨过山头雪，狂风遍地起黄沙……"党的十八大以来，朔州市以生态优先、绿色发展为导向，统筹推进山水林田湖草系统治理，生态环境面貌焕然一新。如今的朔州，已从昔日的"平地有砂皆走石、荒边无树鸟无窝"的荒凉之地变为"接天绿树无穷碧、映日山花别样红"的塞上绿洲。2020 年，全市森林覆盖率达到 24.72%，城市建成区绿化覆盖率达到 43%。在持之以恒改善生态环境面貌的同时，朔州市大力发展以生态旅游、草牧业、经济林、农产品精加工为代表的生态经济，实现了从绿起来到富起来的嬗变，生动践行了习近平生态文明思想。2018 年 8 月 8 日，山西省政府批准朔州市右玉县退出国定贫困县；同年 8 月 24 日至 30 日，朔州市平鲁区、山阴县两个省定贫困县公示退出。至此，朔州市 3 个贫困县（区）全部摘帽脱贫，成为山西省第一个整体脱贫摘帽的地级市。2019 年，朔州市仅旅游收入一项就达到了 310 多亿元。

实践证明，绿水青山既是自然财富、生态财富，又是社会财富、经济财富，保护生态环境就是保护生产力，改善生态环境就是发展生产力。

（三）建立坚强堡垒

坚持党的领导，持续抓好基层组织建设，强化党组织战斗堡垒作用和党员先锋模范作用，是打赢脱贫攻坚战的根本保证。

1. 五级书记抓扶贫，全党动员促攻坚

"五级书记抓扶贫"是中国扶贫最大的特色，显示了中国共产党扶贫攻坚的强大决心。

2015 年 11 月，中央扶贫开发工作会议举行，包括山西在内的中西部 22 个省区市党政主要负责同志向党中央签订了脱贫攻坚责

任书。

立下"军令状",一诺重千钧。山西省委按照中央部署立即行动,省、市、县成立脱贫攻坚领导小组,党政主要领导任"双组长";省、市、县、乡、村层层签订脱贫攻坚责任书。在此基础上,山西省委坚决落实"省负总责"要求,建立完善的责任、政策、工作、投入、帮扶、社会动员、监督和考核等制度体系,实施最严格的考核评估,奖优罚劣。省委书记、省长带头,双签责任书,联系贫困县、帮扶贫困村、遍访贫困对象,开展年度约谈、常态化约谈。省委组建督导组,明责赋权,跟踪督导。专项巡视和"回头看"全覆盖,以重点县、难点问题挂牌督战,对重点工作专项督查。"五级书记抓扶贫,全党动员促攻坚"的局面在全省迅速形成。

2. 第一书记到岗,党员干部到户

山西省委吹响脱贫攻坚集结号,"硬抽人、抽硬人",把"最能打仗的人"派到脱贫攻坚第一线,集结精锐力量,奔赴攻坚战场。

实施单位包村、领导包带和工作队到村、党员干部到户、第一书记到岗的"两包三到"联动帮扶机制,实现了贫困村干部驻村和贫困户结对帮扶全覆盖。全省每个贫困村有一名包村领导带领工作队驻村帮扶,每个贫困户有一名干部结对帮扶。

在决战决胜脱贫攻坚中,广大扶贫干部心系百姓、无私奉献、开拓创新、攻坚克难,用实际行动生动诠释了新时代共产党人的使命担当——

郭子涵,女承父志,主动接过父亲未竟的扶贫事业,出任陵川县附城镇台北村第一书记。她上任后,带领全村党员、干部、群众修缮了村里外出的道路,硬化了村内的街道,组建了老年人日间照料中心，办起了连翘茶加工扶贫车间，还利用环境优势办民宿发展旅游产业，台北村面貌焕然一新。

宋俊杰，省委办公厅二级调研员。驻村帮扶6年多，扶贫干部换了一茬又一茬，他却一直坚守攻坚一线。从沁县到临县，从第一书记"升"为帮扶工作队队长。不论在什么岗位，他都尽职尽责、扶贫济困，被干部群众誉为解决贫困百姓急难愁盼问题的贴心人、发展脱贫产业的实干家。

尤变清，驻村帮扶6年，巾帼不让须眉。她一心扑在脱贫工作中，无暇照顾90多岁双目失明的老母亲和上学的儿子；她自掏腰包6000多元，给村里每一个贫困户都送去一床棉被。由于长期超负荷工作，她病倒在驻村第一书记的岗位上。可住院做完手术尚未完全恢复，她就返回村里继续忘我工作。

常明昌，山西农业大学食品科学与工程学院教授、食用菌专家。他在全省40多个县开展科技扶贫，选用优良品种300多个；在全省多地推广香菇、木耳、白灵菇、绣球菌、杏鲍菇、灵芝、猴头、北冬虫夏草等，实现经济效益36亿元以上，以突出成绩在2020年全国脱贫攻坚表彰大会上荣获创新奖。

俞贺楠，人力资源和社会保障部劳动和社会保障科学研究院博士、副研究员。2018年9月，他主动请缨来到天镇县赵家沟乡薛牛坊村担任第一书记，带着病重的父母驻村帮扶。3年中，他在党建引领、消费扶贫、产业扶贫等方面积极创新实践，村里发生了翻天覆地的变化，贫困发生率由2018年的70.04%下降至0.47%，实现整村脱贫。在2020年全国脱贫攻坚表彰大会上，他荣获贡献奖。

......

据统计，脱贫攻坚战期间，全省累计选派13985个驻村工作队、

1.96 万名第一书记和 9.6 万名驻村干部，他们在加强贫困地区基层党的建设、激发群众脱贫致富内生动力、实施精准扶贫、发展富民产业等方面做了大量工作，为打赢脱贫攻坚战发挥了至关重要的作用。全省 78 名同志牺牲在脱贫攻坚第一线，以生命履行使命、以热血铸就忠诚。

3. 凝聚全社会力量，千军万马合力攻坚

在这场规模空前的减贫事业中，山西省积极探索，创新社会帮扶方式，坚持专项扶贫、行业扶贫、社会扶贫多方聚力，动员和凝聚全社会力量广泛参与，着力构建专项扶贫、行业扶贫、社会扶贫互为补充的大扶贫格局。

省级组建 10 个专项扶贫领导组，组织开展领导联系、单位包村、县际结对、企县合作、专业人才挂职和学校医院对口帮扶工作。

各级党委政府出台政策措施，引导各种扶贫资源向贫困群众倾斜、各种建设项目向贫困地区布局，调动各行各业各部门力量打好脱贫攻坚决战决胜"组合拳"。

社会各界积极响应，踊跃投身脱贫攻坚一线，千军万马合力攻坚。"百企千村产业扶贫""百千百工程""助学助困工程""消费扶贫""三晋巾帼脱贫行动""千企帮千村——精准到户扶贫行动"等等同向发力，三晋大地上唱响了一曲雄浑壮阔的社会扶贫大合唱。

"百企千村产业扶贫"于 2013 年启动。"百企"是指以省属国有企业为龙头，包括中央驻晋企业、市属国有企业、省内民营骨干企业以及省外企业在内的各级各类规模以上企业；"千村"是指以吕梁山、太行山两大连片特困地区扶贫攻坚县为重点、贫困人口

相对集中的贫困村。活动启动当年，这些企业就在 58 个贫困县实施产业扶贫项目 209 个，总投资 690 亿元。

"千企帮千村——精准到户扶贫行动"于 2016 年启动，是全省脱贫攻坚八大工程 24 项专项行动之一。截至 2020 年 11 月，全省 2576 家民营企业共投资 42 亿多元，实施帮扶项目 10243 个，总计帮扶 6306 个村的 47.87 万贫困人口……

（四）决战太行吕梁

山西小康不小康，关键要看太行和吕梁。以贫困人口最集中的吕梁山和燕山—太行山片区为重点，山西拉开了在脱贫路上不让一村一户一人掉队的大决战。

1. 以"绣花功夫"贯彻精准方略

脱贫攻坚，贵在精准，重在精准，成败之举在于精准。

2013 年 12 月，中共中央办公厅、国务院办公厅印发《关于创新机制扎实推进农村扶贫开发工作的意见》，全面启动精准扶贫工程。

2015 年 6 月，习近平总书记在贵州召开的部分省区市党委主要负责人座谈会上指出，要做到扶贫对象精准、项目安排精准、资金使用精准、措施到户精准、因村派人精准、脱贫成效精准等"六个精准"，明确了精准扶贫的具体要求。

山西省委、省政府迅速行动，出台一系列政策措施，以"绣花功夫"贯彻精准方略。

扶持谁？把最贫困的人找出来。山西严格建档立卡贫困人口"两评议、两公示、一比对、一公告"政策程序，开展建档立卡回头看，实施动态管理常态化,建立完善防止返贫监测预警和动态帮扶机制，实现贫困识别从基本精准、比较精准到更加精准。

谁来扶？村村有帮扶队，户户有责任人。5 年中，全省累计派出驻村工作队 3.28 万支、9.6 万名驻村干部，第一书记 1.96 万人次，他们扎根在三晋大地上的一个个山庄窝铺，带领父老乡亲众志成城拔穷根。

怎么扶？建立资金工程项目库，确保抓手精准；建立帮扶政策措施库，确保施策精准；建立专家库，集聚专业人才，确保保障精准。因村因户因人施策，因贫困原因施策，因贫困类型施策，对症下药、精准滴灌。对有劳动能力的实施开发式帮扶，带动有志想做、有事可做、有技会做、有钱能做、有人领做；对无劳动能力的落实保障性兜底政策，保障老有所养、学有所教、病有所医、居有所安、难有所帮。

如何退？实施最严格的考核。坚持目标导向、问题导向、结果导向，精准制定考核办法，细化完善考核方案。第三方评估、市际交叉检查，把精细严格落在实处。出台贫困县退出办法，明确贫困退出标准，严把退出程序的规范性、标准的准确性、结果的真实性。对社会公示后反馈的问题件件有着落、事事有回音……

扶真贫、真扶贫、真脱贫，精准扶贫方略成为山西打赢脱贫攻坚战的制胜法宝。

2. 扎实推进"五个一批工程"

发展生产脱贫一批、易地搬迁脱贫一批、生态补偿脱贫一批、发展教育脱贫一批、社会保障兜底一批。2015年11月，习近平总书记在中央扶贫开发工作会议上提出的"五个一批"工程，为打通脱贫攻坚"最后一公里"开出了"药方"。

按照中央部署，山西把"五个一批"脱贫路径任务逐一分解，一系列配套政策措施相继出台，进而扎实推进、迅速落实。

2016年，山西省出台《关于坚决打赢全省脱贫攻坚战的实施意见》，按照中央提出的实施"五个一批"要求，结合本省实际，统筹行业部门力量推进脱贫攻坚八大工程二十项行动，省直相关行业部门分别制定脱贫攻坚专项行动方案，每年制定年度行动计划。

2019年4月底，由省扶贫办牵头组织省直相关行业部门制定出台《山西省2019年特色农业扶贫行动计划》等24个专项行动计划（以下简称《行动计划》）。新出台的《行动计划》结合省级机构改革后行业部门职能调整的需要，针对脱贫攻坚工作中出现的新情况、新特点，紧盯责任落实、政策落实和工作落实，锁定贫困县、

通过物联网监控大棚温湿度、光照等环境的智慧蔬菜大棚

建档立卡贫困村、贫困户，着力解决"两不愁三保障"问题，从推动拟摘帽县强弱项、补短板和摘帽县巩固提升出发，对专项扶贫行动计划进行充实和完善，扩大专项行动的参与范围，进一步实化细化工作举措，确保脱贫攻坚不留死角。《行动计划》中提到的特色产业扶贫工程包括特色农业扶贫、光伏产业扶贫、文化和旅游产业扶贫、电商扶贫 4 个专项行动；培训就业扶贫工程主要指对贫困人口进行就业培训，支持带动贫困人口稳定就业增收脱贫；易地扶贫搬迁工程包括易地扶贫搬迁、改善人居环境、农村危房改造 3 个专项行动；生态补偿脱贫工程主要是指细化"五大项目"，持续带动贫困地区贫困人口增收；社会保障兜底工程包括农村低保扶贫、特殊群体关爱、贫困残疾人扶贫 3 个专项行动；基础设施改善工程包括交通扶贫、水利扶贫、农村饮水安全、电力扶贫、以工代赈扶贫 5 个专项行动；公共服务提升工程包括教育扶贫、健

大同市新荣区奶牛养殖园区

康扶贫、科技扶贫、网络扶贫 4 个专项行动；社会力量帮扶工程包括省属企业扶贫、民营企业扶贫、社会扶贫 3 个专项行动。调整后的 24 个专项扶贫行动计划都明确了对应的责任单位，从顶层设计上保证了各方形成攻坚贫困的合力，呈现出举措更精准、主体更明晰、方法更实用等特点，为全省持续推进八大工程专项扶贫行动绘就了新的路线图。

产业扶贫到村到户。山西省出台《推进"一村一品一主体"产业扶贫的实施意见》，重新布局全省产业版图，"东药西薯、南果北杂、中部蔬菜、面上干果牧业乡村游"的脱贫产业格局逐步形成；落实"特""优"战略，创新产业扶贫利益联结机制，有脱贫产业、有带动主体、有合作经济组织，贫困户有增收产业项目、有劳动能力的有技能的"五有"产业扶贫机制覆盖全部贫困村。产业兴、收入增，产业稳、脱贫稳。以大同市云州区为例，该区在脱贫攻坚中大力发展黄花产业，全区 3.3 万贫困户，有 90% 从黄花产业中受益。云州区西坪镇贺店村 68 岁的谢文，依托 9 亩黄花不仅脱了贫，供养出两个大学生，还给儿子买了车和房。他说："种一亩黄花每年收入四五千元，价钱是种玉米的好几倍。"据统计，全省 58 个脱贫县都培育了两三个特色主导产业，"五有"机制也成功入选全国产业扶贫十大机制创新典型。

光伏扶贫遍地开花。作为全国光伏扶贫首批试点省份，山西把光伏扶贫纳入脱贫攻坚八大工程二十项专项行动。光伏扶贫电站从无到有、从有到优、从试点到遍地开花，成为脱贫村培育发展集体经济、保障脱贫人口持续稳定增收的重要支撑和推动农村产业重构、实现乡村振兴的新引擎。"太阳出来就赚钱，光伏给我好光景。"这是脱贫群众对光伏扶贫电站的赞誉。农业农村部对全国村级光伏帮扶电站运行管理检测通报显示，仅仅 5 年多时间，山西省村级电站规模总量就跃居全国第三，年度发电收益 19.57 亿元，居全国第一；年均发电能力高于全国平均水平 8.02%。

易地搬迁"六环联动"。对于"一方水土养不好一方人"的深度贫困村，山西精准施策，"六环联动"推进易地搬迁。具体做法是以 3365 个深度贫困自然村为重点，采取精准识别对象、新区安置配套、旧村拆除复垦、产业就业保障、生态修复整治和社区治理跟进"六环联动"的举措，实施整村搬迁，统筹解决"人钱地房树村稳"七个问题，确保群众搬得出、稳得住、逐步能致富。

搬出穷窝窝，过上好生活。左权县芹泉镇横岭村地处太行山深处，山高地少，石多土少，干旱缺水。全村 107 户 296 口人中，就有建档立卡贫困户 81 户 216 人。2018 年下半年易地扶贫搬迁后，村民过上了好光景。年过花甲的李海牛说："俺们以前在山上住的都是石头房，夏天蚊叮虫咬，冬天四面透风。如今住上了新房子，砖瓦结构、宽敞明亮。过去那种住房破烂、交通不便、肩挑背驮、缺水少电的苦日子一去不复返了！"

吕梁市临县城北安置区是全省最大的易地扶贫搬迁安置区，共安置搬迁 12138 人。群众搬迁入住后，新社区的党支部也随之成立，城庄镇副镇长王雁兼任社区党支部书记。社区建起了党群服务中心，妥善解决群众上学、就业、看病、养老等生活难题，使搬迁群众稳得住、能致富、可融入，获得感、幸福感、安全感大大提升。

据统计，"十三五"期间，全省 3365 个深度贫困自然村完成整村搬迁，建成 1122 个集中安置区，36.2 万贫困人口、11 万同步人口全部搬迁。山西省易地扶贫搬迁工作连续 3 年受到国务院表扬激励。

生态补偿增绿增收。按照"生态补偿脱贫一批"的要求，山西省组织实施"生态建设扶贫行动",狠抓植树造林,实现荒山增绿、农民增收,提升林业建设对脱贫攻坚的贡献率。其主要做法是,完善退耕还林的政策,适当增加退耕补助,保障贫困户收入不减;加大新一轮退耕还林还草力度,新增退耕还林任务重点安排到贫困县,省里给予配套补助,确保增加贫困人口退耕还林收入;加快宜林荒山绿化进程,调整植树造林规模和结构,最大限度吸纳贫困人口参与造林工程;强化森林资源管护,支持有劳动能力的贫困人口转为护林员;延伸生态产业链,加快发展林下经济等等。

据统计,脱贫攻坚战期间,山西创新生态建设参与机制,联动实施退耕还林奖补、荒山绿化务工、森林管护就业、经济林提质增效和特色林产业增收五大项目,惠及 52.3 万贫困人口。

发展教育扶志扶智。习近平总书记指出,贫困群众是扶贫攻坚的对象,更是脱贫致富的主体,没有贫困群众的参与,不能调动他们的积极性和创造性,"干部干、群众看",扶贫开发是难以成功的。

统计显示,山西省约 80% 以上的贫困人口集中分布在吕梁山黄土残垣沟壑区、东部太行山干石区和北部高寒冷凉区。这些地方自然条件恶劣、产业基础薄弱,特别是农业季节性强、链条短,吸纳劳动力就业有限,多数劳动力处于半年生产半年闲的状态,单一依靠农业增加收入局限性很大。贫困人口中有相当比例劳动力观念陈旧、技能缺乏,不能适应劳务输出的需要。

为此,山西省坚持扶贫、扶智与扶志一起抓,让贫困群众的心热起来,内生动力迸发出来。其中一项重要举措就是近抓培训、远抓教育;培训以长技、教育以增智,千方百计增强贫困群众脱贫致富的信心和提升自我发展的能力,让其用自己的劳动与智慧去创造更好的生活,这叫"根子上的扶贫"。

以技能培训为例。从 2017 年起，山西省将免费培训建档立卡贫困劳动力列入民生实事，在机构确定、任务分配、资金保障、指导帮扶等方面给予倾斜支持，共组织贫困劳动力职业技能培训 20.93 万人。参加培训的建档立卡贫困劳动力全部取得全民技能培训合格证书，靠技能就业、技能增收的能力明显提升。

"培训一人，就业一人，脱贫一户"。在大力实施技能培训的同时，山西省积极引导农村贫困劳动力实现异地转移就业，全力培育打造劳务品牌。阳高刺绣、广灵剪纸、浑州劳务、朔州编织、定襄法兰、临县的哥、运城电线架设等 64 个省级劳务品牌声名鹊起。2019 年，"吕梁山护工"被评为国家级就业品牌，就业区域辐射北京、天津、陕西等 8 个省市的 20 多个城市。马金莲原本是柳林县一个普普通通的农村妇女。2016 年，她参加了"吕梁山护工"培训后，先是到北京当护工、从事家政服务。2018 年 8 月，她返回柳林县创办职业培训学校，先后培训各类学员 2000 余人，帮助 1700 余人就业，带动 280 余户贫困户稳定脱贫。她说："我不仅要改变自己的命运，还要带领更多的'吕梁山护工'实现就业。"在 2020 年全国脱贫攻坚表彰大会上，她荣获奋进奖。

社会保障政策兜底。山西省出台《关于解决"两不愁三保障"突出问题的实施意见》，统筹整合各方力量，集中解决"两不愁三保障"突出问题。其主要做法是，加大农村低保省级统筹力度，对于丧失和部分丧失劳动能力的贫困人口由政府兜底脱贫，实现应保尽保；加快完善城乡居民基本养老保险制度，支持农村贫困人口参保续保，形成农村低保、特困人员供养、医疗救助、养老保险等制度为主体，社会力量参与为补充的新型社会救助体系。农村低保连续 5 年提标，全省平均达到 5319 元。与此同时，全省各地广泛开展农村低保专项扶贫行动、特殊群体关爱行动，落细落实低保、特困供养、临时救助等政策，兜住最困难群体，保住最基本生活。

"两不愁三保障"稳稳托起了脱贫群众的小康梦……

3. 以超常之力攻克深度贫困

深度贫困地区是贫中之贫、困中之困，也是打赢脱贫攻坚战必须攻克的难关。

把深度贫困地区作为区域攻坚重点，是习近平总书记站在全局和战略高度提出的重要战略思想。

以解决突出制约问题为重点，强化支撑体系，加大政策倾斜，聚焦精准发力，攻克坚中之坚。2017年6月23日，习近平总书记在太原召开的深度贫困地区脱贫攻坚座谈会上，对攻坚深度贫困进行了再部署再动员。

啃下脱贫攻坚中最难啃的"硬骨头"，攻克全面小康道路上最大的难关，已成为各项工作的重中之重。

山西省委、省政府雷厉风行，聚焦最困难的地方、紧盯最困难的人群、扭住最急需解决的问题，出台专门政策，强化督导落实，带领全省人民以超常之力攻克深度贫困。

锚定深度贫困目标。2017年，山西省委、省政府在认真调查研究的基础上，综合考虑贫困人口规模、贫困发生率、农民人均可支配收入等指标，统筹评估自然条件、产业基础及义务教育、基本医疗和住房安全等因素，确定偏关、宁武、静乐、兴县、临县、石楼、永和、大宁、天镇、广灵等10个县为深度贫困县，确定"一方水土养不好一方人"、需要整自然村搬迁的3365个村为深度贫困村。

为深度贫困县量身定制攻坚之策。2018年5月，山西省《"一县一策"集中攻坚深度贫困县的意见》出台，为 10 个深度贫困县量身定制 10 条共享政策、每县 1 条量身定制的专享政策，内容涵盖汾河生态治理、开发区设立、产业发展、人才支持、教育支持、企县合作等方面，政策、资金、项目、人才等资源要素向深度贫困地区聚集，意在集中优势兵力，打一场攻坚拔寨的合围战、歼灭战。

众志成城攻坚克难。深度贫困地区集中分布在偏远山区、当年的革命老区。山西省《"一县一策"集中攻坚深度贫困县的意见》出台后，全省各级党委、政府联系本地实际，加强组织领导，逐县制订方案，逐村细化措施，逐户落实责任，带领干部群众发扬太行精神、吕梁精神、右玉精神，以"打不赢脱贫攻坚战就对不起这块红色土地"的深情厚爱，以"不破楼兰终不还"的豪情壮志，撸起袖子加油干、扑下身子抓落实。

大同市从光伏和易地搬迁上抓突破，以大项目解决大面积深度贫困；强化扶贫资金的造血功能，形成攻克深度贫困的利益联结机制；打造"天镇保姆"升级版、强化"浑州劳务"辐射力，拓宽拉长深度贫困致富路径；政府和社会联动，合力解决深度贫困中老弱病残居多的问题。

忻州市结合辖区偏关、宁武、静乐 3 个深度贫困县产业匮乏、群众增收乏力的实际，提出以"一村一品一主体、一县一业一园区"为抓手，构建产业发展链条、融合利益联结机制，引导国有企业、龙头企业、专业合作社、能人大户参与攻克深度贫困。

石楼县围绕攻克深度贫困，迅速推进生态脱贫"六举措"：实施退耕还林工程促增收，通过购买式造林促增收，发展沟域经济促增收，依托森林管护促增收，经济林提质增效促增收，发展特色林产业促增收。同时，加大易地扶贫搬迁力度，强化产业和就业扶贫。

2019 年，石楼县脱贫，贫困发生率从 54.76% 下降到 0.31%。

……

（五）实现伟大跨越

经过不懈努力，三晋儿女在脱贫攻坚的历史性赶考中交出了一份沉甸甸的优秀答卷：到 2020 年末，全省脱贫攻坚工作全面收官，山西省政府新闻办公室举行新闻发布会，向社会各界宣布：山西省历史性解决了绝对贫困和区域性整体贫困问题，奋力蹚出了有中国特色、山西特点的减贫之路。

1. 山西脱贫攻坚的主要成就

概括起来讲，山西省脱贫攻坚取得了以下具有历史性、标志性、趋势性的巨大成就：

一是脱贫攻坚目标任务全面完成。经过 8 年精准扶贫、5 年集中攻坚，全省贫困地区农村居民人均可支配收入从 2013 年的 4875 元增长到 2020 年的 10352 元，年均增长 11.4%；建档立卡贫困人口人均纯收入从 2013 年的 2166 元增长到 2020 年的 9729 元，年均增长 23.9%。58 个贫困县全部摘帽，7993 个贫困村全部出列，现行标准下 329 万贫困人口全部脱贫，历史性解决了绝对贫困和区域性整体贫困问题，脱贫群众的生活实现从温饱不足到吃穿不愁的巨大变化。

二是基础设施公共服务显著改善。全省新建改建农村公路 4.28 万公里，具备条件的建制村全部都通了硬化路、通了客车；贫困村全部通了动力电、通了宽带;新建改造农村饮水安全工程 1.8 万处,解决了 181.5 万贫困人口的饮水困难问题;完成农村危房改造 33.37 万户、"全面改薄"7835 所(学校),新建改建村卫生室 13045 所,义务教育、基本医疗、住房安全和饮水安全有了可靠保障。"一方水土养不好一方人"的 3365 个深度贫困自然村全部整村搬迁。长期困扰群众的上学难、看病难、吃水难、出行难、用电难、通信难等老大难问题普遍得到解决。脱贫地区面貌实现从封闭落后到全面改善的巨大变化。

三是脱贫地区经济发展快步赶上。全省各地坚持新发展理念,统筹生态生计、协调增绿增收,生态扶贫"五大项目"带动 52.3 万贫困人口增收,既为三晋大地增添了美丽颜值,更为脱贫群众鼓起了钱袋子。特色产业扶贫带动 127.7 万贫困人口增收,"大同黄花""山西药茶""吉县苹果""隰县玉露香"等区域品牌成为稳定脱贫持续增收硬支撑。光伏扶贫收益实现 58 个贫困县贫困村全覆盖,每个贫困村平均每年能拿到 20 万元以上的集体经济收入。电商扶贫覆盖 6833 个贫困村,乡村旅游扶贫建设 300 个示范村。技能培训、持证就业成为自觉行动,"人人持证、技能社会"深入推进,打造"吕梁山护工""天镇保姆"等特色劳务品牌 90 多个,带动 91.8 万脱贫劳动力外出务工就业,这些都为脱贫地区培育起发展新动能,拓宽了群众增收新渠道。产业就业支撑实现从单一匮乏到百业竞兴的巨大变化。

四是乡村治理能力显著提升。通过持续抓党建促脱贫攻坚,整顿软弱涣散贫困村党组织,选优配强、集中轮训贫困村党组织书记,实施农村本土人才回归工程,培育创业致富带头人,基层组织战斗力明显增强。9.6 万驻村队员、1.96 万农村第一书记奋战在驻村帮扶第一线，同贫困群众想在一起干在一起，带动干部作风大转变。贫困村村村都有了集体经济收入，深化扶贫扶志、开展感恩奋进教育，98%的脱贫村创建"三零"村达标，党群干群关系大改善，办事服务能力大提升，党在农村执政基础更巩固。贫困村基层组织实现从软弱乏力到坚强有力的巨大变化。

2. 山西脱贫攻坚的特色亮点

在脱贫攻坚实践中，山西省委、省政府深入学习贯彻习近平总书记关于扶贫工作重要论述和两次在山西考察调研的重要讲话重要指示，紧密结合省情特点和贫困地区实际，深入落实精准方略，布局重点工程，推进专项行动，加强政策机制保障，各方合力攻坚，多项工作取得重大突破，走在全国前列，创造了山西脱贫攻坚的特色和亮点，可概括为以下"六个最"：

一是最硬的担当——五级书记抓扶贫。省市县成立脱贫攻坚领导小组，党政主要领导任"双组长"。省委书记、省长带头，各级党政领导"双签"脱贫攻坚主体责任书和帮扶责任书，联系贫困县帮扶贫困村，五级书记遍访贫困对象，市县委书记每年向省委述职脱贫攻坚。省市县三级实行专项扶贫"双组长"制，管行业就管扶贫，脱贫攻坚只有主角、没有配角，责任面前向前一步。省委组建7个脱贫攻坚督导组，划片包市常驻督导，一线发现问题、推动问题整改。省委开展专项巡视和"回头看"全覆盖，始终保持了五级书记抓扶贫、全党动员促攻坚的强劲势头。

二是最好的政策——生态扶贫。从深度贫困和生态脆弱相互交织的省情特点出发，山西省联动实施退耕还林奖补、造林绿化务工、森林管护就业、经济林提质增效和特色林产业综合增收"五大项目"，带动 52.3 万贫困人口增收。同时，全省各地创新生态建设参与机制，组建造林扶贫专业合作社，改招标为议标，广泛吸纳贫困劳动力参与，5 年累计退耕还林 473 万亩，造林绿化 1300 万亩，聘用贫困护林员 3.18 万人，经济林提质增效 450 万亩。贫困户退耕还林有奖金、造林护林挣薪金、林果产业赚现金、土地流转收租金，参与生态建设的热情空前高涨。这一系列政策措施，为全省干部群众在"一个战场"同时打赢脱贫攻坚和生态治理"两个攻坚战"奠定了坚实基础。2017 年 6 月，习近平总书记在山西考察调研时及 2020 年 3 月 6 日决战决胜脱贫攻坚座谈会上都对山西的扶贫工作给予肯定。2017 年 9 月全国林业扶贫现场会在山西省吕梁市召开，2018 年 11 月国家三部委发文推广山西省造林扶贫合作社模式。

三是最亮的工程——易地扶贫搬迁。以"一方水土养不好一方

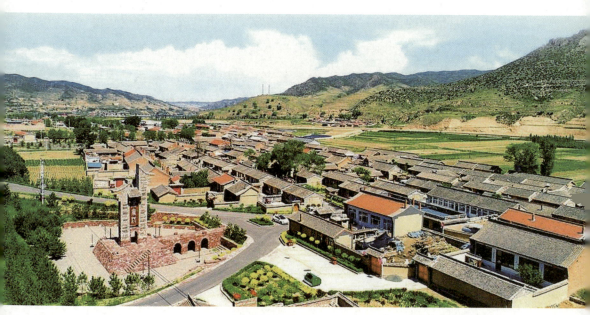

忻州市岢岚县宋家沟乡新貌

人"的边远山庄窝铺为重点，山西省采取精准识别对象、新区安置配套、产业就业保障、社区治理跟进、旧村拆除复垦、生态修复整治"六环联动"办法推进整村搬迁，统筹解决"人钱地房树村稳"七个问题。"十三五"期间，全省搬迁建档立卡贫困人口36.2万，同步搬迁11万人，共搬迁47.2万人，总搬迁规模排全国第9位。全省整体搬迁深度贫困自然村3365个，建设集中安置区1122个，总投资250亿元，建筑总面积达到1074.2万平方米。2017年、2018年、2019年山西易地扶贫搬迁工作连续受到国务院表彰激励，2020年，山西省扶贫办扶贫移民处荣获全国脱贫攻坚组织创新奖。

四是最优的项目——产业就业扶贫。山西省特色农业扶贫实施"特""优"战略，培育发展产业带贫主体，所有贫困村都建立起"五有"机制。全省各地依托全省农业现代化三大省级战略、五大出口贸易平台和十大产业集群，延伸产业链、提升价值链、构建脱贫链，带动127.7万贫困人口增收。这"五有"机制入选全国产业扶贫机制创新典型。围绕光伏扶贫，全省建设村级电站5479座、集中电站53座，带动9963个村（其中6602个贫困村、3361个非贫困村）集体经济年均增收20万元，惠及72万贫困户。2018年获中国能源产业扶贫政府创新奖，2019年获全国脱贫攻坚组织创新奖。2020年全国光伏扶贫现场会在大同召开。围绕电商扶贫，全省58个贫困县全部建成县级服务（运营）中心，覆盖6833个贫困村。围绕乡村旅游扶贫，全省各地依托黄河、长城、太行三大旅游板块，建设示范村300个。围绕就业扶贫，全省各地实施全民技能提升工程，建设"人人持证，技能社会"，累计培训贫困劳动力63.4万人次，打造特色劳务品牌90多个，带动务工就业91.8

万人。"吕梁山护工""天镇保姆"入选全国人社领域精准扶贫典型案例。

五是最牢的保障——社会保障政策兜底。山西省多措并举,构筑教育、健康、农村低保多重防线。教育扶贫健全义务教育控辍保学机制,实现各阶段教育、公办民办学校和贫困学生资助三个全覆盖,对各阶段贫困家庭学生做到应助尽助;健康扶贫实施"三保险三救助""双签约""一站式结算","三保险三救助"惠及贫困人口203.96万人次,住院综合保障比例接近90%;农村低保标准连续5年提标,全省平均达到5319元,惠及44.6万贫困人口,临时救助145.7万人次,符合条件的应保尽保、应助尽助;贫困残疾人"两项补贴"应补尽补;在全国率先建立城乡居民补充养老保险制度,普惠和倾斜相结合,对无子女或子女无赡养能力的低收入老年居民重点倾斜,为老年人养老和防止返贫夯实了制度保障。

六是最大的优势——党建引领汇聚合力。山西省持续推进抓党建促脱贫攻坚,选强配齐、集中轮训贫困村党组织书记,实施农村本土人才回归工程。全省选派万名干部到乡镇挂职,1271名机关事业单位干部到961个贫困村任职,并培育贫困村创业致富带头人3.56万人。全省各地持续深化领导联系、单位包村、县际结对、企县合作、专业人才挂职、学校医院对口等"六个帮扶",累计派出驻村工作队3.28万支、9.6万人,农村第一书记1.96万人,深入开展干部驻村帮扶"六大行动"和决胜收官10个问题"清零行动",以干部帮扶的责任感提升群众的获得感,以帮扶工作的精准度提升群众的满意度,凝聚起了众志成城、攻坚克难的磅礴力量。

3. 山西脱贫攻坚的经验启示

总结回顾山西脱贫攻坚的奋斗历程，从首战首胜、再战再胜、连战连胜到决战决胜、决战完胜，从根本上打赢脱贫攻坚战，历史性解决绝对贫困和区域性整体贫困问题，这是百年政党解决千年难题的伟大壮举，彰显了以习近平同志为核心的党中央不忘初心的责任担当和人民至上的使命情怀，彰显了中国共产党的政治优势和中国特色社会主义制度优势。山西脱贫攻坚战取得全面胜利，根本在于习近平总书记扶贫工作重要论述的科学指引，特别是习近平总书记三年两次在山西考察调研，及时为脱贫攻坚掌舵领航、把脉定向；根本在于以习近平同志为核心的党中央的坚强领导，始终把脱贫攻坚摆在治国理政的突出位置；根本在于山西省委、省政府团结带领全省人民大力弘扬太行精神、吕梁精神、右玉精神，尽锐出战、合力攻坚。总结山西脱贫攻坚的生动实践，有以下深刻的经验启示：

一是坚持党的领导，这是决胜的保证。坚持党对脱贫攻坚的集中统一领导，强化"省负总责、市县抓落实"的工作机制，省委、省政府主要领导牢记领袖嘱托，坚决扛起主体责任，高位推动、持续发力、狠抓落实。省市县层层签订责任书、立下"军令状"，凝聚起了五级书记抓扶贫、全党动员促攻坚的强大合力，为打赢脱贫攻坚战提供了坚强的组织保障。

二是坚持精准方略，这是决胜的关键。脱贫攻坚贵在精准、重在精准、成败之举在于精准。山西从"扶持谁、谁来扶、怎么扶、如何退"每个环节抓起，把精准要求贯穿识贫帮贫脱贫全过程，把扶贫视角聚焦到户、定位到人，因村因户因人施策，因贫困原因施策，因贫困类型施策，对症下药、精准滴灌、靶向治疗，确保线上数据全面准确、线下工作真实可靠。群众评价这一轮精准扶贫的政策，点到了穴上、帮到了根上、甜到了心上。

三是坚持问题导向，这是重要的方法。问题导向不是一句口号，山西省委、省政府坚持把它作为重要的思想方法和工作方法，紧盯工作中的痛点、难点、堵点，并以此为改革创新的切入点，破解难题，推动工作。通过进村入户发现问题，追根溯源研究问题，抓住症结整改问题，从严从实解决问题，以问题的真改实改带动整体工作的全面提升，确保了问题解决在决战过程中。

四是坚持强化投入，这是有力的支撑。山西省充分发挥政府投入的主体和主导作用、金融资金的引导和协同作用、社会投入的补充和辅助作用。5 年集中攻坚，全省各级累计财政扶贫投入1211.45 亿元，统筹整合其他涉农资金 296 亿元，发放扶贫小额信贷 254.7 亿元，贫困县城乡建设用地增减挂钩节余指标易地交易资金 147.25 亿元，定点帮扶 230.58 亿元，社会扶贫投入 58.04 亿元，为打赢脱贫攻坚战提供了充足的财力保障。

五是坚持社会动员，这是制度的优势。山西省委充分发挥党的政治优势和中国特色社会主义的制度优势，广泛动员各方力量参与，党政军民学劲往一处使，东西南北中拧成一股绳，形成了声势浩大的脱贫攻坚人民战争，构建起政府、市场、社会互动，专项扶贫、行业扶贫、社会扶贫联动的"三位一体"大格局。传承守望相助、和衷共济、扶贫济困的传统美德，搭建社会参与平台，形成人人皆愿为、人人皆可为、人人皆能为的浓厚氛围。

六是坚持真抓实干，这是成色的保障。山西省委把全面从严治党要求贯穿脱贫攻坚全过程，建立完善全方位监督体系，实行最严格的考核评估，深入开展扶贫领域腐败和作风问题专项治理，树牢求真导向，立起务实规矩，以严督实查促进实打实干，不搞花拳绣腿，不做表面文章，坚决反对形式主义、官僚主义，确保扶贫工作务实、脱贫过程扎实、脱贫结果真实，确保脱贫质量成色，经得起实践、历史和人民的检验。

脱贫摘帽不是终点，而是新生活、新奋斗的起点。

2021 年 3 月，山西省委《关于全面推进乡村振兴加快农业农村现代化的实施方案》以省委一号文件下发，同时，出台《关于巩固拓展脱贫成果有效衔接乡村振兴的实施方案》等，推动实现减贫战略和工作体系向乡村振兴平稳转型。

新时代，新征程。三晋儿女在习近平新时代中国特色社会主义思想指引下，弘扬上下同心、尽锐出战、精准务实、开拓创新、攻坚克难、不负人民的伟大脱贫攻坚精神，更加信心满怀地奋进新征程、建功新时代。

五、解决"三农"问题与乡村振兴

农为邦本,食为政首。1978年之前,山西同全国一样,在"一大二公"体制下,广大农民缺乏生产经营自主权,生产积极性不高,农业生产发展速度不快,农民生活水平提高缓慢。1978年12月,党的十一届三中全会召开后,改革的帷幕首先在广阔的农村大地拉开,山西人民艰苦创业、奋发有为,农业农村经济社会发展取得了翻天覆地的变化。特别是党的十八大以来,山西省委、省政府以习近平新时代中国特色社会主义思想为指引,系统深入学习贯彻习近平总书记关于"三农"工作的重要论述和考察山西重要讲话重要指示,认真贯彻落实党中央国务院关于农业农村优先发展的一系列重大决策部署,开拓创新,砥砺前行,开创了农业经济全面发展、农村社会和谐稳定、农民生产生活条件显著改善的新局面,农业农村各项工作取得新进展,广大农民群众的获得感、幸福感不断增强。

（一）山西农村发展与变迁

1. 以农村革命根据地为基础的"乡村改造"

解放前的山西，土地制度极为不合理，不劳动的少数地主、富农占有大量土地，劳动的占人口多数的贫农、雇农、下中农却只有少量土地。这种封建土地制度是广大农民陷于穷困的根源。抗日战争开始以后，中共中央公布了《抗日救国十大纲领》，提出了以减租减息作为抗日战争时期解决农民问题的基本政策。

抗日战争胜利后，中共中央于 1946 年 5 月 4 日发出《关于清算减租及土地问题的指示》（简称"五四指示"）。随后，各解放区的土地改革运动迅速开展起来。山西各根据地按照这一要求，分类指导，各有侧重，采取了不同措施。经过两年时间广大贫苦农民从封建生产关系中解放出来，不仅在政治上翻身做主，在农村政权中开始担负领导工作，而且经济地位迅速提高。为了推动解放区土改运动的进一步发展，1947 年 7 月 9 日，党中央在河北省平山县西柏坡村召开全国土地会议，制定了《中国土地法大纲》。随后，各解放区认真贯彻会议精神。1948 年底，山西各老解放区的土地改革全部结束，到 1949 年 4 月太原解放时，已有 1.1 万个行政村（占全省行政村数的 75.8%）、870 万人口（占全省人口的 71.6%）完成了土地改革，占人口 60% 的贫雇农、下中农分得土地 1000 多万亩，解放区农村人均占有土地 5 亩多。

1949 年 9 月山西建制恢复时，全省 2878 个村庄、240 万人口（约占全省人口的 21.8%）的新解放区尚未进行土地改革。为了彻底解决农民的土地问题，山西省委于 1949 年 11 月 25 日发出《关于执行华北局〈新区土改的决定〉的指示》，迅速开展了新解放区的土地改革运动。1950 年底，山西完成土改。土改结束后，各地根据山西省人民政府关于颁发土地证的指示，认真进行了颁发土地证和确定地权的工作。经过土改，全省贫雇农、下中农和少数中农，分得地主、富农的土地约为 1500 万亩，彻底消灭了封建剥削制度，实现了广大农民"耕者有其田"的愿望，解放了农村生产力，巩固了人民民主专政。

2. 以农村社会主义道路为主题的"乡村建设"

新中国成立后，中国共产党在农村的主要任务是领导广大农民实现农业社会主义现代化，解决广大农民的吃饭穿衣问题。

山西全省解放后，随着土地改革在全省范围迅速完成，农业互助组织进入了一个新的发展阶段。到 1954 年夏季，全省参加互助的农户占全省农户总数的 60.4%，其中，常年互助组比重达到64.38%。互助组的普遍建立，为后来兴起的初级农业合作化提供了一定的经验、人才和物质基础。

随着战争结束及农业生产的恢复和发展，农民生活和生产条件得到初步改善，农村情况发生了新的变化。在这种新的情况下，互助组织开始出现消沉、涣散的状态。互助组已经不能完全适应和满足农民进一步发展生产、增加收入、改善生活的要求。经山西省委批准，于 1951 年春季，长治地委在武乡县、平顺县、壶关县、屯留县、襄垣县、长治县、黎城县的窑上沟、川底等村试办 10 个农业生产合作社。1951 年 4 月 17 日，山西省委向中共中央和华北局写了《把老区的互助组织提高一步》的报告，受到毛泽东的肯定。

从 1951 年开始试办农业生产合作社，经过全面布局，培训基

1954 年 9 月，山西全省掀起了农业合作化运动的高潮，大大激发了农民的生产积极性

层干部，到大发展阶段，山西省委牢牢把握三条原则，即积极领导、稳步前进，建社与生产相结合，搞好经营管理。到 1955 年春耕前，全省农业生产合作社发展到 31786 个，入社农民 134.4 万户（平均每社 42 户），占全省农户总数的 41%，全省达到乡乡有社，并且近 1/4 的乡基本上实现初级农业合作化。

1955 年 7 月 31 日，中共中央召开各省、市、自治区党委书记会议，毛泽东在会上作了《关于农业合作化问题》的报告。同年 10 月上旬，中共中央召开七届六中全会（扩大）会议，会议根据毛泽东的报告，通过了《关于农业合作化问题的决议》，并基本通过《农业生产合作社示范章程》的草案。山西省委于当年 10 月召开农村工作会议，贯彻党的七届六中全会精神，制定了《山西省以农业合作化为中心的农村工作的全面规划》。1955 年秋，各地按照全省农村工作会议精神，普遍召开党的积极分子会、三级干部会或农业合作代表会，重新修订本来已经是高速度发展的农业合作社计划。从 1955 年 10 月开始，农业合作化运动出现了第二次高潮。到 1956 年 3 月底，山西省共有高级农业生产合作社 18168 个，入社农户 303 万户，占到全省农户总数的 97.89%。短短半年时间，山西省在全省范围内实现了完全社会主义的农业合作化，完成对农业的社会主义改造的历史任务。

1958 年 8 月，中共中央政治局在北戴河举行扩大会议，讨论通过了《关于在农村建立人民公社问题的决议》，决定在全国农村普遍建立人民公社。会议指出，把规模较小的农业生产合作社合并和改变为规模较大的、工农商合一的、乡社合一的、集体化程度更高的人民公社，是加速社会主义建设和过渡到共产主义的一种最好的组织形式。会后，山西省委召开一届十一次全体扩大会议，讨论通过了《关于人民公社若干问题的意见》，决定在全省建立人民公社 800 个左右，一般每社 5000 户，平川地区可达 1 万户以上，山区不少于 1000 户。山西省第一个农村人民公社是在潞城县南垂乡建立的中苏友好人民公社，它由 1 个集体农庄和 18 个高级农业生产合作社合并而成。山西省委扩大会议后，短短 20 多天时间内，全省就将 2.1 万多个各级农业生产合作社合并为 890 个人民公社，实现了农村人民公社化。

3. 以解决"三农"问题为主题的"乡村改革"

党的十一届三中全会以后，山西省委在纠正"左"的错误的同时认真贯彻执行中共中央关于农业的两个文件，开始落实一系列党的农村经济政策。改革开放起步之初，山西是全国最早推行包产到户、全国较早确立农村家庭联产承包责任制的省份。

1978 年 2 月 15 日，闻喜县裴庄公社南郭大队第三生产队，在队长孙炳新的率领下秘密地实行了包产到户，他把 73 亩棉田包给了 19 户社员。尽管当年遭受了旱灾和虫害，但棉花亩产仍增加到 42 公斤，比历史最高年翻了一番。闻喜县南郭大队的包产到户，早于安徽省肥西县山南大队包产到户约 9 个月，早于安徽省凤阳县小岗大队包产到户至少 10 个月。到 1980 年初，闻喜县有 75% 以上的生产队将棉花和秋粮作物联产到劳，有 8% 的生产队将小宗经济作物和工副业试行大包干，有 8% 的生产队实行包产到户。

1978 年冬，方山县峪口公社圪叉嘴大队也秘密自发组织开展了农业生产上的包产到组。1979 年冬，村里制定出统一计划、统一耕种、统一作物安排和分户管理的"三统一分"的办法，土地正式下放到户。

1979 年，离石县坪头公社赵家山大队试行了以队核算、以牛划组、定产到田、责任到人、以户管理、全奖全赔的联产到劳责任制，成为吕梁山上第一个组织耕牛作业组，包产到人到户的生产大队。

1980 年 4 月 9 日，《人民日报》发表《联系产量责任制好处很多》，指出包产到户是集体生产责任制的一种形式，不是单干。7 月，山西省委、省政府制定《加快晋西北 28 县农业生产发展的具体办法》，明确提出在那些困难、落后的地方可以包产到户。9 月 14 日至 22 日，中共中央印发《关于进一步加强和完善农业生产责任制的几个问题》，这是中国共产党首次正式肯定包产到户和包干到户的文件。

到 1980 年底，全省实行包产到组、包产到户和包干到户的生产队已达到全省农村生产队总数的 40.7%。

1981 年 3 月初，山西省委第一书记霍士廉肯定了闻喜县的经验，极大地推动了双包责任制的实行，全省掀起建立包产到户、包干到户责任制的农村改革热潮。到 1981 年 11 月底，全省 12.6 万多个核算单位，实行各种联产责任制的占 85.5%，实行双包责任制的占 36.9%。

1982 年，中央出台《全国农村工作会议纪要》，正式肯定了承包责任制，给广大农民吃了"定心丸"。到 1982 年底，全省实行包干到户的生产队达到 120290 个，占到生产队总数的 98.5%，同时畜牧业、林业、水利设施、大中型农业机械以及工副业生产项目也都实行了各种形式的责任制。至此，以大包干为主要形式的家庭联产承包责任制在全省广泛建立。

1983 年 1 月 2 日，中共中央印发《当前农村经济政策的若干问题》，指出联产承包制是在党的领导下我国农民的伟大创造，是马克思主义农业合作化理论在我国实践中的新发展。当年，山西省农村进一步稳定和完善了联产承包制，并把承包推广到更大范围。到 1983 年 11 月，全省 99.4% 的生产队实行了联产承包责任制，其中实行包干到户责任制的生产队占到全省生产队总数的 98.7%。全国人民普遍关注的昔阳县大寨大队也实行了包干到户责任制。

1984 年 1 月 1 日，中共中央下发《关于 1984 年农村工作的通知》，决定延长土地承包期。这一文件下发后，山西各地又普遍开展了延长土地承包期的工作，极大地调动了农民群众的生产积极性。到 1984 年底，全省农业总产值创历史最高水平，达到 59.98 亿元。

1986 年 6 月 25 日，《中华人民共和国土地管理法》以法律的形式确认了家庭承包责任制。1987 年 5 月 8 日，山西省人民政府发布《山西省政府关于完善土地承包责任制的试行办法》，规定土地承包期一般应在 15 年以上。1991 年 11 月，党的十三届八中全会发布《中共中央关于进一步加强农业和农村工作的决定》，第一次明确规定："把以家庭联产承包为主的责任制、统分结合的双层经营体制，作为我国乡村集体经济组织的一项基本制度长期稳定下来，并不断充实完善。"1992年7月11日，山西省委制定了《贯彻〈中共中央关于进一步加强农业和农村工作的决定〉的实施意见》，指出20世纪90年代山西省农业和农村工作的主要任务就是带领广大农民向小康目标迈进。

1993年11月5日，中共中央、国务院发布了《关于当前农业和农村经济发展的若干政策措施》，明确规定在原定的耕地承包期到期之后，再延长30年不变。在坚持土地集体所有和不改变土地用途的前提下，经发包方同意，允许土地的使用权依法有偿转让。1994年2月4日，山西省委、省政府制定了《关于进一步深化农

1985年，实行了30多年的农产品统购派购制度取消，农民在集贸市场出售农产品

村改革，加快农业和农村经济发展的主要政策措施》，作出延长土地承包期和建立土地使用权流转制度的决定。21 日，省政府制定和下发《延长土地承包期允许土地使用权有偿转让的实施办法》。1995 年前后，全省广大农村普遍进行了延长土地承包期的工作，到 1996 年底，有 93% 的村完成了这一工作。

1998 年 8 月 29 日，第九届全国人民代表大会第十次会议通过了修订的《中华人民共和国土地管理法》，将土地承包经营期限为 30 年的土地政策上升为法律。1999 年 9 月 26 日，山西省第九届人民代表大会常务委员会第十二次会议通过《山西省实施〈中华人民共和国土地管理法〉办法》。2017 年 10 月 18 日，习近平总书记在党的十九大报告中提出保持土地承包关系稳定并长久不变，第二轮土地承包到期后再延长 30 年，给亿万农民吃了一颗"定心丸"。

进入 21 世纪后，"三农"问题仍然是中国经济社会发展中的薄弱环节，关注农村、关心农民、支持农业，成为全党工作的重中之重。"三农"问题成为党和政府工作的头号问题，全面建设小康社会最艰巨、最繁重的任务在农村。

2005 年 12 月，党的十六届五中全会提出以生产发展、生活宽裕、乡风文明、村容整洁、管理民主为主要内容的社会主义新农村建设的重大历史任务。山西省"三农"工作也迎来了一次历史性转折。

2006 年 3 月，山西省委召开全省建设社会主义新农村工作会议，正式拉开了山西省新农村建设的序幕。

2006 年 7 月，山西省委、省政府出台了《中共山西省委、山西省人民政府关于加快建设社会主义新农村的意见》，提出新农村建设的"六新"目标，即农村经济实现新发展、基础设施得到新加强、农村面貌呈现新变化、农民素质要有新提高、管理机制取得新进步、农民生活达到新水平。

2006 年 8 月，山西省确定 1098 个村为全省社会主义新农村建设试点村。2007 年 5 月，全省以县规划整体推进新农村建设座谈会召开，山西省新农村建设进入整体推进阶段。

2008 年 3 月 28 日，山西省研究提出《全省社会主义新农村建设示范村考核评选工作方案》，通过逐级验收、审核，确定了 350 个村为省新农村建设示范村。

2008 年底，山西省 1098 个试点村有 90% 形成比较明显的主导产业，"一村一品"发展势头良好；95% 以上的试点村已经完成村庄规划、"四化四改"、"五个一工程"建设任务。2000 个重点推进村村庄规划编制、"四化四改"及"五个一工程"完成率都在 90% 以上，试点村和重点推进村的示范作用正在显现。30 个发展基础较好、综合实力较强的县（市、区），以县规划、整体推进，引领全省社会主义新农村建设向纵深发展。

据统计，"十一五"期末，山西全省农林牧渔业总产值从 2005 年的 483.8 亿元增加到 2010 年的 1047.8 亿元，增长 1.2 倍，年均增长 16.7%；"十一五"时期，全省粮食生产取得新突破，年均粮食产量达到 101.7 亿公斤，比"十五"时期年平均产量增加 9.4 亿公斤，增长 10.2%；2010 年粮食产量达到 108.5 亿公斤，创历史最高水平；2010 年，全省农产品加工龙头企业实现销售收入突破 500 亿元，比上年增长 49%，农民专业合作社新增 4938 个，居全国前列；截至 2010 年底，累计通过认证的无公害蔬菜生产基地 89 个，面积达到 31.3 千公顷，无公害蔬菜产量达到 79.3 万吨；无公害果树基地 76 个，面积达到 25.3 千公顷，产量达到 23.1 万吨；农村居民人均纯收入由 2005 年的 2890.7 元增加到 2010 年的 4736.3

元，增加 1845.6 元，增长 63.8%，年均增幅 10.4%；"十一五"期间，山西农村居民消费水平出现了质的飞跃，人均生活消费支出由 2005 年的 1877.7 元增加到 2010 年的 3663.9 元，增长 95.1%，年均增长 14.3%。

4. 以破解发展不平衡不充分矛盾为主题的"乡村振兴"

党的十八大以来，党中央提出农业供给侧结构性改革，治理农业环境突出问题，加快推进生态文明体制建设，调整和完善了对农业支持保护政策。2020 年，贫困人口实现全部脱贫。党的十九大做出了实施乡村振兴战略的重大决策部署，这是决胜全面建成小康社会、全面建设社会主义现代化国家的重大历史任务；同时提出坚持农业农村优先发展，按照"产业兴旺、生态宜居、乡风文明、治理有效、生活富裕"的二十字总要求，推进实施乡村振兴战略。山西以农业供给侧结构性改革为主线，推进农业农村改革稳步推进。

朔州市山阴县合盛堡乡东双山村万亩富硒谷子迎来丰收

顶层设计，高位推动。"十二五"时期是全面建设小康社会的关键时期，是深化改革开放、加快转变经济发展方式的攻坚时期，也是山西省实现转型发展的重要时期。农民收入翻番是"十二五"期间的一项重要任务。

2011年7月，山西省第十次党代会将"十二五"确保农民收入翻番列为全省"三农"工作的核心任务。

2012年8月13日，山西省人民政府印发《山西省现代农业发展规划（2012—2015）》。

2013年，山西省委农业农村经济工作会议提出以促进农民增收为核心目标，以"一村一品""一县一业"为主攻方向，以粮食、杂粮、畜牧、设施农业、水果、中药材、酿造业七大产业振兴翻番工程为主要抓手，着力强化政策、科技、设施和人才支撑，着力构建集约化、专业化、组织化、社会化相结合的新型农业经营体系，着力提高农业科技贡献率和农业资源利用率，加快发展特色现代农业，千方百计使粮食产量稳定在110亿公斤以上、农民收入增幅达到13%以上，努力确保不发生重大农产品质量安全事件和重大动物疫情，促进农业农村经济又好又快发展，为全省经济社会发展提供基础保证和有力支撑。

2014年4月18日，山西省人民政府办公厅印发《〈山西省2014年农村土地承包经营权确权登记颁证试点工作方案〉的通知》，提出按照"试点先行、稳步推进"的原则，在全省113个县（市、区）193个乡镇的788个村开展试点工作……截至2014年底，全省农村家庭承包耕地流转面积761万亩，流转率达到15.7%。

2015年，中央首次提出农业供给侧结构性改革，成为指导"十三五"时期农业农村工作的航标。

2016 年 12 月，省政府印发《山西省"十三五"农业农村经济发展规划》。

2017 年是山西省推进农业供给侧结构性改革的深化之年。3 月，山西省委、省政府发布《关于深入推进农业供给侧结构性改革 加快培育农业农村发展新动能的实施方案》，围绕调结构、提品质、转方式、促融合、降成本、促改革、补短板等八方面，推出了 41 条政策措施，为山西省农业供给侧结构性改革指明了方向。9 月，国务院出台《关于支持山西省进一步深化改革促进资源型经济转型发展的意见》。5 月至 11 月，山西相继出台《关于加快推进山西农谷建设的指导意见》《关于壮大新产业新业态加快城郊农业发展的意见》《关于雁门关农牧交错带示范区建设的实施意见》和《关于加快有机旱作农业发展的实施意见》。2017 年 4 月 12 日，山西农谷管委会揭牌。

2018 年是乡村振兴的开局之年，当年 2 月 24 日，山西省委农村工作暨脱贫攻坚会议对实施乡村振兴战略作出全面部署。随后，一系列强农惠农富农政策措施密集出台，统筹整合 90.23 亿元投入乡村振兴。9 月 19 日，省委、省政府印发《山西省乡村振兴战略总体规划（2018—2022 年）》，山西省乡村振兴战略有了"四梁八柱"的构架。

2018 年，山西省聚焦农村产权制度改革，全面完成农村土地承包经营权确权登记颁证。太原市杏花岭区、晋源区，长治市襄垣县 3 个国家级农村集体产权制度改革试点和吕梁市孝义市、晋中市太谷县、忻州市忻府区等 11 个省级试点任务完成。整市整县推进试点忻州市、阳泉市和屯留县、沁水县、河津市、大宁县完美收官。忻州市流转搬迁户地权 2.7 万亩，实现规模化经营，上半年农村居

山西农谷鸟瞰

民人均可支配收入增长速度高达 12.1%，农业农村活力不断迸发。

2019 年是乡村振兴战略实施的关键之年，也是优先做好"三农"工作、决战决胜脱贫攻坚的全面推进之年。11 月 26 日，山西太谷农业高新技术产业示范区升级为国家农业高新技术产业示范区。

2019 年，山西省农村集体产权制度改革、经营制度改革等各项改革稳步推进，农业农村改革全面深化。在连续 3 年扩大试点范围，做好 8 市 93 县（市、区）中央试点的基础上，自加压力，将太原、大同、临汾 3 市纳入省级改革试点，实现了整省推进。截至 11 月底，全省 46166 个农村集体经济组织全部完成清产核资，其中 44789 个农村集体经济组织完成成员身份确认。

2020 年 6 月，山西省农业农村厅、省财政厅共同印发《2020 年实施乡村振兴战略重点项目任务》，安排财政资金 20 亿元，支持乡村振兴战略的实施。12 月，山西省印发《全省"三农"领域推进"六新"实施方案》，围绕"六新"抓项目、建生态、抓双创、定标准，推动农业农村发展从传统要素驱动向"六新"驱动转变，实现直道加速、弯道超车、换道领跑。

2021 年 5 月 25 日，山西省乡村振兴局正式挂牌成立。从决战脱贫攻坚到全面推进乡村振兴，是"三农"工作重心的历史性转移，新成立的乡村振兴局把巩固拓展脱贫攻坚成果摆在头等重要位置，坚决守住不发生规模性返贫底线，巩固拓展全省脱贫攻坚成果，全面推进乡村振兴。11 月，山西省编制完成《山西省"十四五"推进农业农村现代化规划》《山西省"十四五"农业现代化三大省级战略、十大产业集群培育及巩固拓展脱贫成果规划》，构建"1+1+18"农业农村规划体系，为乡村振兴架梁立柱。

2022 年初，山西省出台省委 1 号文件，有效衔接实施方案、乡村产业振兴若干政策等，提出"一个稳定、两个高于、三个翻番"目标要求，将全省 117 个县划分为乡村振兴先行示范县、整体推进县、重点帮扶县，统筹政策支持、资金项目和成效考核。

农村生产经营体制改革稳步推进。2011 年 2 月 26 日，农业部出台《关于开展农村土地承包经营权登记试点工作的意见》。山西省农业农村厅、省财政厅、省国土资源厅、省农办、省法制办、省档案局联合下发《山西省农村土地承包经营权登记试点工作方案》。从 2011 年起，山西省先后在新绛、蒲县、潞城等县市的 88 个村开展了土地承包经营权确权登记颁证试点。

（二）农业生产不断迈上新台阶

1. 粮食产量逐步稳定

种植业产品产量稳步提升，粮食产量不断跨越新台阶。新中国成立70多年来，特别是党的十八大以来，省委、省政府不断完善强农惠农政策，稳定粮食播种面积，加大科技应用力度，提高粮食单产水平。1953年至1996年，全省粮食生产总量先后跨越40亿公斤、60亿公斤、80亿公斤和100亿公斤的台阶，21世纪以来又相继迈上110亿公斤、120亿公斤、130亿公斤的台阶。2012年以来全省粮食总产量连续8年稳定在130亿公斤以上，2014年达到138.7亿公斤，进入历史最好时期。2018年全省粮食产量138.04亿公斤，比1949年的26亿公斤增长4.3倍。2021年，山西省守牢粮食安全底线、守牢重要农产品供给底线、守牢耕地安全底线、守牢种业安全底线，确保"三农"工作稳字当头、稳中有进，全年粮食生产克服干旱、极端秋汛、病虫害偏重等不利因素，播种面积稳定在4700万亩以上，总产142.4亿公斤，夏粮喜获丰收，总产24.34亿公斤，增长2.8%，受到农业农村部通报表扬。

改革开放以来，特别是"十二五"以来，全省组织实施精品果园建设工程、果农素质提升工程和龙头企业培育工程，以晋中盆地、晋南边山丘陵区、吕梁山南麓丘陵区三大水果产业带为重点，扩大果园面积，增加果品产量，提升果业"三品"即品种改良、品质改进、品牌创建，水果产业得到快速发展。2018年全省水果产量达697.6万吨，比1949年增长71.5倍。2021年果品产量超900万吨。随着蔬菜生产技术不断进步，地膜覆盖技术、间作套种、立体种植等高产高效栽培技术大量推广应用，特别是随着省政府《山西省设施蔬菜生产发展规划》的出台、"设施蔬菜百万棚计划"的实施，全省蔬菜产量迅速增长。2018年，全省蔬菜总面积265.4万亩，比1949年增长2.2倍；蔬菜总产量821.9万吨，比1963年增长5.5倍。2021年蔬菜产量首次突破千万吨大关。翼城珍珠玉米、泽州香芹入选全国十大优异种质资源。杂粮种质资源近4万份，数量居全国首位。

2. 农业生产结构不断优化

改革开放前，山西农业结构的基本特点是单纯的集体所有制；以集体经营为主，有少量自留地；以种植业为主，同时有少量的林业、畜牧业、副业和渔业，在种植业中高产但品质很差的高粱占了主要部分。

农村改革后，20世纪80年代，突破单一的粮食生产格局，农林牧副渔全面发展，农业农村经济呈现旺盛的活力。1981年至1985年山西省农业生产总值每年平均递增率达到7.8%。

2000年1月7日，为了解决农业效益下滑、农民人均纯收入增幅减缓的问题，山西省政府制定了《关于进一步调整农业结构的若干意见》，指出山西农业调整总的指导思想是以市场为导向、科技创新为动力，以产业化经营为主线，以提高农产品质量和效益为中心。从2000年到2002年，山西农业产业结构的调整初见成效——特色农业比重提高到43%，粮经作物种植面积调整为77∶23；2001年9月出台《关于进一步推进经济结构调整 实施"1311规划"的意见》，重点扶持发展100个农业产业化龙头企业；11月出台《关于建设雁门关生态畜牧经济区的意见》。到2002年底，有85个农业龙头企业进入实施阶段，34 个基本建成，实现销售收入 45 亿元。2001 年首次对无公害产品进行产地认定和产品认证，到 2002 年，全省无公害蔬菜认证面积达到约 31 万公顷。

　　2005 年山西省全面实现"十五"计划目标，农业结构调整明显见效——特色农业比重达到 50%；雁门关生态畜牧经济区、太行吕梁"两山"干果杂粮生态区、中南部无公害果菜作物经济区粗具规模；百龙企业中有 13 户进入全国重点龙头企业行列，20 户成为省级重点龙头企业；全省优质专用小麦、玉米种植面积分别占到各自种植总面积的 1/3 以上，小麦、谷子和水果的优质率分别达到 50%、70% 和 40%。全省已认证的无公害农产品、绿色食品、有机食品生产基地 411 个，产地面积达到 1100 万亩，认证农产品 739 个，

雁门关生态畜牧经济区

其中通过国家认证的绿色食品达到 476 个，位列全国前 10 名。

"十一五"期间，山西省"三农"工作迈出重大步伐，农村经济结构调整稳步推进，并取得显著成效。优质杂粮、草食畜、干鲜果、反季节菜四大主导产业和林果苗木、农作物制种、特种养殖、中药材四大亮点产业不断发展壮大，基本形成了雁门关生态畜牧经济区、中南部无公害果菜产业区、东西"两山"杂粮干果产业区三大区域格局。农产品加工业快速发展，2010 年农产品加工龙头企业实现销售收入 416 亿元，比 2005 年增长 85%。

2011 年 3 月，山西省政府出台《关于加快我省无公害农产品绿色食品有机农产品发展的意见》，明确提出山西发展无公害农产品绿色食品有机农产品的各项目标。同年，《关于加快发展"一村一品""一县一业"的实施意见》提出大力提升农业和农村经济综合实力和市场竞争力，带动农民增收致富。

2014 年 6 月 20 日，山西省启动新一轮雁门关生态畜牧经济区建设，横跨大同、忻州、朔州、吕梁、太原等 5 个市，县区由 28 个增加到 36 个。

"十三五"时期是全面建成小康社会的决胜期，是进一步深化农村改革的攻坚期，也是促进山西省特色现代农业转型升级、加快推进农业现代化进程的重要时期。2016 年 12 月，山西省政府印发《山西省"十三五"农业农村经济发展规划》，提出"大农业""大食物"观念，着力推进农业供给侧结构性改革。

2017 年，山西省将特色农业增效工程列入全省转型综改的六大工程之一。

2017 年以来，山西省坚持农业农村优先发展总方针，以深化农业供给侧结构性改革为主线，聚力补齐全面小康"三农"短板，深入实施"特""优"战略，做实做强三大省级战略，做大做优十大产业集群，建立特色现代种养基地，大力发展有机旱作农业，推进产业深度融合和农业全产业链开发,现代特色农业发展势头强劲。

2018年,山西农谷在平台打造、产品开发、项目建设、融合发展、园区建设等10个方面取得突破性进展，影响力不断提升。11月,第三届山西（运城）国际果品交易博览会意向投资总额达125.8亿元,为运城农产品出口平台建设增添浓墨重彩的一笔；朔州市建设了30万亩苜蓿和燕麦草基地，改良天然草地20万亩，建立6个区域性牧草储备中心；大同、朔州的奶业、生猪和肉羊产业集聚区正在起势成型,产业融合加速提升。山西农谷、雁门关农牧交错带示范区、运城农产品出口平台建设三大省级战略已经成为山西农业转型的新引擎、新动能。

《山西省人民政府关于加快有机旱作农业发展的实施意见》出台后，即2017年以来，山西省每年制订相应行动计划，每年召开现场观摩会推进，各市县均成立了相应的有机旱作农业发展领导小组，把发展有机旱作农业列入乡村振兴专项资金予以支持。2022年3月11日，山西省与农业农村部在京举行工作会谈，签署共同推动山西有机旱作农业发展战略合作框架协议。

国务院第八次大督查通报表扬山西省打造"特""优"农产品品牌典型做法。截至目前，山西省共评选出山西小米、山西陈醋、山西马铃薯等12个省级区域公用品牌，运城苹果、大同黄花、隰县玉露香梨等33个市级区域公用品牌，打出了一套套品牌建设"组合拳"，在全国叫响了一批批"晋字号"农业品牌。制定"土豆革命"五年行动方案和年度计划，投资1亿元建设现代加工型马铃薯基地3万亩。

"一村一品"助推农民增收。运城市垣曲县英言乡马湾村村民在翻晒三樱椒

3. 农业生产组织方式和模式发生重大变化

改革开放前，我国主要采取合作化（1949—1958 年）和人民公社化（1958—1978 年）的农业组织形式，经营主体、经营形式和经营体系都较为单一。改革开放后，家庭联产承包经营成为主要农业生产组织形式，随着农业劳动力向城镇和非农产业转移，农村改革不断深化，承包地快速流转，越来越多的农产品开始走向规模化、专业化、集约化、社会化生产和经营。专业大户、家庭农场、农民合作社、龙头企业等新型农业经营形式不断涌现、成长，已成为乡村产业振兴生力军、小农户与现代农业有效衔接的重要载体。2016 年，全省农业经营单位达到 4.2 万个，比 2006 年增长 8.4 倍；以农业生产经营或服务为主的农民专业合作社达到 2.8 万个，占农业经营单位的 67.6%；农业规模户达到 6.1 万户，农业生产的专业化水平明显提高。2018 年全省家庭农场数量达到 10216 个，农产

品加工企业 3000 家。2020 年，省级以上农业产业化龙头企业达到 470 个，比 2015 年增加 51 个。全省农产品加工销售收入 2186 亿元，比 2015 年增长 47.6%，年均增长 8.2%。

以农为主，兼营二三，成为促进农村经济发展和乡村振兴的新动能。2016 年，全省以经营农业为主，兼营餐饮的农户和单位有 451 个，兼营采摘的农户和单位 1643 个，兼营垂钓的农户和单位有 376 个，开展农事体验的农户和单位有 795 个，开展乡村旅游的农户有 4204 户。2020 年，休闲农业和乡村旅游主体达到 5900 多个，营业收入达 75.6 亿元，全省共建设 12 个现代农业产业示范区、4 个国家级现代农业产业园。

农村电子商务从无到有，快速发展。2016 年，全省 3575 个村有电子商务配送站点，占所有村的 12.7%；有 876 户规模农业经营户和 987 个农业经营单位通过电子商务销售农产品。2017 年，全省 117 个县已有 102 个县建立了县级运营中心，16000 个村建立了村级电子商务服务站，通过网络渠道获得各类农产品收入约 15 亿元。特别是国内龙头电商已在全省 58 个贫困县中的 40 个县建立了县级运营中心，5313 个村建立了村级服务站，贫困地区农产品销售收入累计约 6 亿元。农村电商的快速发展，不仅有效促进了"一县一业、一村一品"的发展，而且也成为带动农民增收新的增长点。2021 年，全省已有 59 个县开展了电子商务进农村综合示范工作。全省示范县共建成县域电商公共服务中心 49 个、农产品展示体验中心 49 个，网络销售额累计 117 亿多元，其中农特产品网络销售额 80 多亿元，开发网货产品 300 多个，培育区域公共品牌 30 多个。全省示范县贫困地区乡镇快递网络覆盖达 100%，村级快递网络覆盖达 70% 以上，建成县域电商物流配送中心 50 个、村镇电商服务站点 7628 个，收发快递共计 16 亿余件。同时，加强电商人才培训，对返乡农民工、大学生、退伍军人、贫困户等开展农村电商普及和技能培训，重点开展美工、产品设计、品牌宣传、营销策划等实操技能培训，强化农村电商人才支撑。截至 2021 年 8 月底，全省示范县建设县域电商培训孵化中心 49 个，累计培训 44 万余人，发展网商约 2.82 万个。

（三）乡村基础设施显著增强

1. 农田水利基本建设得到加强

1949 年，全省耕地有效灌溉面积仅有 379.1 万亩，只占总耕地面积的 6.1%，人均不足 3 分，农田灌溉条件十分落后。面对基础薄弱的水利条件，山西省历届党委、政府把防治水患、兴修水利、发展农业生产放在十分重要的地位，投入大量资金，取得了明显成效。到 1978 年，全省耕地有效灌溉面积达到 1638.7 万亩，比 1949 年增长 3.3 倍；占总耕地面积的比重为 28.7%，比 1949 年提高 22.6 个百分点。特别是党的十八大以来，全省大力推进大水网建设，实施最严格的水资源管理制度，加快生态水利、民生水利、平安水利建设，不断夯实水利发展基础，水利基础建设明显增强。到 2018 年，全省耕地有效灌溉面积达到 2278.0 万亩，比 1949 年增长 5 倍；占总耕地面积的比重为 37.4%，比 1949 年提高 31.3 个百分点。水利事业的大发展，使山西的自然面貌和农业生产条件显著改善，许多昔日"不种千亩，不打百石"的风沙坡、盐碱滩，如今变成了机、电、井、渠、路、林全面配套的丰产田、米粮川。2018 年末，全省实有耕地面积为 6085.17 万亩，守住了 5757 万亩耕地保护红线，已建成土地平整、集中连片、设施完善、农电配套、土壤肥沃、生态良好、抗灾能力强的高标准农田 1239.5 万亩。历时近 3 年的山西第三次国土调查主要成果出炉。2022 年 1 月 27 日,《山西省第三次国土调查主要数据公报》公布,依照其以 2019 年 12 月 31 日为标准时点的数据,山西省共有耕地 386.95 万公顷。

2. 农业机械化程度明显提高

新中国成立以来,山西的农业机械化事业在近乎一张白纸的基础上起步,从无到有,逐步发展。1950 年全省农业机械总动力仅 200 千瓦,拥有大中型拖拉机 6 台;1952 年拥有大中型拖拉机 6 台,拥有联合收割机 3 台。到 1978 年,全省农业机械总动力达到 462.9 万千瓦,拥有大中型拖拉机 24280 台,拥有联合收割机 30 台;机耕、

无人机正在进行喷洒施肥作业

机播和机收面积分别为 2749.0 万亩、2527.8 万亩和 1031.9 万亩。2004 年，中央一号文件将农机购置补贴项目列入全国"两减免三补贴"重要惠农政策之中，当年又出台《中华人民共和国农业机械化促进法》，为全省农机事业的发展注入了无限活力。到 2018 年，全省农机总动力达到 1441 万千瓦，比 1978 年增长 2.1 倍；机耕、机播和机收面积分别为 4004.8 万亩、3951.5 万亩和 2844.4 万亩，比 1978 年分别增长 45.7%、56.3% 和 175.7%。2021 年，全省完成小麦机收 795 万亩，机收率 98.7%；玉米和豆类机复播 520 万亩，机复播率 99.3%；完成玉米机收 1820 万亩，机收率 68.45%；冬小麦机播 757 万亩，机播率 92.91%。截至年底，全省农机总动力达到 1654 万千瓦。

3.水电路网建设提速

山西农村用电始于 1953 年，到"一五"期末的 1957 年，全省农村用电量仅占当年全省总用电量的 0.05%。1978 年全省农村用电量为 12.3 亿千瓦时，占全省全社会用电总量的 11.5 %。经过多年的不断发展，电力给广大农村和千家万户的生产与生活带来了极大的方便，改变了农业和农村面貌，促进了农村经济的繁荣。到 2018 年末，全省通电的村占 99.7%；通电话的村占 98.6%；安装有线电视的村占 69.5%。全省农村用电量达到 118.4 亿千瓦时，比 1978 年增长 8.6 倍。纵横交错的农用输配电网已覆盖全省广大农村，电力已广泛应用于农业生产和以中小企业为主的农村非农产业的各个方面。

党的十八大以来，习近平总书记对农村公路建设高度重视，要求把农村公路建好、管好、护好、运营好，为广大农民致富奔小康、

深山修通致富路

加快推进农业农村现代化提供更好保障。2015 年 8 月，山西省印发《"四好农村路"建设实施方案》，明确推进"四好农村路"建设是"十三五"农村公路工作的核心任务。"十二五"期间，中央和省两级政府针对山西农村公路建设累计投入资金 199.2 亿元。全省先后组织实施了农村街巷硬化全覆盖、集中连片特困地区交通扶贫工程、村通水泥（油）路完善提质工程、旅游公路建设和安全生命防护工程建设等五大工程，5 年累计投资 265 亿元，完成农村街巷硬化工程 15 万公里，率先在全国实现农村街巷硬化全覆盖；新改建农村公路 1.9 万公里，完成投资 248 亿元。2021 年，山西的农村公路已建成 5472 公里，连通 A 级及以上景区 74 个，覆盖非 A 级景点 185 个。

山西地处华北地区，80% 以上的国土面积是山区，降水不足且时空分布不均，属于我国严重缺水的地区之一。一直以来，山西一些地区的农民特别是山区农民只能以肩挑手拉的方式来解决吃水问题。除此之外，受水文地质条件影响，很多农村人口还饱受氟砷超标、苦咸水等不安全水质困扰。从 2000 年开始，山西省连续 10 年将农村饮水安全工程列为省政府为群众兴办的实事之一。从 2006 年开始，山西省级财政每年筹资 3 亿元用于农村饮水安全。此后 4 年间全省共解决了 872 万农村人口的饮水安全问题。2009 年，山西省委、省政府又进一步提出，在两年内实现全省农村饮水安全全覆盖。当年，全省投资 13.8 亿元，新建成饮水工程 5000 多处，解决了 272 万农村人口的饮水安全问题，是全省农村饮水投资力度最大、受益人口最多的一年，全省农村自来水入户人口达到 1944.99万，占全省农业总人口的八成多。2016 年，全省 23.9% 的农户饮用水为经过净化处理的自来水，比 10 年前提高 6.4 个百分点；65.1% 的农户饮用水来自受保护的井水和泉水。"十三五"时期，山西省累计投入工程建设资金 58.71 亿元，建成农村供水工程 3.33万处，可以服务全省 2418 万农村人口；全省农村集中供水率达到95.8%，自来水普及率达到 92%，农村居民的获得感、幸福感、安全感明显增强。

4. 垃圾污水处理能力增强

2006 年的全省建设社会主义新农村工作会议出台了《中共山西省委、山西省人民政府关于加快建设社会主义新农村的意见》，全省先后实施"四化四改"、两轮"五个全覆盖"、"为农民群众办的五件实事"等重点工程。

2014 年，山西省启动改善农村人居环境、建设美丽乡村的完善提质工程、农民安居工程、环境整治工程、宜居示范工程"四大工程"。2014 年至 2016 年，全省"四大工程"完成投资 633.3 亿元。

2017 年开展以"治乱、治垃圾、治污水、治农业面源污染"为重点的农村环境集中整治行动。

2018 年 9 月 3 日召开全省实施乡村振兴暨改善农村人居环境现场推进会，拆违治乱、垃圾治理、污水治理、厕所革命、卫生乡村等五个专项行动同步启动，首批确定省级 11 个示范县、253 个示范村开展示范创建活动。同年出台《山西省农村人居环境整治三年行动实施方案（2018—2020 年）》。

2019 年，山西省全面启动全国重点镇污水处理设施建设，再实施 72.2 万户任务；全面启动农村公路厕所、公共厕所、旅游厕所建设工作。到 2019 年，山西省农村生活垃圾收运处置体系已经覆盖 79% 以上的行政村，非正规垃圾堆放点整治率达 83.4%，在 21 个县的 172 个乡镇、1213 个行政村开展了生活垃圾分类。

2020 年是农村人居环境整治三年行动收官之年，全省 90% 的行政村基本实现干净整洁，农村生活垃圾收运体系覆盖 95.2% 的行政村，非正规垃圾堆放点整治率 100%，村庄生活污水治理率明显提升。孝义、左权、阳泉郊区、沁源、陵川、曲沃、安泽等 7 个县以实施中央预算内投资农村人居环境整治整县推进项目为契机，坚持连片连线整治，一体推进村庄绿化、美化、硬化及农村生活垃圾和污水治理，村容村貌发生明显变化。陵川县、左权县围绕太行一号公路沿线村庄，把人居环境整治与乡村旅游有机结合，实现环境改善与农民增收"双赢"。

2021 年 8 月，省政府印发《山西省农村人居环境"六乱"整治标准（试行）》，使基层乡村在"六乱"整治中学有标杆、行有示范、赶有目标，为打造山清水秀、天蓝地绿、村美人和、宜居宜业的美丽乡村提供了政策支持。

（四）乡村公共服务全面提升

1. 乡村教育快速发展

党的十一届三中全会后，山西始终把教育摆在优先发展战略位置加以推进。

1988年4月，山西省政府下发《关于加快和深化农村教育改革若干问题的试行意见》，标志着山西农村教育改革由单方面、浅层次的改革转向综合性、深层次的改革。1989年，山西省在长治召开全省农村教育改革经验交流会，学习和推广长治的"三加一"教育经验。以"三教统筹""农科教结合"为主要内容的农村教育综合改革在全省全面展开。

2003年，山西省开始改造农村中小学，极大地改善了农村办学条件。

2006年，全省基本"普九"的历史任务全面完成，并从当年春季开始实行"两免一补"政策，主要是对全省农村义务教育阶段家庭经济困难学生实行免杂费、免书本费及补助寄宿困难生生活费。

2006年，山西省开始免除农村义务教育阶段学生的学杂费，为农村家庭经济困难学生免费提供教科书并补助寄宿生生活费，直接减轻了农民经济负担，使农村免费义务教育成为现实。

2007年，山西省免除农村学生学杂费。

2009年至2012年，山西省实施农村两轮"五个全覆盖"工程，

大力推进中小学校舍安全改造工程中，朔州市应县兴建的高标准塑胶跑道体育场

4 年间改造中小学校舍 9483 所。

2014 年，山西省继续办好农村五件实事。全年新建改建农村幼儿园 312 所。到 2016 年，共新建、改扩建农村幼儿园 776 所。

2021 年，山西省财政厅会同教育部门联合印发《关于扎实做好深入实施农村义务教育学生营养改善计划相关工作的通知》，明确 2021 年秋季学期起，农村义务教育学生膳食补助国家基础标准由每生每天 4 元提高至 5 元。其中，国家试点县所需资金继续由中央财政全额承担；地方试点县所需资金由地方财政承担，中央财政在地方落实膳食补助标准后按照每生每天 4 元给予定额奖补。同时，指导地方试点县严格落实国家基础标准，切实履行支出责任，强化规范资金使用管理。

2. 医疗服务体系不断完善

改革开放以来，随着收入水平的提高、饮食结构的变化、医疗卫生事业的发展，人们防病治病的意识不断增强。同时，全省农村医疗机构不断健全，就医环境明显改善，医疗保障水平也在不断提高。从 2003 年我国开始推行新型农村合作医疗制度试点到城乡居民医保制度并轨，再到不断提高医疗报销比例和大病保险资金支付最高限额的设定等，特别是近年来随着脱贫攻坚力度不断加大，山西对贫困人口的医疗保障网越织越密，建档立卡贫困人口个人缴费由财政全额补助，住院总费用平均报销比例达 90% 以上，贫困人口在县、市、省各级医院住院费用个人负担 "136" 封顶等政策，极大缓解了因病致贫、因病返贫现象的发生，全省农民尤其是贫困人口得到了巨大的实惠。

2017 年，山西在全国率先实施县域医疗卫生一体化改革，117个县级医疗集团全部实行 "六统一" 管理，紧密型县域医疗卫生共同体的 "山西路径" 越走越宽广，全省老百姓在家门口就能享受到均等化、同质化、一体化的卫生健康服务。当年，在太原、大同、运城建立了 3 个国家级城市医联体试点。

2018 年末，全省有卫生室的村占 88.7%，全省 100% 乡镇有医疗卫生机构，50.4% 的乡镇有社会福利收养性单位。

"十三五" 时期，全省农村居民签约家庭医生服务制度，稳定率在 50% 以上。

3. 农村 "养老难" 问题逐步缓解

农村养老服务是养老服务体系的重要组成部分。

大同市云冈区鸦儿崖乡社会保障农村集体养老食堂

2012年，山西省开始试点建设农村老年人日间照料中心，意在解决农村高龄、空巢、孤寡老人的日常生活和精神苦闷等问题。

2013年10月，山西省民政厅、省发改委、省财政厅联合发布《关于做好全省农村老年人日间照料中心建设工作的通知》，提出根据实际，"十二五"期间重点解决1000人以上的农村社区老年人日间照料中心的建设问题，2013年到2015年，全省每年新建1000个农村老年人日间照料中心，努力完成3000个的建设任务，使全省农村大约10万名空巢、高龄老人受益。

2017年，山西省民政厅通过下发倡议帮扶文件、开展"阳光幸福工程"，倡导社会组织和企业"一对一"帮扶贫困地区的日间照料中心。

2019年，山西省民政厅、省发改委、省财政厅和省卫健委联合出台《推进农村养老服务行动计划（2019—2021）》，决定以改革创新思维破解山西省农村养老发展难题，从做实农村老年人日间照料中心入手，通过加大投入、整合资源，完善农村养老服务设施，扩大养老服务网点，推动政府购买服务，提升农村养老服务质量，力争用三年时间补足农村养老服务短板，着力提升农村老年人的幸福感和获得感，使农村老年人精神上有寄托、生活上有保障。

2019 年末，山西省共建成 6678 个农村老年人日间照料中心。

截至 2021 年 7 月，山西省已建成农村社区老年人日间照料中心 6919 个；涌现出 8 个农村养老示范县和 75 个养老示范村；扎实开展农村敬老院提质升级专项行动，将分散在乡镇、符合条件的特困人员集中供养，切实改善了他们的生活条件。

4. 乡村文化繁荣兴旺

改革开放以来，随着物质生活水平的提高和居民休闲时间的增多，广大农民对子女及自身的教育培训愈加重视，对丰富多彩的精神文化生活更加向往，广场舞、电影放映、阅览室、文化广场、户外旅游等一系列娱乐休闲方式应运而生，相应的消费支出显著增加。2019 年，山西农村居民人均教育文化娱乐消费支出为 1208 元，比 1978 年的 2 元增加 1206 元。

2017 年以来，山西省每年开展"免费送戏下乡一万场"活动。截至 2020 年，已演出 6 万余场，惠及观众达数千万人次。

2018 年末，全省有公园及休闲健身广场的乡镇占 82.6%，有体育健身场所的村占 73.5%，有农民业余文化组织的村占 42.5%。

"十三五"期间，全省共设立 25 家特色鲜明、示范带动作用明显的非遗扶贫就业工坊，助力贫困村农民就业增收。全省有乡镇文化站 1194 个、村级综合性文化服务中心 18619 个。

（五）农村居民收入持续增长

1. 乡村就业规模庞大

1949 年以来，山西农村及乡镇企业就业人员始终是就业人员的主体部分，但所占比重呈逐年下降趋势。1949 年，山西农村及乡镇企业就业人员约为 541 万人，占全部从业人员的比重为 92.86%；2018 年，约为 1101 万人，占全部从业人员的比重为 57.62%。

新中国成立初期，山西绝大多数劳动者在农村就业，随着工业化进程的加快，城镇就业问题逐步解决，大量农村劳动力进入城镇就业，1960 年农村就业人员占全省就业人员的比重下降到 71.33%。三年困难时期大量城镇劳动力返回农村，1965 年农村就业人员比重又回升至 82.40%；随后农村就业人员比重开始逐年下降，到 1977 年下降至 75.19%。

1978 年，《中共中央关于加快农业发展若干问题的决定（草案）》提出社队企业要有一个大的发展。1984 年，中央文件指出乡镇企业已成为国民经济的一支重要力量，是国营企业的重要补充。1986 年，国家开始实施"星火计划"。1987 年，国家开始建立乡镇企业实验区。这一系列政策措施直接改善了乡镇企业发展的政策环境，乡镇企业进入高速发展阶段。到 1988 年，山西全省农村及乡镇企业就业人员为·815.98 万人，占全部就业人员比重为 64.91%。

1988 年，国家对乡镇企业采取"调整、整顿、改造、提高"的方针。1992 年，邓小平南方谈话再次肯定了乡镇企业是中国特色社会主义的三大优势之一。随后国务院连续下发相关文件，为乡镇企业的改革与发展创造了空前良好的外部环境，乡镇企业的经济总量、生产规模和经济效益取得快速增长。1996 年，山西全省农村及乡镇企业就业人员为 918.76 万人，占全部就业人员的比重为 63.75%。

1997 年，《中华人民共和国乡镇企业法》颁布实施，各种农业专业合作社如雨后春笋般成长起来，山西省 2000 年农村及乡镇企业就业人员达到 961.94 万人，占全省就业人员的比重上升至 69.09%。进入 21 世纪，在经济持续快速增长的拉动下，城镇就业率保持了平稳增加，农村就业人员比重有所下降，到 2018 年，山西全省农村及乡镇企业就业人员约有 1101 万人，占全部就业人员比重为 57.62%。2021 年就业任务超额完成，就业优先深入实施，就业规模持续扩大，全年全省城镇新增就业 50.6 万人，完成全年目标 112.4%；全省农村劳动力转移就业 52.2 万人，完成全年目标 158.1%。

2. 农村居民收入持续较快增长

改革开放以来，山西农业生产持续增长，农村经济全面发展，农村居民收入渠道进一步拓宽，收入水平大幅度提高。农民生活水平实现了从贫困到温饱，再到整体小康的跨越，并逐步向全面小康迈进。

1978 年，山西农民人均纯收入仅为 101.61 元，家庭经营中第一产业占比 92.3%。

2005 年，山西省提前一年全部免征农业税，彻底结束了农民种地上缴"国税皇粮"的历史，全省农村居民人均可支配收入达到 3082 元。

2008 年,全省农村居民人均可支配收入达到 4480 元,突破 4000 元大关。

党的十八大以来,农村居民收入实现了新的突破。2017 年山西省农村居民人均可支配收入达到 10788 元。

2020 年,山西省农村居民人均可支配收入 13878 元,其中,工资性收入 6347 元,经营净收入 3614 元,财产净收入 205 元,转移净收入 3712 元。

2021 年,山西省农村居民人均可支配收入 15308 元,其中,工资性收入 6860 元,经营净收入 3959 元,财产净收入 216 元,转移净收入 4274 元。

3. 脱贫攻坚成就举世瞩目

新中国成立以来,山西省不断推进由政府主导的有计划有组织的减贫事业。

山西是全国脱贫攻坚的重要战场。党的十八大以来,山西省委、省政府坚决贯彻落实习近平总书记关于扶贫工作的重要论述和在山西考察调研时的重要讲话重要指示,强化交总账意识、军令状意识,始终把脱贫攻坚作为头等大事和第一民生工程,团结带领全省人民大力弘扬太行精神、吕梁精神、右玉精神,深入实施精准扶贫、精准脱贫基本方略,苦干实干,攻坚克难,拼搏创新,狠抓责任落实、政策落实、工作落实,在历史性赶考中交出了优秀答卷,取得了以下具有历史性、标志性、趋势性的巨大变化。

一是脱贫攻坚目标任务全面完成。经过 8 年精准扶贫、5 年集中攻坚,全省贫困地区农村居民人均可支配收入从 2013 年的 4875 元增长到 2020 年的 10352 元,建档立卡贫困人口人均纯收入从

2013年的2166元增长到2020年的9729元。58个贫困县全部摘帽，7993个贫困村全部出列，现行标准下329万贫困人口全部脱贫，历史性解决了绝对贫困和区域性整体贫困问题。脱贫群众的生活实现从温饱不足到吃穿不愁的巨大变化。

二是基础设施公共服务显著改善。全省新建改建农村公路4.28万公里，具备条件的建制村全部都通了硬化路、通了客车；贫困村全部通了动力电、通了宽带；新建改造农村饮水安全工程1.8万处，解决181.5万贫困人口的饮水困难问题；完成农村危房改造33.37万户、"全面改薄"7835所学校，新建改建村卫生室13045所，义务教育、基本医疗、住房安全和饮水安全有了可靠保障。"一方水土养不好一方人"的3365个深度贫困自然村全部整村搬迁。此外，还实施贫困村提升项目3.3万个。长期困扰群众的上学难、看病难、吃水难、出行难、用电难、通信难等老大难问题普遍得到解决。脱贫地区面貌实现从封闭落后到全面改善的巨大变化。

三是脱贫地区经济发展快步赶上。全省统筹生态生计、协调增

晋中市左权县麻田中学"改薄"后的操场

绿增收，生态扶贫五大项目带动 52.3 万贫困人口增收，既为三晋大地增添了颜值，更为脱贫群众鼓起了钱袋子。特色产业扶贫带动 127.7 万贫困人口增收，"大同黄花""山西药茶""吉县苹果""隰县玉露香"等区域品牌成为稳定脱贫持续增收"硬支撑"。光伏扶贫收益实现 58 个贫困县贫困村全覆盖，每个贫困村平均每年能拿到 20 万元以上的集体经济收入。电商扶贫覆盖 6833 个贫困村，乡村旅游扶贫建设 300 个示范村。技能培训、持证就业成为自觉行动，"人人持证、技能社会"深入推进，打造"吕梁山护工""天镇保姆"等特色劳务品牌 90 多个，带动 91.8 万脱贫劳动力外出务工就业，这些都为脱贫地区培育起发展新动能，拓宽了群众增收新渠道。产业就业支撑实现从单一匮乏到百业竞兴的巨大变化。

四是乡村治理能力显著提升。全省 9.6 万驻村队员、1.96 万农村第一书记奋战在驻村帮扶第一线，同贫困群众想在一起、干在一起，带动干部作风大转变。贫困村村村都有了集体经济收入，深化扶贫扶志、开展感恩奋进教育，98% 的脱贫村创建"三零"村达标，党群干群关系大改善，办事服务能力大提升，党在农村执政基础更巩固。贫困村基层组织实现从软弱乏力到坚强有力的巨大变化。

4. 农村居民消费水平不断提高

改革开放以来，全省农村居民消费支出绝对量由 1978 年的食品、衣着、居住居前三，变为 2017 年的食品、居住、教育位居前三。2017 年，食品、居住、教育、交通通信四项支出占到消费总支出的 75.6%。从增幅来看，1978 年到 2017 年，全省农民的交通、医疗、教育支出增幅居前三，年均增速分别为 21.6%、19.2%、17.6%。同时，农村居民发展型消费支出占比提高。与 1978 年相比，2020 年全省农村居民居住及服务类消费支出项目比重均有较大幅度提高，其中，人均居住支出 2287 元，人均交通通信支出 1145 元，人均教育文化娱乐支出 967 元，人均医疗保健支出 1183 元。

5. 低保兜底保障能力增强

1997 年，山西省开始开展农村低保工作。

随着农村经济的快速发展，政府对农村投入加大，农村长期靠家庭供养、自我保障状况得到逐步改善，农村基本养老保险、最低生活保障等农村社会保障体系开始逐步建立和逐步完善，社会保障项目不断增加，覆盖面不断扩大。

2008 年，全省参加农村基本养老保险人数达到 160 万，享受农村最低生活保障人数 102.32 万，资助参加合作医疗人数 55.66 万，农村最低生活保障救济费支出 5.59 亿元，农村医疗救助费支出 1.15 亿元。

从 2009 年起，山西省政府连续 13 年提高低保标准，在脱贫攻坚中，社会救助兜底保障的贫困人口达到 51.5 万。

"十三五"期间，省级共下拨资金 7.98 亿元，补助困难残疾人 111 万人次、重度残疾人 154 万人次；截至 2019 年末，全省城市和农村低保平均保障标准分别达到每人每月 551 元 / 人 / 月和 4760 元 / 人 / 年。新冠肺炎疫情发生以来，山西省又连续 9 次启动价格临时补贴机制，为困难群众发放价格临时补贴 1237 万人次、支出 4.86 亿元。

六、民生福祉 普惠三晋

民生无小事，枝叶总关情。习近平总书记指出让老百姓过上好日子，是一切工作的出发点和落脚点。经过数十年奋斗，三晋人民摆脱了衣食不济的困窘日子，实现从温饱不足到全面小康的民生巨变，过上了千百年来梦寐以求的好日子。幼有所育、学有所教、劳有所得、病有所医、老有所养、住有所居、弱有所扶得到切实保障。

（一）教育事业日益兴旺

改革开放为山西教育事业的蓬勃发展带来契机。经过全省人民数十年拼搏，山西基础教育逐步普及，中高等教育长足发展，教育体制改革不断深化，教育实力显著增强，城乡教育一体化均衡发展正在实现。

1. 基础教育逐步普及

新中国成立时，山西教育事业十分落后，文盲占到总人口的90%以上。当时全省人口1280.86万，各类学校在校生101.5万人，

1952 年，申纪兰（中）和长治市平顺县西沟初级社妇女们一起学文化

仅占全省总人口 8.1%。

党的十一届三中全会之后，随着基础教育改革不断深化，山西普及初等教育和实施九年制义务教育进程加快，到 1988 年底，小学学龄儿童入学率达 99 .0%、小学在校生巩固率达 98.7%、应届毕业生合格率达 97.6%、小学毕业生升学率达 78.2%。"四率"高于全国平均水平。全省初中有 3764 所，其中乡镇初中占总数的 89.1%，基本实现每 6000 人口一所初中的布点规划标准。初中在校生 138.4 万人。全省 5 个省辖市城区已基本实现九年制义务教育。同时，全省幼儿教育事业和盲聋哑、弱智儿童等特殊教育也有较大发展。1988 年，全省有幼儿园 6906 所，入园儿童 75.3 万人；全省有盲聋哑学校 13 所，在校生 2004 人。

据 1990 年统计，山西 118 个县市区有 114 个达到国家规定的普及初等教育基本要求，近 300 万名儿童入读 4.2 万所小学，达到小学毕业程度；111 个农业县市区有 109 个达到基本无文盲标准。

全省文盲、半文盲人口占总人口比例由 1982 年的 17.86% 下降到 11.30%，低于全国 15.88% 的平均水平。2006 年底，全省 119 个县市区在"十五"计划期间全部达到普及九年义务教育的要求，全省高中阶段毛入学率达到 69%。

2. 中高等教育长足发展

1988 年 7 月，《山西省职业技术教育条例》颁布，要求加大职业技术教育力度，提高劳动者素质，为日趋提速的山西经济建设和社会发展服务。针对山西中等职业技术薄弱、中等教育结构单一、高中级人才层次结构比例严重失调的状况，山西对中等教育结构布局大幅度调整。到 1988 年底，普通高中由 1978 年的 3124 所调整到 451 所，减少 85.6%，基本实现每 5 万人口一所高中的布局，在校生 22.8 万人，比 1978 年减少 61%。同时，职业

20 世纪 50 年代的太原市康乐幼儿园，教师组织小朋友们排队滑滑梯

20 世纪 70 年代的太原市康乐幼儿园，教师和小朋友们一起做"老鹰捉小鸡"的游戏

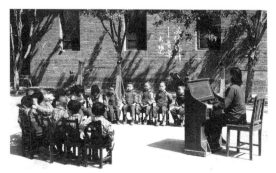

20 世纪 80 年代的太原市康乐幼儿园，小朋友们跟着老师的琴声一起唱歌

技术教育迅速发展，到 1988 年底，全省中等职教学校达到 566 所，比 1978 年增加 356 所，增长 1.7 倍。从 1979 年到 1988 年，普通中专学校毕业生达 166835 人，技工学校毕业生 65552 人，农业及职业中学毕业生 125519 人，共向社会输送中等技术人才和熟练技工 35.8 万人。

改革开放后，山西加强高等教育工作，一改高教发展长期滞后的局面。至 1988 年底，全省普通高校发展到 25 所，尚处于筹建阶段的高校 6 所。10 年间共培养研究生 967 人，本专科毕业生 86472 人，相当于新中国成立前 30 年累计毕业生的 1.5 倍。全省每万人口中的在校大学生比 1978 年增长 1.1 倍。从 1990 年起，山西开始调整全省高校布局，将各地职能相近、布局不均的院校整合兼并，使全省高校布局更加均衡合理。同时，根据全省经济社会发展需要，多方筹资新设各种专门院校。1993 年 11 月，省政府批转省教委《关于深化普通高校教育体制改革的意见（试行）》。1995 年 3 月，省政府印发《山西省贯彻国务院关于〈中国教育改革和发展纲要〉的实施意见的细则》。1998 年，省政府印发《山西省社会力量办学管理细则》。在此前后，1992 年 9 月，山西首家民办高校山西科技学院开学。1997 年 7 月，太原理工大学成立。11 月，太原理工大学通过国家"211 工程"主管部门预审，1998 年国家计委正式立项。2006 年 7 月，由多所大学合并成立的山西大同大学挂牌。2019 年 7 月，山西工程职业学院揭牌成立。

全省各类成人教育取得可喜成绩。一是基本完成青壮年职工文化、技术补课任务。1982 年到 1988 年，累计有 104.9 万职工完成文化补课和技术补课。二是干部教育逐步实现正规化。全省陆续开办本科、专科和中专班的党校达 27 所，加上其他院校开办的干部专修班，为社会培养了大批人才。三是各类成人中专学校从无到有，迅速发展。1982 年到 1988 年，经省、部批准成立的各种成人中专学校有 200 所，在校生 87430 人。成人教育大大缓解了各行各业对人才的需求。四是各类成人高校在整顿中得到发展。1988 年底，山西有成人高校 49 所，在校生 36537 人，相当于普通高校在校生的 73.9%。成人高教为培养高级专业人才开辟了一条新路。

2006 年底，全省高等院校达到 72 所，高等教育毛入学率达到 23%，研究生在校生 1.44 万人，普通高等教育在校生 44.64 万人，普通高中在校生 74.71 万人，中等职业学校在校生 53.23 万人。山西大学成为省部共建大学，太原理工大学进入国家"211"工程。高校学科学位点建设取得历史性突破，全省有博士学位授权单位 8 个，博士学位授权一级学科 13 个，硕士学位授权一级学科 71 个。山西本土培养院士实现零的突破。

大同市云冈职业中学，烹饪班学生在学习糕点制作

3. 教育体制改革不断深化

1949年山西省人民政府成立时，全省仅有1所综合性大学、42所中等专业学校、34所普通中学、20073所小学。图书资料和仪器设备经战乱损失殆尽，校舍破烂不堪。省政府经对新老区学校的整顿和改造，到1952年各类学校粗具规模。1978年，大中小学工作条例重新颁发，教育秩序逐步恢复，教育质量日益提高。同时，党的知识分子政策进一步落实，教育投资增加，办学条件改善，"调整、改革、整顿、提高"八字方针和"教育要面向现代化，面向世界，面向未来"等方针全面贯彻，山西结合能源重化工基地建设的实际，大力布局和发展教育事业，使全省教育形势发生根本性变化。

为进一步深化改革，山西于1985年6月成立教育体制改革领导小组，制定《山西省教育体制改革实施方案》，明确提出全省教育事业发展战略目标：通过改革充分调动各方面积极性，有步骤地、按质按量普及九年制义务教育；调整中等教育结构，大力发展职业技术教育；改革高等学校领导管理体制，扩大办学自主权；建立一支有足够数量的、合格而稳定的教师队伍；增加教育投资，多渠道筹集办学资金；加强领导，保证教育改革顺利进行。逐步形成一个布局比较合理，结构比较完善，专业比较齐全，多层次、多形式、多规格，能适应社会主义现代化建设需要的，有山西特色的新型教育体系。到1988年底，全省高校实验室发展到685个，教室23.76万平方米；固定资产总额5.9亿元；学校藏书766万册，学生人均142册；学生人均宿舍建筑面积6.3平方米，比1980年增长58%，其他设施亦有较大发展。与教育事业发展同步，教师队伍不断壮大，素质相应提高。1988年，全省各级各类学校教职员工达 35.9 万人，其中专任教师 28.9 万人，比 1949 年增长 9 倍，比 1978 年增长 18%。分类来看，1988 年高校专任教师中讲师以上者占比由 1978 年的 14.3% 上升到 1988 年的 58.0%；普通中专专任教师中讲师以上者占比 43.2%；普通高中教师已评聘教师职务者占比 74.6%；初中教师已评聘教师职务者占比 57.7%；小学专任教师数也比 1978 年增长 21.8%。与此同时，技工学校、成人教育、农职中学等教师队伍都有不同程度的发展。

1994 年 10 月，山西决定实施"十大教育工程"："两基"工程、教育扶贫工程、职教发展工程、高校"四重"工程、成人岗位培训工程、教育综合改革工程、教育结构布局调整工程、师资培训工程、教师安居工程、德育工程。十大工程的实施，使全省教育事业走上快速健康发展的新阶段。《山西省中长期教育改革和发展纲要（2010—2020 年）》中提出：到 2020 年，教育发展主要指标达到或超过全国平均水平，在中西部地区率先基本实现教育现代化，基本形成学习型社会，进入教育强省和人力资源强省行列。

4. 教育均衡覆盖城乡

2012 年 11 月，《山西省教育事业发展"十二五"规划》颁发。经过数年奋斗，2016 年 4 月，省政府在义务教育均衡发展推进会暨基础教育座谈会上宣布，"十二五"期间，山西实施义务教育标准化建设工程和农村薄弱学校改造计划，52 个县市区通过国家义务教育均衡发展验收，晋中市和阳泉市整体通过，其余 34 个县市区于 2017 年、2018 年全部通过国家验收。

"十二五"期间，山西教育均衡发展力度加大。先后新建、改扩建标准化公办幼儿园 1049 所，改造农村幼儿园 2738 所；进城务工人员随迁子女实现在就读地参加中考、高考；城乡特殊教育生均公用经费补助标准由 310 元、750 元统一提高到 5000 元；全部免除中等职业学校学生学费，每年惠及 50 万名学生；高职生均公用经费补助标准达到 9000 元；新增 7 所本科院校，11 个设区市都有了本科院校和高职院校；10 所高校 13 万师生入驻高校新校区。

党的十八大以来，山西深入贯彻习近平总书记关于教育的重要论述和在山西考察调研重要讲话重要指示，坚持社会主义办学方向，坚持以人民为中心，落实立德树人根本任务，在教育普及程度、服务能力、均衡发展等各方面取得历史性成就。2021 年，山西各级各类学校达 1.52 万所，在校生 653.5 万人；全省学前教育毛入园率 90.8%；普惠性幼儿园覆盖率 84.83%；小学、初中学龄儿童净入学率分别达到 99.97%、99.96%；高中阶段毛入学率达到 95.2%。山西全域通过义务教育基本均衡国家认定，全省职业教育、开放教育、特殊教育、网络教育、继续教育、社区教育、老年教育等融合均衡发展不断加快，全民终身学习"立交桥"更加畅通。

2021 年，山西坚持"以人民为中心"的改革发展理念，先后出台《山西省进一步减轻全省义务教育阶段学生作业负担和校外培训负担实施方案》《山西省深化新时代教育督导体制机制改革的实施意见》等文件，推动义务教育"双减"、高等教育"双一流"等改革发展重点任务取得明显成效。

2022 年初，教育部、财政部、国家发改委印发《关于公布世界一流大学和一·流学科建设高校及建设学科名单的通知》，第二轮国家"双一流"建设高校及建设学科名单出炉，山西大学的哲学、物理学、太原理工大学的化学工程与技术三个学科成功入选。山西高等教育"双一流"建设取得重大突破。

（二）医卫事业日新月异

全民健康托起全民小康。改革开放以来，山西城乡医疗保障制度不断健全，保障覆盖面逐步扩大，医药卫生体制改革顺利开展，医疗资源配置进一步优化，医药卫生服务日趋均衡，健康山西建设普惠三晋。

1. 城乡医保不断健全

新中国成立时，山西医疗卫生基础十分薄弱，全省仅有医院51 所、床位 917 张，且主要集中在较大城镇。农村只有少量游医和私人诊所，城乡缺医少药、疫病横行状况十分严重。新中国成立初期，党和政府发动群众开展轰轰烈烈的爱国卫生运动，陆续消灭了严重危害人民健康的鼠疫、天花、霍乱、伤寒等传染病。在群众卫生运动中，先后涌现出稷山太阳村、晋城东四义村等全国卫生先进单位。

党的十一届三中全会后，医疗卫生事业投入增加，发展较快，到 1988 年，全省各级卫生机构达 6053 家、床位 10.086 万张，医务人员 12.23 万人，医用建筑 219.69 万平方米，为医疗卫生事业进一步发展奠定了良好基础。

1994 年 11 月，省政府颁布《山西省公费医疗制度改革起步方案》。1998 年底，《国务院关于建立城镇职工基本医疗保险制度的决定》颁布。山西于 1999 年 8 月制定《山西省城镇职工基本医疗保险的待遇》，对医保对象、条件、支付要求、统筹基金及个人账户支付费用、定点医疗、定点购药及医疗费用结算方式、审核报销办法等内容作出具体规定。2002年9月，全省城镇职工医疗保险制度改革全面完成，山西216万职工参加基本医保。此后，为扩大基本医保覆盖面，山西先后出台《关于城镇灵活就业人员参加基本医疗保险的指导意见》等文件，将灵活就业人员、混合所有制企业和非公有制经济组织从业人员以及农村进城务工人员等逐步纳入基本医保范围。

2003年1月，国务院办公厅转发卫生部、财政部、农业部《关于建立新型农村合作医疗制度的意见》，山西据此在全省开展五轮试点，其间配套出台《山西省新型农村合作医疗制度管理办法》，至2008年实现新农合覆盖山西全部农业人口。据2014年统计，全省新农合参合人数2191万，参合率99.4%，基本实现应保尽保；参合人均筹资标准390元，门诊补偿比例60%以上，住院补偿封顶线15万元，大病保险补充报销40万元。

城镇职工和农村人口医保制度基本建立后，城镇非从业居民医疗问题日益凸显。2007年7月，《国务院关于开展城镇居民基本医疗保险试点的指导意见》发布。山西据此制定《实施意见》并逐年安排试点，2010年在全省推开，逐步形成以大病统筹为主的城镇居民医保制度。到2012年，全省城镇居民基本医疗保险参保率达95%。

2. 医卫体制改革顺利开展

在城乡医保制度通过多轮试点逐步完善的同时，山西医药卫生体制改革也在紧锣密鼓地进行。到1988年，山西医疗卫生机构发展到6053个，城乡专业卫生技术人员12.23万人。进入90年代，山西下达《关于加强农村卫生工作的意见》，制定2000年人人享有初级卫生保健规划目标，同时大力实施农民健康工程。1999年8月，山西农村居民健康工程经验交流现场会在太原召开。国家计委、卫生部认为，这一工程符合经济欠发达地区发展农村卫生事业的实际情况，是推动实现"人人享有初级卫生保健"目标的有效途径，经验值得推广。

2000年9月，山西召开医药卫生体制改革工作会议，要求全省有关部门同步推行医疗保险制度、医疗机构和药品生产流通体制改革。2001年6月，省卫生厅启动旨在促进山西农村，特别是贫困山区发展的卫生下乡"三五工程"，即在"十五"期间，援助50个贫困县医疗行政管理机构、500个乡镇卫生院、5000个村卫生所。2007年，山西新农合医疗制度已覆盖99个县（市、区）2091万农业人口。2010年4月，省政府发布《关于基层医药卫生体制综合改革的实施意见》，加大基层卫生设施改造力度。2012年底，山西4年投资600亿元实施的两轮农村"五个全覆盖"工程全面完成。

在公立医院改革方面，2013年4月，山西确定在省人民医院、省眼科医院、长治市第二人民医院启动城市公立医院改革试点；在原有32个县级公立医院试点综合改革的基础上，新增49个县级试点单位。2015年6月，山西发布《全面推开县级公立医院综合改革实施方案》，县级公立医院综合改革在全省推开。

为加强基层医卫专业队伍建设，2015年8月，山西发布《关于进一步加强乡村医生队伍建设的实施意见》，从明确乡医功能任务和配备标准、加强乡医管理、优化乡医队伍结构、提升乡医岗位吸引力、转变乡医服务模式、保障乡医合理收入、建立健全乡医养老和退出政策、改善乡医工作条件和执业环境等方面提出19项措施。

在医药改革方面，2013年6月，山西制定《全省食品药品监督管理体制改革工作方案》，参照国务院整合食品药品监管职能和机构的模式，整合原食药监部门、卫生部门、工商部门、质监部门的食品安全和药品管理职能，组建新的食药监督管理机构，实行统一监管，同时承担本级政府食品安全委员会的具体工作。2013年12月，山西印发《关于扶持和促进中医药事业发展的意见》。2014年6月，占地500亩、总投资40亿元、年运营吞吐量可达300亿元的山西晋药集团医药物流产业园在清徐县开工建设。该项目为全国规模最大的第三方医药物流产业园区。为降低医药行业一味逐利以致虚高的价格，2015年1月，省医疗机构药械集中网上竞价采购工作领导组制定《山西省基本药物集中招标采购工作方案》《山西省医疗机构低价药品网上采购工作方案》。2016年12月，《山西省贯彻中医药发展规划纲要（2016—2030年）实施方案》颁布施行。

在疫病防治方面，2004年11月，卫生部计划免疫审评团对山西计划免疫工作进行检查考评。结果显示，山西12月龄儿童卡介苗、脊髓灰质炎、麻疹疫苗、百白破疫苗接种率分别达到98.94%、97.3%、95.47%、 96.67%，乙肝疫苗接种率城市达到97.4%、农村达到93.6%，表明山西疫苗接种率保持了较高水平，计划免疫相应疾病得到有效控制。2003年"非典"后，山西先后制定《山西省实施〈突发公共卫生事件应急条例〉办法（试行）》和《山西省突发公共事件总体应急预案》，加大城乡医疗救助力度。2007年，城镇医疗救助制度在全省119个县（市、区）全面推行。2009年6月，省财政厅投资1900万元购置190辆急救转诊车，用于农村首批急救转诊，全省卫生应急救治网络逐步形成。

为保障妇女儿童健康，从源头控制人口质量，2013年1月，山西省出生缺陷干预救助基金会成立。该基金会以救助出生缺陷儿童康复，研究寻求从源头解决出生缺陷办法，减少出生缺陷发生率为宗旨。2014年4月，《山西省妇女儿童健康行动计划（2014—2015年）》确定目标任务：建立健全政府主导、部门协作的保障妇女儿童健康长效工作机制；建立和完善政府投资、医疗保障、社会资金参与多渠道筹资的妇女儿童健康保障制度和机制；建立健全保障妇女儿童健康的医疗保健服务网络体系；降低孕产妇和婴儿死亡率，保障母婴安全；控制和减少出生缺陷，提高出生人口素质；解决妇女儿童健康突出问题，改善妇女儿童健康状况。工作重点是实施母婴安全、降低出生人口缺陷、妇女儿童健康关爱和妇幼服务能力提升四大行动。2016年1月，省政府常务会议研究全面实施"两孩"政策，原则通过《山西省人口和计划生育条例（修订草案）》。

山西十分重视地方病、职业病、常见病防治，2008年4月，科技部"十一五"支撑计划重点项目"食管癌等高发疾患防治研究"课题在山西中医学院启动。该课题设计利用4年时间，在全省9个示范基地推广应用20项农村适宜卫生技术项目，可为农民节省医疗费用4亿余元。2019年1月，省卫健委公布全省水源性高碘地区范围。3月，山西消除疟疾工作通过国家终审评估，山西成为继上海、江西、浙江、福建之后，全国第5个实现消除疟疾目标的省份。其他常见病如尘肺病、布氏病、大骨节病等在山西也均得到有效控制。

3.医卫服务日趋均等

为全面提高山西公共卫生服务质量和水平，实现全方位全周期保障城乡人民健康的目标任务，山西在深化医卫均等服务改革方面作了许多有益探索。

　　一是构建强大的公共卫生服务体系。2009 年开建的山西大医院（山西医学科学院）于 2011 年 11 月建成投用。该医院是山西省历史上由政府投资最多、规模最大、功能最全、标准最高的现代化综合性医疗卫生项目，是山西贯彻落实科学发展观、着力改善民生的重大决策，也是解决全省人民看病就医困难、建设健康山西、造福三晋人民的重大举措。该项目规划、设计、建设均达到全国一流水平。2019 年 9 月，山西大医院（山西医学科学院）更名为山西白求恩医院（山西医学科学院）。该院建成投用为下一步试点省域及国家区域医疗中心项目建设、推进"5G+远程医疗"试点奠定了良好基础。

　　二是实施"136"兴医工程，构建区域医疗领军临床专科。2019 年 1 月，山西省卫健委召开"136"兴医工程推进会，为首批

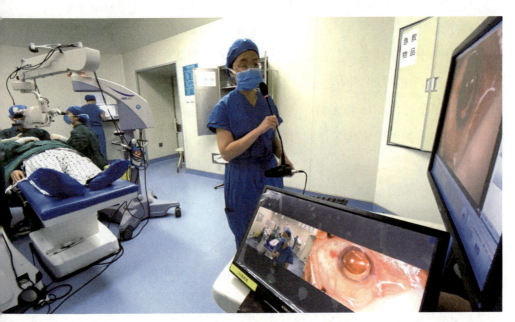

山西首例 5G 远程眼科手术在省眼科医院成功实施

确定的 9 个领军临床专科建设单位授牌。这 9 个单位分别是山西大医院普通外科专业，山西省人民医院肾病学专业，山西医科大学第一医院神经内科专业、耳鼻咽喉科专业、精神科专业、呼吸科专业，山西医科大学第二医院风湿免疫学专业、骨科专业、心血管内科专业。

三是建立医疗联合体，提升基层医疗机构水平。2014 年 7 月，山西首家医疗联合体——山西省中医院医疗集团成立。医联体以省人民医院、山西医科大学第二医院、省肿瘤医院、山西中医学院附属医院、太原市中心医院、大同市第三人民医院、长治市人民医院、临汾市人民医院、运城市中心医院为核心组建。在联合体内，各医疗机构之间以管理为纽带，通过人才、技术、专科、信息等资源的纵向流动，提升基层医疗机构的医疗水平，缓解群众"看病难、看病贵"的问题。

四是启动县乡医联体试点，为分级诊疗及县乡村一体化管理和服务摸索经验。2015 年 3 月，山西召开县乡医联体试点启动会议，动员部署试点工作。试点首先在 34 个县开展，重点探索建立"四统一、四不变、两促进"的县乡医疗机构管理运行机制，提高乡镇卫生院服务水平。"四统一"为人员、业务、医疗设备、绩效考核统一管理，"四不变"为机构设置和行政建制、机构职能任务、财政投入保障机制、公共卫生服务指导关系均不改变，"两促进"为促进分级诊疗制度建设及县乡村一体化管理和服务模式转变。2015 年 10 月，山西发布《关于建立分级诊疗制度的实施意见》，规定分级诊疗遵循基层医疗卫生机构、县级医院、市级和省级医院自下而上或自上而下顺序转诊。

五是整合城乡居民基本医疗保险制度，建立统一的城乡居民医疗保险制度。2016 年 1 月，《国务院关于整合城乡居民基本医疗保险制度的意见》印发，山西出台实施意见，推进全省城镇居民基本医疗保险和新型农村合作医疗制度整合，建立统一的城乡居民医疗保险制度，以完善社会保障体系，推进医药卫生体制改革，促进社会公平，服务建成小康社会。2017 年 8 月，山西发布《关于进一步完善城乡居民医疗保险政策的通知》。按照改革新政，城乡居民基本医保政策范围内住院医疗费用报销比例平均提高 10%，达到 75%；城乡居民参保住院费用医保目录内个人自付超过 1 万元以上部分，由大病保险资金统一按 75% 的比例报销。农村居民用药目录品种从原来的 1500 多种扩大到 2800 多种，定点医疗机构从原来的 2000 多个扩大到 7000 多个，城乡居民得到更大实惠，看病就医更加方便。

六是完善医疗救助制度。2015 年 10 月，山西发布《关于进一步完善医疗救助制度 全面开展重特大疾病医疗救助工作的实施意见》，从整合城乡医疗救助制度、科学确定医疗救助对象、进一步明确医疗救助形式、全面开展重特大疾病医疗救助、规范医疗救助程序等方面作出部署。其中规定医疗救助的重点救助对象是城乡低保对象、特困供养人员和在乡不享受公费医疗待遇的重点优抚对象，并规定儿童白血病等 24 类疾病为特大疾病医疗救助病种。

山西大力推进优质医疗资源扩容和区域均衡布局，加快补齐高端领军人才和基层人才缺口，整合提高全省医卫服务能力，逐步形成全省城乡公共卫生一体化均等服务新局面。

4. 健康山西惠及全民

2017 年 3 月，山西颁布《"健康山西 2030"规划纲要》，包含 8 篇 30 章，其中，普及健康生活、优化健康服务、完善健康保障、建设健康环境、发展健康产业、健全支撑与保障 6 个篇章中有 24

项要求，对健康山西建设作出部署安排。《纲要》强调，未来 15 年是推进健康山西建设的重要战略机遇期，也是促进山西经济结构转型发展的战略关键期，应加快转变健康领域发展方式，全方位、全生命周期维护和保障人民健康，为实现山西振兴崛起，确保山西与全国同步全面建成小康社会提供坚实健康基础。

县域医卫一体化改革是一大创举。县域内公共医疗卫生机构通过整合，组成一个独立法人的医疗集团，实行行政、人员、财务、业务、绩效、药械"六统一"管理，保持县疾控中心、中医院、妇幼院和基层医疗机构法人资格不变，纳入集团统一管理，形成县乡一体、防治结合、分工协作的新型医疗卫生服务体系。同时做好对口帮扶，建设纵向医联体，由三甲综合医院对口帮扶县级

大同市首家全自动化验室购进先进医疗设备，加大医疗设备投入，服务百姓健康

医疗集团；建立特色医联体，跨区域组建专科联盟，开展远程医疗协作。全省已组建各类医联体 80 个，省级专科联盟 40 个，帮扶县级医院 166 所，县级医疗集团全部开通远程诊疗服务。山西不断加强基层基础医卫设施建设，优化县域医疗资源配置，新建、改扩建村卫生室 1.3 万所，采购村卫生室设备 27 万余台件，654 所乡镇卫生院全部配齐 X 光机、生化分析仪等基本设备，基层医疗服务能力显著提高。

山西持续推进中医药服务能力提升、中医药人才培养、中医药健康服务业拓展三大工程，推进中医药传承创新工程等重大项目建设，全省中医药服务体系不断完善。

（三）社会保障长足发展

社会保险、社会救助、社会福利、社会优抚，山西城乡社会保障体系一步步向全覆盖、保基本、多层次、可持续的目标迈进。越织越密的社保安全网，充分发挥可持续的托底作用，人民群众工作更有劲头、生活更有盼头、未来更有奔头。

1. 社会保险规模空前

山西的人民保险事业起步于 1950 年，当时保险业务规模较小，全省保险机构只有 6 家，职工 97 人，承保额 3000 万元，保费收入 4.6 万元。到 1958 年，保险机构发展到 57 家，职工 609 人，承保额 24 亿元，保费收入 626.6 万元。由于当时经济管理体制日趋集中，1953 年起陆续停办了铁路、粮食、邮电、地质、水利、交通、银行等部门的财产强制险，1958年农村公社化后，国内保险业务全面停办。党的十一届三中全会要求全党工作重点转移到社会主义现代化建设上来，形成多种经济成分并存、市场经济迅猛发育的态势，亟须恢复保险业以规范理顺大小经济实体的责任和利益。1980年7月，中国人民保险公司山西省分公司成立。到1988年，全省国内财产保险总额达500多亿元，人身保险参保512万人，养老金、退休金社会统筹参保职工41.2万人。国外业务保额7亿美元。1980年到1989年，全省国内外保险业务收入10亿多元。

随着保险业务不断增大，1993年2月，山西决定增设专业性和区域性保险公司及保险中介公司。为规范保险理赔，1995年9月，山西第一个保险理赔鉴定中心由祁县人民检察院与祁县保险支公司联合成立。到1997年底，全省各类企业职工总数339.2万，养老保险参保人数231.1万，失业保险参保人数240.7万；城镇登记失

太原市民通过扫码缴纳养老保险和医疗保险

业 10.26 万人，登记失业率 1.92%。2005 年 4 月，山西乡镇企业职工社会养老保险工作全面启动，375 万名乡镇企业职工进入社保安全网。2006 年，为进一步搞活经济，山西大力推进省属国有企业改革，提出"发展壮大一批、转制搞活一批、关闭破产一批"的战略政策，配套出台《山西省省属国有企业改制中职工安置和社会保障实施办法》《关于山西省省属国有企业改制和关闭破产中退休人员管理工作的意见》《关于加强我省国有改制和破产企业离休干部管理服务工作的意见》。2007 年 8 月，山西制定工作方案，决定 2008 年底前，将全省地方性关闭破产国有企业退休人员全部纳入城镇职工基本医疗保险制度覆盖范围。2014 年 11 月，山西在《关于加快发展现代保险服务业的实施意见》中提出发展目标：到 2020 年基本建成保障全面、功能完善、安全稳健、诚信规范、体系健全，与山西经济社会发展需求相适应的现代保险服务体系，使保险成为政府、企业、居民风险管理和财富管理的基本手段，成为提高保障水平和保障质量的重要渠道，成为政府改进公共服务、加强社会管理的有效工具；力争保险深度（保费收入 / 国内生产总值）达到 5%、保险密度（保费收入 / 总人口）达到 3500 元 / 人。

山西农村社会养老及农民工工伤保险等民生保障制度也在不断试点探索和完善中。2009 年 12 月，古交市、清徐县等 15 个县市区经国务院新型农村社会养老保险试点工作领导小组同意，被列为首批国家级新型农村社会养老保险（简称"新农保"）试点县市区。2010 年 11 月，全省新农保试点工作会在古交市召开。2015 年起，山西省人社厅、发改委、住建厅等 19 个部门多次联合组织开展建筑施工工程项目农民工工资支付、工伤保险参加情况等专项检查，督促企业规范运作。人社部门在全面排查的基础上会同有关部门联合开展执法检查，推动部门协同监管、源头治理拖欠农民工工资等问题。

在基本医疗保障方面，2011年1月，山西基本医疗保障已实现城乡全覆盖，并在全国率先出台医保关系转移接续和异地就医、即时结算办法。2016年11月，《山西省关于整合城乡居民基本医疗保险制度的实施意见》出台，进一步探索建立统一的城乡居民医疗保险制度，完善社会保障体系，促进社会公平，服务全面建成小康社会。

在基本养老保障方面，2014年6月，山西发布《关于建立统一的城乡居民基本养老保险制度的实施意见》，统一全省城镇居民社会养老保险、新型农村社会养老保险两个制度的缴费档次、财政补助标准和养老金待遇水平，建立全省统一的城乡居民基本养老保险制度。2018年11月，山西印发《关于建立城乡居民基本养老保险待遇确定和基础养老金正常调整机制的实施意见》，提出坚持普惠性原则、激励约束有效原则、筹资权责清晰原则和保障水平适度原则，完善待遇确定机制、建立基础养老金正常调整机制、建立个人缴费档次调整机制、建立缴费补贴调整机制、确定特殊群体缴费档次及补贴办法、鼓励建立丧葬补助金制度、明确资金来源、实现个人账户基金保值增值。山西在2017年发布《养老机构服务规范》《医疗养老结合基本服务规范》后，2019年11月再次发布25项养老机构地方标准，形成山西养老服务行业标准体系，以规范和提升养老行业服务质量和水平，引领养老服务机构快速健康发展。

2. 社会救助扶危济困

山西十年九旱，灾害频繁。新中国成立初期，党和政府对灾区人民关怀备至，以生产自救、节约度荒、群众互助并施以必要的救济为原则，在灾区积极开展救助。1949年至1957年，国家拨发救灾款4400多万元，公社化后的1958年至1965年，拨发救灾款6500多万元。

党的十一届三中全会后，在灾区生产自救、互助互济的基础上，改革救灾款发放办法由原来的无偿救济改为无偿救济与有偿扶持结合，由原来的单纯解决生活问题改为扶持生产和解决生活问题结合。1979年至1988年，全省下拨救灾款2.1亿元，平均每年下拨救灾款2100万元、救灾粮5000万公斤，新建和维修住房2.5万间，每年解决200万左右特重灾民的生活问题。根据民政部部署，省民政厅1988年初在临猗县开展救灾合作保险试点，在救灾体制改革方面作出新探索。同时部分城市开展衣被募集活动，3年募集133万件。部分乡村建立救灾互助储金会800个，筹集资金294万元。

农村社会救济主要有两项，一是对无依无靠的老弱孤寡残疾户实行五保，二是对占农村8%左右的贫困户进行救济。从1954年到1988年，国家累计拨发农村社会救济款2.03亿余元。农村实行联产承包责任制后，山西为五保户颁发五保证，由五保户、供养者、村委会三方签订供养协议。1985年，省政府颁发《山西省农村五保户供养工作试行办法》。1988年底，全省由集体供养的五保户2.8万余人，集体供给折款734万元。农村敬老院发展较快，由1978年的17所增加到1183所，收养五保对象6740人。此后，山西结合农村经济社会发展状况，多次调整农村社会救济标准。2010年7月，山西开展农村低保与扶贫开发有效衔接试点工作。2015年1月，山西再次提高农村五保供养省级补助标准，提标后省级财政对农村五保集中和分散供养补助标准分别达到每人每年2400元和1530元。2016年9月，《山西省农村低保扶贫行动方案》出台。

山西从1995年起，逐步实施企业最低工资制和城市居民最低生活保障制，至1999年，全省已普遍建立城市居民最低生活保障制度。2010年4月，山西正式实行新的最低工资标准，按照全省119个县市区的经济发展和居民收入状况划定4个类别。经多轮调整，2013年3月，山西再次出台最低工资标准调整方案：全日制用工月最低标准仍为四档不变，最高档由1125元提高到1290元，其余三档依次为1190元、1090元和990元。

2016年1月，山西实施经济困难高龄与失能老年人补贴制度，并提高百岁以上老年人补贴标准，每人每月由200元提高到300元。2016年6月，山西启动"暖心关爱行动"：山西特困失能、半失能老年人资助项目，年内救助460名特困老年人，给予每人1000元至3000元救助金，并提出突出重点，逐步提高救助帮扶标准，扩大救助帮扶范围，惠及更多贫困老年人。

3.社会福利造福社会

党的十一届三中全会后，社会福利生产得以恢复发展。到1983年，全省39家福利企业有职工4000多人，产值1500多万元。此后，遵循"社会福利社会办"的方针，在城市大力推广长治、大同、太钢的经验，扶持厂矿、街道举办小型分散的福利生产单位；在农村坚持举办双扶经济实体与福利生产相结合，大力发展乡镇福利企业，开辟多渠道、多形式举办福利企业的新途径。1986年5月，山西首次社会福利企业和双扶经济实体产品展销会在太原举办。1988 年，全省社会福利企业增加到 903 家，有职工 2.54 万余人，其中残疾人 1.58 万余人，总产值 1.6 亿元。

从 2002 年起，山西不断健全城镇住房保障体系，着力开展安居工程建设。至 2007 年底，全省 11 个市区均已建立廉租房保障制度。"十一五"期间，山西加快城镇棚户区改造进度，明确提出用 5 年时间新建住宅 614 万平方米，将全省国有重点煤矿棚户区全部改造为新住宅小区，让 9.5 万户 26 万人住进新房。2012 年 10 月，山西省六大保障性住房管理办法《山西省保障性住房建设管理办法》《山西省保障性住房运营管理办法》《山西省廉租住房配租与退出管理办法》《山西省公共租赁住房配租与退出管理办法》《山西省经济适用住房供应与退出管理办法》和《山西省限价普通商品住房供应管理办法》颁布施行。2014 年 9 月，省政府全额出资组建山西省保障性安居工程投资有限公司。2015 年 5 月，印发《山西省改善城市人居环境规划纲要（2015—2017 年）》，对实施设施提升、城市安居、城中村改造和环境提质四大工程作出 3 年规划和年度计划安排。2016 年，山西加大棚改和城中村改造力度，要求全部开工建设剩余的 70 万户棚改工程，全面推进保障性安居工程，使城镇低收入人群住房条件逐步改善。农村进入精准扶贫阶段后，2014 年，出台《山西省改善农村人居环境规划纲要（2014—2020 年）》，明确提出以采煤沉陷治理、易地搬迁、危房改造为重点的农村安居工程，到 2020 年，农村危房基本消灭，不适宜居住的山村基本完成搬迁，农民普遍住安全房、喝干净水、走平坦路，乡村更加宜居。

为应对人口老龄化，2014 年 6 月，《山西省人民政府关于加快发展养老服务业的意见》中提出，2020 年全面建成以居家为基础、社区为依托、机构为支撑的功能完善、规模适度、覆盖城乡的养老服务体系，全省养老机构超过 1500 家，民办养老机构和公办民营养老机构占 70% 以上，养老床位达到 19.5 万张，每千名老人拥有床位达到 35 张。农村 60% 以上社区完成日间照料幸福工程，119个县（市、区）全部建立区域性养老服务中心；城市社区全部建成日间照料机构，60% 以上社区建立居家养老服务中心。

妇女儿童福利和未成年人保护体系不断完善。2009 年 9 月，《山西省未成年人保护条例》施行。2013 年 1 月，山西省出生缺陷干预救助基金会成立。该基金会以救助出生缺陷儿童康复，研究寻求从源头解决出生缺陷办法，减少出生缺陷发生率为宗旨。2013 年12 月，山西首个"婴儿安全屋"在太原市社会（儿童）福利院建成启用。2014 年 4 月，出台《山西省妇女儿童健康行动计划（2014—2015 年）》。至 2021 年，山西省市县各级均已建立未成年人保护工作机构，全省有 5078 名孤儿、5758 名事实无人抚养儿童纳入基本生活保障范围。孤残儿童手术、病残孤儿疾病治疗、事实无人抚养儿童助学等行动有序开展。

4. 社会优抚促进和谐

山西是革命老根据地，有悠久的拥军优属传统。党的十一届三中全会后，山西拥军优属、优待抚恤工作服务面逐渐扩大。农村实行家庭联产承包责任制后，群众优待工作步入法制化轨道。1988 年，全省农村群众优待的优抚对象 14.1 万户，优待总金额 2940 万元，户均 207 元。国家抚恤和定期定量补助范围扩大，标准提高。1988年，全省享受国家定期抚恤金和定期定量补助的烈士家属、牺牲病故军人家属、在乡退伍红军老战士、在乡复员军人、带病回乡退伍军人等优抚对象共 12.2 万人，人均补助和抚恤金增长 4.2 倍。1988
年，全省支出抚恤金 5951 万元。为适应孤老残优抚对象特殊需要
而举办的优抚事业单位发展迅速。1988 年，山西有公办荣军休养院、
荣复军人疗养院、复员退伍军人精神病院和孤老烈属、荣复军人光
荣院 61 所、床位 2778 张。革命烈士褒扬工作进一步加强，1979
年到 1988 年，山西用于烈士纪念建筑物维修建设费用 960 万元，
25 个纪念建筑管理单位、220 处烈士纪念建筑物得到修葺。同时，
修订出版《山西省革命烈士英名录》，编辑发行《山西革命英烈》
季刊和丛书，以褒扬先烈、启迪后人。2007 年 10 月，《山西省军
人抚恤优待实施办法（草案）》出台。

（四）平安山西共建共享

1. 地方立法稳步推进

1950 年 3 月，山西省首届各界人民代表会议在太原召开。会
议代行省人民代表大会职权，选举产生山西省第一届人民政府委员
会和山西省第一届各界人民代表会议协商委员会。1954 年 8 月，
山西省第一届人民代表大会第一次会议召开，标志着人民代表大会
制度在山西正式建立。1980 年前后，各市县人大常委会相继成立，
山西省人大制度进入发展新阶段。改革开放数十年来，各级人大坚
持以人民为中心的发展思想，认真履行宪法和法律赋予的神圣职责，
在政治、经济和社会生活中发挥了重要作用。

山西省人大及其常委会坚持把立法工作与山西改革开放和经济
建设实际相结合，推进科学立法、民主立法、依法立法，以良法促

进发展，保障善治，在加快立法步伐的同时努力提高立法质量。1979 年至 2004 年，山西共制定、修订和批准地方性法规 414 件。1980 年 3 月，山西省五届人大常委会二次会议通过的《山西省人民政府关于对排放有毒有害污染物超标单位实行收费和罚款的暂行规定》，是山西省出台的第一件地方性法规。1994 年 3 月，山西省八届人大常委会编制印发《山西省人大常委会 1994 年制定地方性法规计划》和《山西省八届人大常委会 1993—1997 年五年立法规划》，是省人大常委会编制的第一个年度立法计划和第一个五年立法规划。2000 年 3 月，第九届全国人大三次会议通过《中华人民共和国立法法》，正式确立我国统一、分层次的立法体制，在坚持中央立法主导地位的同时，赋予地方一定的立法权。山西地方立法得到空前发展。2003 年至 2008 年，山西省十届人大常委会在任期内共制定地方性法规 42 件、修订 19 件、废止 23 件，批准太原、大同两市地方性法规 59 件。2008 年至 2013 年，山西省十一届人大常委会在任期内共制定、修订、废止地方性法规 83 件，审查批准太原、大同两市地方性法规 89 件。2015 年 3 月，第十二届全国人大三次会议对立法法进行修改，规定赋予所有设区的市地方立法权。11 月，山西省十二届人大二十三次会议通过决定，明确运城、晋城两市人大及其常委会可以开始制定地方性法规。山西随后逐步放开设区市的地方立法权。2016 年 4 月，运城市人大制定的《运城市关圣文化建筑群保护条例》获山西省十二届人大二十五次会议批准，这既是运城市首部地方性法规，也是山西省放开设区市立法权后首部被批准的地方性法规。2013 年至 2017 年，山西省十二届人大常委会积极主动回应经济社会发展中亟须立法规范的重大问题，共制定、修订、废止地方性法规 74 件，审查批准 11 个市的地方性法规 98 件，备案审查规范性文件 210 件，保障和促进了全省各项事业的发展。2018 年至 2021 年，山西省十三届人大常委会坚持"小切口、有特色"立法理念，精细立法、精准立法，共制定、修订、废止地方性法规 127 件，有效发挥了地方立法在国家法律体系中的实施性、补充性、试验性作用。

2. 法治建设效能显著

党的十一届三中全会后，山西经济社会发生巨大变化，法制建设工作经历了从小到大、由弱到强的历史发展过程。1999 年 3 月，《中共山西省委关于进一步推进依法治省的决定》提出 2010 年基本建立和完善与山西省社会主义市场经济发展相适应、与国家法律法规相配套的地方性法规和行政规章体系，全省政治、经济、文化和社会生活的主要方面基本实现有法可依。2009 年，在纪念依法治省 10 周年之际，山西做出"法治山西"建设的决策，开启了山西法治建设的新篇章。

2001 年，《山西省人民政府关于全面推进依法行政的决定》发布，并将这一年确定为"依法行政年"，出台《山西省行政执法条例》，规范执法行为。2004 年，《山西省人民政府关于贯彻落实〈全面推进依法行政纲要〉的实施意见》颁发，对依法行政重点任务做出部署安排。2009 年，省政府印发《山西省全面推进依法行政规划（2008—2012 年）》，从战略层面确立建设法治政府的总体思路、工作重点与保障措施。"十二五"期间，山西全面推行"六权治本"，进一步加强法治山西建设。2016 年，山西积极推动落实《法治政府建设实施纲要（2015—2020 年）》，出台实施方案，法治政府建设不断取得新进展。为规范行政执法行为，1996 年《中

华人民共和国行政处罚法》颁布后，山西开始实施执法人员持证上
岗、亮证执法制度。2001年、2007年，先后出台《山西省行政执
法条例》《山西省行政执法责任制规定》，积极推进综合执法和相
对集中行政处罚权工作，加大执法主体整合力度，解决执法职能交
叉、多头执法问题，取得明显成效。山西不断深化司法体制综合配
套改革，推动执行体制机制改革，健全执法司法规范化长效机制，
推进审判公开、检务公开、警务公开，保证行政权、监察权、审判
权、检察权得到依法正确行使，进一步推进司法责任制落地见效，
着力构建权责明晰、监管有力、运转有序的司法权运行机制，努力
让人民群众在每一个司法案件中都能感受到公平正义，营造和谐稳
定的社会环境。全省群众安全感和满意度持续保持在96%以上，
山西连续9年被评为全国平安建设（综治工作）先进省份。

3. 社会治理格局创新

1982年颁布的新宪法正式确立村民委员会为农村基层群众性自
治组织的法律地位。1983年10月，中共中央、国务院发出《关于
实行政社分开建立乡政府的通知》，规定撤销人民公社，建立乡（镇）
政府作为基层政权，同时撤销生产大队，成立村委会作为群众性自
治组织。到1984年底，全省建立乡（镇）人民政府1909个（2001
年调整为1198个）、村委会32287个。村委会所属人民调解、治安
保卫、文教卫生等委员会随之成立，部分村委会制定村规民约，基
层群众自治模式初步形成。1988年起，山西积极贯彻《中华人民共
和国村民委员会组织法》，大力推进村民自治，依法进行村委会换
届选举。2005年9月，《山西省村民委员会选举办法》《山西省村
民委员会选举规程》颁布实施，基层换届选举渐趋规范化。城市基

层组织改制起步于 2000 年。

2018 年初，为期 3 年的全国扫黑除恶专项斗争拉开帷幕。山西连续 3 年被评为全国先进省份，省扫黑除恶领导小组获全国专项斗争一等奖。全省共打掉涉黑涉恶团伙 1720 个，查封扣押冻结涉案资产 427.91 亿元，立案查处涉黑涉恶腐败和"保护伞"问题 4268 件。为巩固专项斗争成果，引深扫黑除恶常态化工作，2021 年，山西又打掉涉黑涉恶团伙 16 个，查处涉黑涉恶腐败和"保护伞"问题 518 件。扫黑除恶保民安、得民心，基层乱象一扫而空。配合专项斗争全省集中整顿软弱涣散基层党组织 7232 个，其中存在"村霸"和涉黑涉恶问题的 1128 个，清理不符合村"两委"任职资格条件的村干部 1802 人，选派 4085 名干部到 3169 个村任职，基层政权进一步巩固。政法和纪检监察机关针对违法违规占地、套路贷、校园贷、欺行霸市、强揽工程等 13 个领域 2865 个重点问题，依法向相关行业监管部门发出"三书一函"10601 份，查处违法违规行为 1.27 万起，行业乱象得到有效整治。基层群众积极参与专项斗争，知晓率和满意度分别达到 98.7% 和 95.8%。在全省深化改革、转型发展、改善民生重大举措及成果评选活动中，扫黑除恶专项斗争以 1769 万票，位列改善民生 15 项举措之首，成为党的十九大以来最得民心的大事之一。

为打造基层社会治理新格局，山西深入贯彻习近平总书记在山西考察调研时提出的推动社会治理重心向基层下移重要指示，统筹推进城乡社会治理，依托现有村庄、社区打造"全科网格"，将全省划分为 6.5 万个基本网格单元，统筹推进网格内党的建设、人大联络、社会保障、综合治理、应急管理、社会救助等工作，实现多网合一，力求使基层社会治理神经末梢进一步贯通。2021 年，山西组织全省网格内 66.02 万个村、社区和企事业法人单位开展的基层平安创建活动中，全省网格员共上报隐患线索 219.35 万件，化解处置率 98.41%，尤其是在疫情防控期间，上报涉疫信息 6.32 万条，为抗疫发挥了重要作用。基层平安创建活动中全省排查各类矛盾纠纷 10.67 万起，化解 10.53 万起。2021 年，通过司法调解＋人民调解＋行政调解的方式，全省信访总量、群访数量分别比 2017 年下降 13.23%、71.18%。人民群众获得感、幸福感、安全感不断提升。

4. 人民群众安居乐业

"仓廪实而知礼节，衣食足而知荣辱。"改革开放以来，山西民生发生翻天覆地的变化。从城乡居民收入看，1978 年山西城镇居民人均可支配收入仅为 301 元，2007 年突破万元大关，2017 年为 29132 元，2020 年达到 34793 元；农村居民 1978 年人均可支配收入为 101.6 元，2005 年迈上 3000 元台阶，2017 年为 10788 元，2020 年达到 13878 元。当初短缺经济时期家家不可或缺的粮票、布票、油票、肉票、豆腐票、副食本、工业券早已成为历史，忍饥挨饿、缺吃少穿、生活困顿这些困扰百姓数千年的问题总体上一扫而空。山西和全国人民一起迎来从温饱不足到小康富裕的历史性跨越。居民消费结构变化巨大，从自行车、缝纫机、手表、收音机"三转一响"到电视机、洗衣机、电冰箱"新三大件"，再到轿车、楼房、手机乃至房车、别墅、游艇等，城乡居民文体旅游等娱乐发展型现代化消费明显增长。城市居民家庭恩格尔系数由 1978 年的 55.5% 下降为 2017 年的 23.1%；农村居民家庭恩格尔系数由 1978 年的 67.3% 下降为 2017 年的 27.4%。全面小康、更高水平的小康触手可及。

太原市阳曲县新星苑小区的居民贴窗花庆祝乔迁后的第一个新春

　　安居才能乐业。为保障城乡居民尤其是困难居民住有所居，山西不断深化住房制度改革，城镇居民多数由福利分房、租房向买房过渡，拥有了自己的住房。农村居民自建房热潮更是经久不衰。为解决城乡中低收入家庭住房问题，山西在城镇推行保障性安居工程，实施棚户区改造、廉租房制度；在农村结合精准脱贫，实施采空区治理、危房改造、易地搬迁为重点的农民安居工程，同时大力改善城乡居住环境，综合规划路水电暖及园林绿化等基础设施建设，城镇园林化、乡村宜居化程度越来越高。城乡基础设施和基本公共服务差距逐步缩小，更多的城乡居民过上文明、舒适、便捷的好日子。

　　社会保障惠及全民。山西城乡医疗保险、养老保险、工伤保险、失业保险、生育保险及低保、五保救助等民生基本保障制度进一步完善，保障规模进一步扩大，社保城乡一体化融合发展程度越来越高，基本保障向中低收入人群及特殊困难人群倾斜幅度越来越大。越织越密的社会保障安全网充分发挥可持续的托底作用，人民群众工作更安心、生活更舒心、对未来更有信心。

七、文化强省唱响全国

山西文化源远流长，历史积淀深厚，泽被后世。

（一）文艺创作精品迭出

改革开放以来，山西省经济和社会发展步伐不断加快，文化事业也得到长足发展。尤其是进入 21 世纪以来，山西省委、省政府及时准确把握时代脉搏，立足山西省情实际，明确提出了文化强省战略，全省文化事业得到快速发展，文艺创作空前活跃，涌现出一大批社会反响强烈、群众喜闻乐见、市场高度认可的文艺精品，极大地满足了广大人民群众的精神文化生活需求。

1. 文学创作植根沃土

山西历史悠久，优秀文化源远流长。皇天后土为文学创作提供源源不断的营养，火热实践为文学作品提供枝繁叶茂的素材。山西作家植根这片滋养丰富的沃土，激扬文字，指点河山，持续不断地创作出一大批反映民族、文化、社会和现实的文学作品，讴歌时代，激荡社会，发出了文学创作的山西声音。

　　1978 年，以马烽短篇小说《有准备的发言》和《无准备的行动》为标志，山西的文学创作进入百花齐放、万紫千红的阶段。《顶凌下种》《镢柄韩宝山》《结婚现场会》《在住招待所的日子里》《祭妻》等作品，创作于 20 世纪 70 年代末 80 年代初，强烈地表现出对"文化大革命"、对极左思想进行批判和反思的愿望。之后，这种批判和反思意识在山西作家中不断延续，形成了山西作家植根沃土、直面现实、弘扬正气、为民代言的作品品格。《黑雪》《天网》《抉择》《跑官》等作品就是作家针砭时弊、批判现实的代表作。在农村改革、城市改革、国企改革的滚滚洪流下，一大批反映改革、呼唤改革、赞扬改革的作品也应运而生，《三千万》《新星》《夜与昼》《跋涉者》《柳大翠一家的故事》就是最早呼唤改革、赞美改革的小说代表。尔后的《国家干部》《特别提款权》《股票市场的迷走神经》《金融家》《乡村豪门》《城市英雄》《归来》《上面》等小说，则随着改革开放和现代化建设的不断深入，题材不断深化，手法更加专业，影响越来越大。山西悠久的历史文化也给作家们提供了更加丰富的创作题材，一批作品从历史文化角度对民族的发展进行了全方位思考，《世界正年轻》《白银谷》《茶道青红》《旧址》《栎树的囚徒》《心爱的树》《地气》《喊山》《太平风物——农具系列》等作品在当时都产生了重要的影响。直接以报告文学形式反映现实生活的《中国的要害》《强国梦》《革命百里洲》《晋人援蜀记》《西部在移民》《昨天——中英鸦片战争纪实》《黄河落天走山西》《大运亨通》《丰收不在田野》《文字狱纪实》等作品在百姓中引起了广泛共鸣。2010 年 10 月，山西作家李骏虎的中篇小说《前面就是麦季》获第五届鲁迅文学奖。

2. 舞台艺术辉映现实

山西传统艺术积淀浑厚。以"黄河三部曲"为代表，山西的舞台艺术作品呈现出精彩纷呈、精品迭出的繁荣局面。1987 年，山西省歌舞剧院排练的《黄河儿女情》成为一部带有民族特色和地方风格的大型民间歌舞。1987 年 8 月 21 日，《黄河儿女情》首次在太原演出。10 月 1 日，《黄河儿女情》在北京人民大会堂参加国庆演出，这是山西省文艺团体首次在人民大会堂参与展演。1989 年，山西省歌舞剧院又编导出大型民俗系列舞蹈《黄河一方土》，引起全省关注，继而扩展到全国，先后荣获一系列重要奖项。1990 年 9 月 15 日，由山西省歌舞剧院编创的大型民俗系列舞蹈《黄河一方土》《黄河儿女情》应亚运会组委会邀请，在第十一届亚运会艺术节上献演成功。1995 年 6 月 20 日，大型民族舞蹈歌剧《黄河水长流》、晋剧现代戏《油灯灯开花》、新编历史京剧《海誓》、新编话剧《孔繁森》、山西省地方曲艺集萃《曲艺晚会》、山西地方戏曲交响乐《黄河情韵》、京剧《折子戏专场》、电视剧《沟里人》、电视专题片（《正大综艺》山西专场），以及美术、书法、摄影 3 个大型展览等共 350 件反映山西改革开放和现代化建设丰硕成果的文艺作品进京展演。

1997 年，山西省歌舞剧院历时 5 年创作完成了大型舞蹈诗剧《黄河水长流》，最终形成了在全国产生重大影响的"黄河三部曲"。1997 年 8 月，《黄河水长流》一举夺得文化部第五届文华奖 5 项大奖。除此之外，新创剧目《家风》《丁果仙》《风流父子》《唢呐泪》《赵树理》《八思巴》《傲雪花红》《刘胡兰》《我能当班长》《立秋》《一把酸枣》《唱享山西》《解放》等作品都产生了较大影响。

《粉墨春秋》演出剧照

改编传统戏《挂画》《苏三起解》《教子》，以及新编历史剧《杨儒传奇》《桐叶记》《范进中举》《大脚皇后》《边城罢剑》《傅山进京》《走西口》等都产生了积极影响。

日益繁荣的舞台艺术作品充分展现了山西经济发展、社会进步的美好生活，反映了山西历史悠久、源远流长的文化特色，可谓硕果累累、成绩斐然。舞剧《一把酸枣》、京剧《走西口》、晋剧《傅山进京》、说唱剧《解放》、舞剧《粉墨春秋》等先后入选国家舞台艺术精品工程，数量和质量均居全国前列，舞剧《西厢记》获得第 11 届文华奖新剧目奖。

党的十八大以来，山西创作了反映共产党人干事创业的上党落子《第一书记》、话剧《热泉》，弘扬传统美德的蒲剧《樱桃花开》等剧目。话剧《生命如歌》获第五届全国少数民族文艺会演金奖，晋剧《于成龙》、音乐剧《火花》等 8 部作品入选国家舞台艺术精品工程资助剧目，全省 108 个项目获国家艺术基金资助 1.09525 亿元。2015 年，山西 10 台优秀新创舞台剧进京展演 20 余场，2 万余人次观看，在首都各界及全国引起强烈反响。迄今为止，山西已有 49 人次获得戏剧梅花奖，得奖者数量居全国第二，获得小梅花奖 241 人，居全国第一方阵，成为戏剧界的"山西现象"。2018 年，山西 37 个项目获得该年度国家艺术基金资助 3660 万元。山西省京剧院申报的京剧《文明太后》等 8 部剧目入选大型舞台剧和作品创作资助项目，山西演艺（集团）有限责任公司申报的小戏曲《走西欧》等 7 部剧目，入选小型剧（节）目和作品创作资助项目。山西省话剧院申报的话剧《生命如歌》巡演等 9 个项目，入选传播交流推广资助项目。山西戏剧职业学院戏剧研究所申报的中西部地方戏曲评论人才培养等 4 个项目，入选艺术人才培养资助项目，9 名与艺术相关的从业者入选青年艺术创作人才资助项目。截至 2020 年，自国家艺术基金设立 7 年来，山西省共有 205 个项目获得资助，资助金额达 2 亿多元。

2017 年 8 月 18 日至 9 月 26 日，首届山西艺术节在太原举行，这是山西首次举办的全省综合性艺术盛会。本届艺术节共评出优秀作品 149 个，其中，组委会设置舞台艺术特别贡献剧目 10 个、优秀剧目 5 个、优秀组织单位 13 个、"杏花奖" 38 个、群星奖 15 个、美术作品展优秀作品 18 个、书法篆刻作品展优秀作品 12 个、雕塑作品展优秀作品 6 个、网络摄影展优秀作品 10 个、广场舞展演优秀作品 6 个、锣鼓艺术展演优秀作品 6 个、农民工歌手展演优秀歌手 10 个。2019 年 9 月 19 日至 10 月 8 日，第二届山西艺术节在太原举行。在本届艺术节上，上党梆子《郝经》、蒲剧《铁面御史姚天福》等 8 部作品获第十六届 "杏花奖" 新剧目奖，商永吉、南征等 8 人获戏剧表演奖。

"十三五" 以来，山西继续推出一批以中国梦为主题，体现山西特色、代表国家水准的精品力作，实施 "三个一批" 工程，即创演一批以中国梦、"一带一路" 等为主题的戏剧与影视作品，复排一批传统经典剧目，改编移植一批红色经典剧目，并大力推动优秀文艺作品 "走下去" "走进去" "走出去"，通过实施山西戏曲传承发展振兴工程和山西四大梆子振兴工程，加强戏曲人才培养，振兴发展地方戏曲，推动戏曲传承发展。

3. 影视作品照亮生活

红色历史资源给革命历史题材影视作品提供了源源不断的创作题材。从《上党战役》到《百团大战》，从《大敌当前》到《忻口战役》，从《八路军》到《刘胡兰》，一批影视作品将曾经发生在这片热土上的英雄事迹搬上荧屏，热情讴歌了中国共产党及共产党员为了革命事业英勇奋斗的奉献精神。

电影创作方面，以《泪痕》为开端，最早对极左路线进行批判和反思，上映后产生了巨大的影响；《知音》则以爱情故事为主线，融入传奇色彩、爱情元素、武打动作和谍战情节，属于最早在电影创作中注入娱乐因素的故事片，是内地电影娱乐化的开山之作。其后，一批从现实生活中汲取营养，密切关注生活又反哺生活、照亮生活的现实题材电影不断涌现，如《咱们的退伍兵》《黄土地上的婆姨们》《山村锣鼓》《神行太保》《元帅的思念》《刘胡兰》等。进入 21 世纪以来，山西电影创作进入新的辉煌期，《明天我爱你》《声震长空》《暖春》《暖情》《二十五个孩子一个爹》《夜袭》《生死托付》《江北好人》《剃头匠》《黄河喜事》等大量优秀电影作品横空出世，充分反映了在山西这片热土上发生的巨大变革，热情讴歌了改革开放的伟大成就，展现了人们精神面貌发生的巨大变化。山西电影制片厂摄制的电影故事片《暖春》公映后捷报频传，票房屡创佳绩，并在国内众多知名影展和电影节上获得展播、提名以及获奖。《暖春》《暖情》等影片的成功，给国产影片蹚出了一条小厂家、小投入、大影响、大效益的发展之路。

1980 年，山西电视台拍摄了第一部电视剧《祝你们幸福》，从此以后，山西电视剧创作一发不可收且佳作不断。扎根现实、照亮生活的长篇电视连续剧好评如潮，如《新星》《葛掌柜》《阿霞》《黑土地的女人》《郭兰英》《赵树理》《喜耕田的故事》等；跟踪生活、赞美时代的纪实题材短片电视剧佳作频现，如《太阳从这里升起》《有这样一个民警》《好人燕居谦》《沟里人》等；植根于山西红色历史资源的革命历史题材电视剧层出不穷，自 1985 年拍摄《上党战役》以来，陆续有《尹灵芝》《大敌当前》《忻口战役》《百团大战》《毛泽东过山西》《刘胡兰》等佳作面世；发掘和整理山西悠久历史的历史题材长篇电视连续剧屡出精品，如《杨家将》《昌晋源票号》《一代廉吏于成龙》《八路军》《乔家大院》《走西口》《吕梁英雄传》等，其中，《杨家将》和《昌晋源票号》在中央电视台黄金时段播出，赢得极高的收视率。《昌晋源票号》于 1995 年荣获中国电视剧飞天奖三等奖。电视剧《八路军》《吕梁英雄传》《乔家大院》《赵树理》《天地民心》《幸福生活万年长》《革命人永远是年轻》、电影《暖春》《生死托付》《红军东征》《高君宇和石评梅》《终极大冒险》等一大批优秀作品先后荣获全国"五个一工程奖"、金鸡奖和飞天奖等，电视专题片《汉字宫》获得好莱坞国际电影电视节最佳电视系列片创意奖。

（二）文化品牌根深叶茂

2009 年 6 月，山西省发布《文化产业发展规划纲要（2009—

2015年）》，提出文化品牌打造工程。以不同区域具有代表性的文化资源为依托，以园区和基地建设为重点，构建基本覆盖全省的五大特色文化产业区，孵化和培育一批关联度高、成长性好、发展空间大、地域特色鲜明的文化企业。

佛教与边塞文化产业区。以北部大同、朔州、忻州一带的佛教文化、边塞文化、古都名城文化、长城关隘文化、民族民间文化等资源为依托，通过市场化运作和重点项目建设，推动相关产业融合，形成富有佛教文化特征和边塞风情的文化产业链。

晋商文化产业区。以中部太原、晋中一带的晋商文化、古都名城文化、民居古建文化、民间民俗文化等资源为依托，发挥区位优势，利用现代科技，创新文化业态，提升产业层次，构建门类比较齐全的文化产业体系。

根祖文化产业区。以南部临汾、运城一带的根祖文化、古都文化、盐池文化、道教文化、关公文化、名楼名寺文化等资源为依托，加大保护力度，注入新的创意，强化联动发展，培育以文化旅游为重点的产业集群。

太行文化产业区。以东南部阳泉、长治、晋城一带的关隘文化、红色文化、民间民俗文化、山水文化、神话传说等资源为依托，加大整合力度，创新开发方式，培育发展优势，打造山西省文化产业发展的新高地。

黄河文化产业区。以沿黄一带的古渡文化、古镇文化、名楼文化、山水文化、红色文化和民间民俗文化等资源为依托，加强梳理研究，加大开发力度，建设自然景观和人文精神有机融合、独具黄河黄土风情的文化产业带。

1. "华夏之根"文化品牌

山西是人类文明、中华文明、古三晋文明的重要发祥地，围绕血脉相承的根祖文化打造的"华夏之根"文化品牌，内容涵盖从约180万年前西侯度的第一把圣火，到4500年前陶寺的中华国家形态雏形；再从3000年前的晋国霸业，到600年前洪洞大槐树的移民，时代跨度长，文化内涵深。

山西是中华文化孕育形成的核心地带，是黄河流域新石器文化的中心区域之一，先民创造的灿烂文化，从"枣园稼穑"到"西阴之华"，遗址遍布全省各地。黄河、汾河哺育的临汾和运城盆地，古称"河东"，相传为尧、舜、禹建都之所，是华夏文明最重要的根脉所在，这里是最早的中国，中国人和中国文化的根，就在这里。

山西是中原农耕文明发展的重要区域。从"桐叶封弟"到"三家分晋"，一个百里小邦发展成为地跨晋、豫、冀、鲁、陕、蒙的中原霸主，晋国600年的伟业，奠定了山西历史文化的基石，成就了中原农耕文化北扩的格局。山西作为晋文化的核心区域，文化遗存和名胜古迹众多，蔚为可观。

山西是中国大移民后裔的故土家园。山西北通塞外，南接中原，自古就是中原农耕文化与北方草原文化交汇融合的枢纽和熔炉，对形成统一的多民族国家贡献巨大。山西表里山河，易守难攻，战乱时相对安定，人口聚集；恢复重建时，又是移民人口的重要输出地，历史上几次大移民，使山西人遍布大江南北。

2. "黄河之魂"文化品牌

山西有黄河文化中最具代表性的自然景观、最具民族魂魄的人文精神、最具独特魅力的民风民俗，围绕撼天动地的黄河文化打造的"黄河之魂"文化品牌讲述了中华民族的母亲河流经山西，使山西广得其恩；古老的黄河孕育了世界上最悠久、最优秀的文明之一的黄河文明，山西盛显其荣；人类最早把龙作为图腾的历史，就是从黄河流域开始的，黄河是中华图腾的故乡，山西尤感其韵；黄河是中华精神的象征，以爱国主义为核心，展现出几千年灿烂辉煌的文明成果，具有强大的民族凝聚力和号召力，山西深悟其魂。黄河在与山西这片黄土地的亲密接触中，彰显了博大精深的光辉思想，积淀了包罗万象的杰出文化，孕育了多彩纷呈的民俗民风。

3. "晋商家园"文化品牌

山西是晋商故里，围绕汇通天下的晋商文化打造的"晋商家园"文化品牌，告诉世人晋商是中国最早的商人，历史可远溯到春秋战国时期，明清时代达到辉煌。在全国十大商帮中，晋商以崛起最早、

晋中市平遥县"日昇昌"票号

实力最强、经营最好、兴盛最久而名列榜首。中国历史上第一家票号——日昇昌票号，开启了中国近代金融的历史。当时全国 51 家大票号中，山西有 43 家。晋商以其创新精神赢得了"汇通天下"的美誉，节俭勤奋、明礼诚信、精于管理、勇于开拓是晋商精神的品牌亮点。

4. "关公故里" 文化品牌

关公是中国历史上唯一的武圣人，围绕忠义仁勇的关公文化打造的"关公故里"文化品牌影响遍及全球。关羽因"精忠贯日，义勇参天"的气节被儒、释、道三教共同尊奉，更因历代统治者追封"侯而王，王而帝，帝而圣，圣而天，褒封不尽，庙祀无垠"，加之自宋以来小说、戏曲、史书的宣扬，关羽形象深入人心。中国人

运城市解州关帝庙

看重关公挽狂澜于既倒、扶大厦之将倾的浩然正气，承接并延续传统道德与民族大义的使命自觉，为了国家、民族和大众不惜牺牲自己名利乃至生命的高尚境界，尊其为"武圣"，与"文圣"孔子齐名。关羽是高贵品行的化身、神圣道德的象征，既在神坛登峰造极，又在民间根深蒂固，成为千余年来历朝加封、三教同尊、世人崇仰的偶像，更是民族信仰的综合象征。隋朝初年，关公后人在家乡解州常平村始建家庙，到金代成为具有一定规模的庙宇。随着历代帝王的追封，庙堂不断重修和扩建，并将"帝""圣"冠在"家庙"之前，专称"关帝祖祠"，简称"关帝庙"。解州关帝庙距关帝祖祠10公里，南倚巍峨之中条山，东临浩渺之盐湖池，殿宇宏伟，楼阁壮观，规模庞大，气势恢宏，地位最尊贵，建筑最精湛，祭祀最隆重，保存最完整，被尊为"武庙之冠"，不仅是中国古代道德文化的重要遗存，还是海外华人与祖国维系的特殊纽带。在大江南北，在世界各地，现存有大量的关帝庙，凡世界上有华人的地方，就能真切感受到关公文化的存在和影响，关公已经成为超越国籍、超越民族、超越宗教的世界名人与尊神，"关公故里"作为山西的文化品牌，既拥有地域特色，更具有人文情怀。

5. "佛教圣地"文化品牌

五台山是文化宝库、朝觐圣地、清凉世界，围绕影响广泛的佛教文化打造的"佛教圣地"文化品牌以五台山为代表。翻开山西历史，自佛教传入以来，每一页都弥漫着佛教中国化、本土化的香火，佛教伴随着山西文化的兴起而兴起、发展而发展。从目前中国佛教文化遗存的质量、数量、内涵来看，山西的佛教文化占有很大分量，至今仍产生着重大影响。"民族融合炼炉"的地缘位置、"社会变革思想库"的文化积淀、表里山河的特殊地形，使佛教文化在山西的传播发展丰富多彩、连绵不断、遗存丰厚。山西佛教文化是世界佛教文化传承的典范，是中国佛教文化发展历程的标本。

五台山、云冈石窟、玄中寺是山西佛教文化资源的典型代表，在世界旅游市场上占有一席之地，并呈逐步扩大之势。五台山在唐朝被视为"祖宗植德之所"，当时有规定，全国所有寺院的斋堂都必须供奉文殊菩萨像。借助李唐王朝，五台山成为全国华严宗和密宗的中心，成为佛教文化国际交流的中心，名僧辈出，空前隆盛。藏传佛教在五台山的崇奉，不仅使文殊菩萨信仰具有更丰富的内涵和更坚实的基础，也塑造了五台山汉、藏两种文化的传承，形成多民族信众和谐共处的格局，具有珍贵的历史和现实价值。2009 年，世界遗产委员会一致认为，五台山能为一种已经消失的文明或文化传统提供一种独特的或至少是特殊的见证，是与现行传统思想、信仰或文化艺术作品有直接或实质关联，具有特殊普遍意义的实物，符合世界遗产多条标准，决定将五台山作为文化景观列入世界遗产名录。

云冈石窟代表了公元 5 世纪至 6 世纪中国佛教石窟艺术成就的巅峰，多种佛教艺术造像风格在云冈石窟实现了前所未有的融会贯通。云冈石窟形象地记录了印度及中亚佛教艺术中国化的历史轨迹，并对敦煌莫高窟、洛阳龙门石窟中的北魏时期造像产生了重要影响。2001 年，云冈石窟被列为世界文化遗产。

玄中寺是中国汉传佛教重要宗派净土宗的发源地，从佛教的传承关系看，日本佛教净土宗和净土真宗与玄中寺有着深厚的历史渊源。此外，山西还有闻名中外的应县木塔、浑源悬空寺、太原蒙山大佛、平遥双林寺、晋城青莲寺、洪洞广胜寺、运城普救寺等，在国际上均占有重要地位。

6. "古建瑰宝"文化品牌

2021 年 7 月 24 日，流失海外近一个世纪的山西天龙山石窟第八窟北壁主尊佛首回归

在山西，南至风陵渡，北达长城边，都有原始社会的遗迹，是原始社会居住研究的主要依据。夏县禹王城、芮城古魏城、万荣汾阴古城等，是我国重要的古代城池建筑。秦汉时期，建筑业日臻成熟，现存的长子西关汉代遗址中的方砖、瓦当，以及运城、平陆、闻喜的汉代绿釉陶楼，都是秦汉建筑资料中的代表性作品。北魏至北齐间，虽然木构建筑无存，但石窟雕刻可以反映当时建筑业的成就。著名的大同云冈石窟、太原天龙山石窟，除本身就是一种建筑形式外，窟内所雕许多仿木构的建筑图案，为研究我国南北朝时期的建筑发展成就，提供了极有价值的资料。山西是全国唐代以来木构建筑保存最多的省。山西的不可移动文物在册登记中，古建筑有 28027 处，其中现有元以前木构古建筑

遗存 495 座。随着社会的发展和历史的变迁，我国早期建筑实物早已不存，唐代的木构建筑已是现存最早的实例。全国保存完整的唐代木构建筑仅 4 座，均在山西，分别是五台山南禅寺大殿、五台山佛光寺东大殿、芮城广仁王庙正殿、平顺天台庵正殿。五代时期的木构建筑，全国保存完整的共 5 座，山西就有 3 座，即平顺龙门寺西配殿、平顺大云院正殿、平遥镇国寺万佛殿。宋辽金时期，山西保存下来的木构建筑为数较多，有 150 座，约占全国同期同类建筑的 82%。其中建于辽清宁二年（1056）的应县佛宫寺释迦塔，不仅是我国现存古代建筑中最高的木塔，也是世界上现存最古老、最高大的木构建筑。

山西保存下来的元代木构建筑数量更多，其中的芮城永乐宫是官式作法的典范，洪洞广胜寺则为民间手法的代表作。山西保存下来的元代州县衙署大堂有 3 处，是研究我国古代衙署建筑的典型实例。还有元代戏台也属山西仅存，为我国的戏曲发展史提供了翔实的佐证。山西保存下来的明清古建筑数量更多、规模更大。其中的一些晋商大院是我国北方民居建筑的代表。除木构建筑外，山西所保存的许多砖石结构建筑也极具价值，如五台山显通寺的无量殿，就其规模而言，是仅次于南京灵谷寺的宏伟遗构。山西还是现存古长城较多、时间跨度大的地区，其中东魏、北齐、隋、宋长城为山西所独有。截至目前，山西的世界文化遗产有 3 处，即平遥古城、云冈石窟、五台山，全国重点文物保护单位 531 处。国家级的历史文化名城，山西有 6 座，分别是大同、平遥、代县、祁县、新绛、太原。截至目前，山西的全国历史文化名镇有 15 个，包括灵石县静升镇、临县碛口镇、襄汾县汾城镇、平定县娘子关镇、天镇县新平堡镇、阳城县润城镇、泽州县大阳镇、泽州县周村镇等。山西的全国历史文化名村为 96 个，即临县西湾村、临县李家山村、阳城县皇城村、阳城县郭峪村、阳城县上庄村、沁水县西文兴村、沁水县窦庄村、介休市张壁村等。可以说，打开厚重辉煌的中国古代建筑史，从远古时代的穴居遗址开始，直到明清时代的普通民居为止，在每个时期的卷册中，都会看到涉及山西的浓墨重彩篇章。山西的古建筑遗存，的确是令人称奇的丰富宝藏，山西被誉为"中国古代建筑博物馆"，实至名归。

7. "边塞风情"文化品牌

边塞者，边疆设防之处也；风情者，风土人情之谓也。山西曾是沟通欧亚的门户、经贸文化交流的通道、民族融合的舞台、古代战争的前沿，围绕金戈铁马的边塞文化打造的"边塞风情"文化品牌，特指山西作为历史久远且始终发挥着军事屏障作用的边塞要地，在政治、军事、经济、社会诸方面产生的重大文化影响，在民

朔州市右玉县杀虎口

风民俗、居家生活中保留的文化余韵，在文物遗迹方面存留的文化遗产及其文化价值。首先，这是由山西所处的地理位置决定的。中国历史上长期对峙的中原农耕文化和北方游牧文化在地理上的重要边际线正好划过山西，这让山西成为两大文化斗争融合的核心地带。其次，这是由山西在历代政治格局中的战略地位决定的。山西是中华文明重要的发祥地之一，文明进程从未间断，影响深远；山西是横亘在游牧民族进犯中原通道上屏卫中央政权的一道重要防线，受到历代统治者的特别关注。第三，这是由山西独特的地理形势决定的。山西表里山河的自然地理条件，形成了易守难攻、封闭险固、自为一体的环境，极富军事价值。第四，这是由山西在历代军事斗争中的重要地位决定的。历代发生在山西的战事不仅数量多，而且规模大，也更残酷，对交战双方力量对比的影响是决定性的。第五，这是由山西在民族融合的历史进程和对外交往中的重大作用决定的。这五大因素决定了山西是实至名归的边塞，山西从而成为边塞文化的体现者和传承者。

作为边塞文化的体现者和传承者，山西具有三个鲜明的特点：

一是完整性。从空间完整性上来看，山西关河四塞，自成一体，在军事斗争中的价值十分重大。山西北部的大同、朔州、忻州固然是历代民族间争锋用兵的前哨，而西部、南部的黄河，东部的太行山也是阻挡外来势力进入的有力屏障。即使是山西内部，众多的关塞隘口也有利于守御者步步为营、层层设防。可以说，山西处处是兴兵用武之地，北方的外来势力不能突破山西，就威胁不到中原、关中等京畿地区。从作用的完整性上来说，山西在农耕文明与游牧文明的战争与融合两种交往形态中的作用同样明显。无论是金戈铁马、干戈扰攘的战争，还是势力平衡、和平相处的交流融合，都在山西留下了大量不可磨灭的历史陈迹，形成了中华文明发展史上值得关注的文化图景。

二是长期性。山西之为边塞，是相对于中央政权的军事地位而言的。自西周王朝有意识地以山西来藩屏王室以来，由于中央政权所在地与山西在空间上唇齿相依的关系，山西便充当着边塞的角色，秦、汉如此，晋、隋如此，唐、宋、明亦如此。山西作为与游牧民族接壤的地带，在推进民族交流融合方面的作用始终存在。

三是典型性。一方面，相对于其他任何地区来说，像山西这样在漫长的历史长河中，先后与群狄、诸戎、匈奴、鲜卑、羯、氐、羌、突厥、回纥、吐谷浑、契丹、女真、蒙古、满族等民族进行过激烈的冲突和斗争，进行过大范围、深层次的交流与融合的，可以说是并不多见，甚至是绝无仅有。另一方面，作为边塞地区，山西也将其在军事斗争和民族融合方面的作用和影响发挥到了极致。从战争角度而言，发生在山西的战争的次数和频率、规模和残酷性以及产生的深远影响，都是无可比拟的。晋阳城在魏晋十六国乱世和平定"安史之乱"中发挥的作用，太原城在抵御金兵中发挥的作用，也是可圈可点。从民族融合的角度而言，山西同样是与游牧民族和平交往的典范。无论是在魏晋之交，数十万匈奴、鲜卑、羯、氐、羌等外来民族入住山西、安家落户，还是明清之际，无数山西男儿走出西口，主动向内蒙古地区发展，都是民族交往史上罕有其匹的壮丽篇章。这种典型性，我们也可以理解为唯一性，即山西作为边塞，其发挥的作用、其体现的价值、其彰显的意义都是全国其他任何地区所不可比拟的。边塞山西或山西的边塞文化，在中国文化史上是独一无二的。

8."抗战文化"品牌

山西是红色文化的沃土，是敌后抗日根据地的中心、团结抗战的重要战场、第二次世界大战时期东方战场的战略支点。围绕血火浇铸的抗战史诗打造的"抗战文化"品牌，向世人展示了山西抗战文化是中国军民在山西地区抗击日军侵略、争取民族解放的伟大战争中进行的一切社会实践的总和、创造的一切观念形态和精神风貌的总和，是中国军民在山西地区共同构建的极具中国特色的先进文化。山西抗战文化所彰显的独特而又富有生命力的民族精神，是山西人民也是中华民族弥足珍贵的精神财富。山西抗战文化不仅书写了中国抗战史上最具创造性、开放性和坚韧性的光辉一页，而且沟通和延续了近代中国革命的历史和未来，为中国革命的胜利和中华民族的复兴、为世界反法西斯战争的胜利和国际正义力量的壮大，奠定了坚实的基础。山西在全国最早形成抗日民族统一战线，由山

晋中市左权县麻田八路军总部旧址

西牺牲救国同盟会组织起来一支共产党实际领导的抗日武装山西新军。1937年9月，共产党领导的八路军在平型关击毙日军1000余人，缴获大批军用物资，平型关大捷是全国抗日战争全面爆发以来中国军队的第一个大胜仗，打击了侵华日军的气焰，振奋了全国的民心士气，提高了中国共产党的政治威信。1937年10月的忻口会战是全面抗战以来华北地区抵抗最坚决、最持久，战绩最显著的会战，参加会战的有晋绥军、国民党中央军和共产党领导的八路军，创造了国共两党两军联合作战的典范，展示出中华民族一致抵御外侮的民族气概，极大地鼓舞了全国军民抗击日军的斗志。1938年1月，晋察冀边区经过军政民各界代表大会民主选举，成立了中国共产党领导的第一个华北敌后省级抗日民主政府——晋察冀边区行政委员会，山西成为共产党创建的敌后抗日根据地。山西是中国抗日战场中特殊的、用游击攻势战略而开辟的敌后战场，也是在第二次世界大战中独具特色的、有重大支撑作用的东方战场，是世界反法西斯战争的重要阵地。中国共产党领导下的山西人民为反抗日军入侵中国付出了巨大牺牲、承受了巨大的战争灾难、作出了巨大贡献，谱写了一曲悲壮深沉而又振奋人心的不朽史诗。

（三）文化产业飞速增长

以 2009 年国务院发布的《文化产业振兴计划》为标志，文化产业发展作为一个战略性产业第一次提升到国家战略层面。党的十六大进一步做出支持文化产业发展、增强我国文化产业的整体实力和竞争力的战略部署,我国文化产业迎来了历史最好的发展机遇。

2002 年 12 月，山西省委八届三次全会通过了《中共山西省委关于贯彻党的十六大精神　全面建设小康社会的意见》，明确提出要大力发展文化产业，建设文化强省。2003 年 8 月，《山西省建设文化强省发展规划纲要（2003—2010）》颁布，再度把文化产业放在了全省经济发展的重要地位。2008 年，《山西省文化产业发展规划纲要（2009—2015）》颁布，描绘出清晰的山西文化产业发展路线图。2018 年，《山西省国民经济和社会发展第十二个五年计划》明确提出，要大力发展文化产业，推动文化产业成为山西战略性的支柱产业，实施大作品、大集团、大景点、大会展、大服务战略，重点打造一批反映五台山、云冈石窟等体现山西文化符号和元素的大型旅游演艺项目，重点打造一批反映山西重大历史事件、提升山西文化形象的影视、舞台、美术作品，山西文化产业进入快速发展轨道。

1. 文化产业经济总量增长较快

在国家宏观政策指引下，在山西各项政策扶持下，在各级政府的大力支持下，山西文化产业得到较快发展，产业总量不断跃升，在国民经济中的地位不断提高。

2014 年，《山西省支持文化产业加快发展的若干措施》印发，13 条 48 项内容涵盖市场准入、财政税收、金融保险、对外贸易、土地利用、人才培养等方面，涉及文化产业发展的重点领域和关键环节，多项内容是结合山西省情提出的创新性条款。8 月 26 日，省政府常务会议原则同意设立山西省战略新兴产业、文化产业和旅游文化体育产业 3 只基金，初步安排战略新兴产业基金总规模 100 亿元，分两年到位，政府资金 20 亿元；文化产业和旅游文化体育产业基金每只 10 亿元，首期 5 亿元，政府资金 1 亿元。

2015 年，全省文化产业增加值达到 268.65 亿元，比上年增长 12.1%，文化产业增加值占全省国内生产总值的比重为 2.1%，比上年提高 0.22 个百分点。全省文化产业发展呈现较快增长态势，成为经济增长的亮点之一，在推动经济社会发展、优化产业结构中发挥着越来越重要的作用。

山西文化产业的一个明显优势就是历史文化底蕴深厚，一个突出特点就是文化活动丰富多彩，以文化活动为龙头，带动全省文化产业全面发展。"十三五"期间，全省各地举办了一系列文化节活动，此起彼伏，遍地开花，势头猛增，为文化产业创造了发展契机，为建设文化强省起到了积极作用。

开发文化资源在山西已经形成规模和气候，也形成了一批具有市场影响力的文化品牌，包括太原晋商文化艺术周、平遥中国年、平遥国际摄影大展、云丘山中和文化旅游节、介休清明寒食文化节、洪洞大槐树寻根祭祖节、云冈文化艺术节、右玉西口风情生态旅游文化节、五台山国际文化旅游节、太行山红色旅游文化节、八路军文化旅游节、黄河壶口文化旅游节、运城国际关公文化旅游节、侯马晋国古都文化节等。

除此之外，还有各地开发的地方特色品牌活动，比如吕梁举办的黄河黄土风情艺术节、碛口红枣节，晋中举办的中国（晋中）社火节、中国和顺牛郎织女文化旅游节，阳泉举办的藏山国际忠义文化节，长治举办的端午民俗文化节，晋城举办的晋城太行山国际文化旅游节、围棋文化节、高平炎帝农耕文化节，临汾举办的荀子文化节，运城举办的永乐宫书画艺术节，等等。

平遥国际摄影大展是一个具有中国传统文化特色的国际摄影展，首届于 2001 年举行，此后每年举办一届，到 2020 年已连续举办 20 届，每一届都吸引数百名世界各地的优秀摄影师和数百家摄影机构参展，是国际摄影艺术和中国摄影发展的重要展示平台，是引领各种摄影流派和顶级摄影学术活动的重要风向标，打造了文化品牌。平遥国际摄影大展正成为具有国际意识、时代眼光、山西特色的重要国际节庆活动，2005 年荣获"IFEA 中国最具国际影响力十大节庆活动"称号，2007 年当选"中国节庆产业十大品牌节庆""中国节庆产业十大博览赛事类节庆"，2015 年荣获中国国际文化旅游节庆奖。 平遥国际摄影大展、中国（太原）国际能源产业博览会、中国（山西）特色农产品交易博览会成为山西会展业的著名品牌，受到全国普遍认可与欢迎。2017 年 10 月 28 日至 11 月 4 日，首届平遥国际电影展在山西平遥古城举办。这是山西省贯彻落实党的十九大精神，以实际行动落实党的十九大提出的"坚定文化自信、推动社会主义文化繁荣兴盛"的具体举措，是满足人民日益增长的美好生活需要的文化盛会，也是提升文化软实力和文化影响力的新引擎，是推动中外文化交流的新平台。该影展此后每年举办一届，截至 2021 年，共举办了 5 届。

2. 文化产业投资规模持续增加

在国家及山西一系列大力发展文化产业政策扶持下，山西文化产业得到了较快发展，与此同时，山西文化体制改革也如火如荼进行着。2011 年 4 月，全新组建的山西广电信息网络（集团）有限责任公司、山西日报传媒（集团）有限责任公司、山西广电传媒（集团）有限责任公司、山西演艺（集团）有限责任公司、山西影视（集团）有限责任公司五大文化企业集团正式成立，加之先期组建的山西出版传媒集团，山西省属六大文化集团，涵盖网络、演艺、传媒、报业、影视、出版等文化产业核心层及多个领域。山西还先后制定出台了支持文化产业发展、推动文化创意产业与设计服务融合发展、推进文化与金融合作、鼓励民营资本投资文化旅游业等一系列针对性强的文化经济政策，文化体制改革的红利加上政策的扶持引导，大批社会资本踊跃进入文化旅游产业，特别是山西标志性的传统煤炭产业资金源源不断转入文化产业项目，使得文化产业成为山西投融资领域较为活跃的产业之一。

2015 年，山西全省国内生产总值文化服务业增加值为 199.9 亿元，比 2014 年增长 15%；占全省文化产业增加值的比重达到 74.41%，比 2014 年提高 1.9 个百分点。其中，文化制造业、文化批发和零售业增加值分别为 38.12 亿元、30.63 亿元，两项合计占全省文化产业增加值的比重为 25.59%。2015 年，全省文化产业固定资产投资突破 600 亿元，达到 643 亿元，比 2014 年增长 26.3%，比全社会固定资产投资增速高 11.5 个百分点，占全社会固定资产投资的比重为 4.7%，比 2014 年提高 0.6 个百分点。

投资规模持续扩大，一大批文化设施相继建成或得到改善，有力地推动了山西文化产业的快速发展，到 2015 年底，山西全省平均每万人拥有公共图书馆、文化馆建筑面积分别达到 114.33 平方米、267.35 平方米；全省共有国家级文化产业示范基地 9 家、省级文化产业示范基地 41 家。

3. 文化产业整体布局不断完善

尽管山西文化产业取得了不俗的发展成绩，但是文化产业总量规模仍然偏小，整体实力也有待提升，与中部其他省份相比还有较大差距。为此，山西省于 2016 年 12 月发布《"十三五"文化强省规划》，明确了"十三五"期间山西文化产业发展的任务。

一是完善文化产业空间布局。发挥山西省文化保税区、山西省文化产业园、山西文化云平台等重大项目的辐射、带动、示范作用；围绕重点产业项目优化产业发展要素配置，做好项目储备、策划、包装、推介等工作，引导文化企业和项目向园区集聚；加快发展重点文化产业园区和特色文化产业群；培育10家左右高起点、规模化、代表未来发展方向的文化产业示范园区，100个集聚效应明显的文化产业示范基地，1000个左右特色鲜明、主导产业突出的特色文化企业和一大批特色文化产业乡镇，形成一批特色文化企业、产品和品牌，尽快形成支柱性主导产业。

二是大力发展文化旅游产业。大力挖掘三晋历史文化的深厚底蕴，加大保护和利用历史文化遗产的力度，推动文化与旅游融合发

平遥古城具有2700多年历史，与云南丽江并称为"中国保存最为完好的两大古城"，1997年入选世界文化遗产名录

展；持续开展文化旅游节庆活动，利用会展、论坛、赛事等平台，提升山西文化品牌知名度和影响力；大力推动"华夏古文明，山西好风光""五千年文明看山西"等品牌宣传推广；不断深化"文艺走出去"活动，积极推动文艺精品、文化产品、文化名家进景区；支持煤炭资源型城市加快发展文化旅游产业，构建政府引导、企业为主、协同合作的良性机制；创建文化旅游大县；大力推动全域旅游，重点提升五台山、云冈石窟、平遥古城等世界文化遗产景区接待能力，努力将雁门关、平型关、娘子关长城山西段等打造为知名旅游品牌，规划建设一批文化旅游特色景区，支持创演一批文化旅游演艺精品，培育开发一批文化旅游特色产品，提升《又见平遥》《又见五台山》和《太行山》等旅游演艺节目水平；加强对入境游市场的境外宣传促销，重点加强对"一带一路"沿线国家和地区的宣传推广，大力开拓入境旅游市场。

三是加快文化与科技融合发展。围绕"互联网＋"推动文化与科技深度融合；深入实施文化科技创新工程；加快推进太原高新区国家级文化和科技融合示范基地建设；顺应网络时代大众创业、万众创新的新趋势，加快发展众创空间等新型创业服务平台；依托山西科技创新城、山西大学城优势资源，强化产学研合作，建设山西文化企业校企合作示范基地、山西文化艺术创新基地，进一步提高科技创新对文化产业发展的支撑作用，重点打造以太原高新区、山西科技创新城、山西省高校新校区为中心，辐射全省的文化创意产业集聚区和数字出版基地。

四是推动"文化＋"新业态发展。围绕"文化＋"推动文化与相关产业融合发展，着力培育新型文化业态，推动产业结构优化升级；积极挖掘特色文化资源，加强文化创意产品研发；推动出版发行、影视制作、工艺美术等传统产业转型升级；对网络视听、数字出版、数字文化创意、动漫游戏、移动多媒体、网络文化等新兴文化业态重点扶持；推动优秀文化资源与新型城镇化紧密结合，更多融入公共空间，丰富城乡文化内涵；推进文化创意和设计服务与农业、体育、会展等相关产业融合发展。

（四）文化惠民泽被百姓

改革开放以来，山西省委、省政府高度重视发展公共文化服务体系。进入 21 世纪，更是从提高文化软实力的高度，从满足人民群众不断增长的文化需求，从提高全民整体文化素质的目的出发，不断加大发展公共文化服务体系力度。从制定政策层面，把城乡基本公共文化服务均等化目标纳入国民经济和社会发展总体规划；从财政支持层面，不断加大财政支持力度，持续投入财政资金发展公共文化服务体系，不断满足人民群众日益增长的美好生活需要。在坚持财政资金投入为主导的同时，山西还积极拓宽资金来源渠道，鼓励社会机构和个人捐赠，引导社会资金积极参与公共文化服务建设，逐步形成了初步满足人民群众公共文化需求的公共文化服务体系。

1. 广播电视全面覆盖

持续发力，久久为功，广播电视"村村通"工程建设实现全覆盖。20 世纪八九十年代，山西用了短短 10 年时间，实现了广播电视在城市和农村的普及，广播电视事业获得突飞猛进的发展。1998 年，山西省广播电视厅组织实施广播电视"村村通"工程，到1999年底，全省有4004个已通电行政"盲村"实现了"村村通"，占到总任务的55.8%。到2000年10月，全省完成了7707个已通电行政"盲村"的广播电视"村村通"工程任务，占到总任务的103.5%，超额完成3.5个百分点。在基本实现行政村"村村通"广播电视后，山西制定了《山西省自然村广播电视盲点覆盖计划》，对自然村的覆盖任务、资金来源、年度计划等提出具体要求。2001年底，全省完成自然村盲点覆盖1744个，2002年完成2000个。2014年，广播电视"村村通"工程让2232个广播电视覆盖盲点自然村的40多万群众看上了高品质的数字电视，提前完成全省广播电视"村村通"工程建设任务。

经过2006年之前的两轮建设，山西已基本实现了行政村和50户以上自然村的村通广播电视全覆盖。2009年初，省政府做出用两年时间实现社会主义新农村"五个全覆盖"的重大决策，其中就包括村通广播电视全覆盖。与以往的"村村通"相比，这次"村村通"广播电视全覆盖工程全部采用数字化设备，卫星直接接收，偏远山区的农民群众不但能免费接收到47套标准清晰的数字化电视、4套广播节目和时政、农业、科技、气象4套图文节目，而且电视画面质量达到技术5级，高于有线数字电视的质量标准。山西省"村村通"广播电视全覆盖工程共涉及86个县（区）的9193个自然村，建设范围是20户以上、50户以下的自然村，施工条件差，任务艰巨，但全省广电部门的干部职工迎难而上，提前7个月实现了9638个自然村的"村村通"广播电视全覆盖，比原计划延伸安装445个村，累计安装直播卫星设备18.1万套，有效解决了120万农民群众收听收看广播电视难的问题。

2015 年，山西省又启动广播电视直播卫星"户户通"工程，成为继"村村通"工程之后，山西省在农村实施的又一项惠民工程、民心工程，偏远地区的农村群众通过"户户通"数字机顶盒，不仅能收听收看到全国高质量的广播和电视节目，而且还可以接收涉农气象、科技、农产品贸易等综合信息，极大地满足了人民日益增长的信息需求。

2. 场馆建设全面展开

加大投入，弥补短板，公共文化资源共享工程实现全覆盖。2008 年 8 月 6 日，山西省委召开常委会，研究部署省城十大建筑建设工程。山西大医院（山西医学科学院）、山西省图书馆、山西省科技馆、山西体育中心、山西大剧院、中国（太原）煤炭交易中心、太原铁路新站、太原国际机场新航站楼、太原博物馆和太原美术馆成为省委、省政府和太原市委、市政府在"十一五"规划期间建设的省城十大建筑。建设省城十大建筑，对于更好地满足省城乃至全省人民日益增长的物质文化需求，展示新基地新山西的新气象，具有重要意义。特别是太原美术馆的建成，结束了山西省没有大型专业美术馆的历史。

2012 年 12 月，《山西省文化改革发展"十二五"规划》出台，提出进一步加大公共文化服务体系建设力度，到"十二五"末，市市有博物馆、公共图书馆、文化（群众艺术）馆、科技馆、体育馆、剧院（场）"五馆一院"。"十二五"期间，山西以公共财政为支撑，以公益性文化单位为骨干，以社区、农村为重点，以保障看电视、听广播、看电影、读书看报、娱乐健身、进行公共文化鉴赏、参与公共文体活动等基本文化权益为主要内容，创新投资方式，拓宽投资渠道，完善覆盖城乡、惠及全民、结构合理、功能健全、实用高效的公共文化服务体系。全省将新建改扩建7个市级图书馆、9个市级群众艺术馆、新建5个市级博物馆，到"十二五"末，确保市市有"五馆一院"目标实现。

全省市级博物馆、公共图书馆、文化（群众艺术）馆、科技馆、体育馆和剧院（场）等"五馆一院"和县级文化馆、体育馆、图书馆、电影院等"三馆一院"建设稳步推进。在县级文化图书馆和乡级文化站的基础上，普遍实现村村有文化室的目标，文化信息资源共享工程村级站点实现全覆盖，全省共有2.8万个行政村基本建成了文化资源共享工程，全省行政村体育活动场所和乡镇全民健身活动广场实现全覆盖，人均公共体育场馆面积达到平均每人1平方米。

在此基础上，山西推动文化资源共建共享，加强文化馆、博物

山西博物院

馆、图书馆、美术馆、科技馆、纪念馆、工人文化宫、青少年宫（活动中心）、体育场馆等公共文化服务设施和爱国主义教育示范基地建设，并逐步向社会免费开放服务。

3. 文化惠民全面开花

搭建体系，共享成果，地方特色鲜明的现代公共文化服务体系覆盖城乡、惠及全民。

党的十八大以来，山西加速推进公共文化服务体系建设，坚持文化惠民，让人民群众共享文化发展成果。2015 年 5 月 28 日，全省"乡村文化记忆工程"工作会议在临县召开，启动试点工作。该项工程按照试点先行、以点带面、逐步推广的原则，计划到 2020 年覆盖全省，实现每个乡镇都有系统完整、图文并茂的文化发展记录，并依托乡镇文化站等设施加以展示；每个县（市、区）都有全面生动、翔实准确的县域历史文化资料数据库。至 2016 年末，全省共有群众艺术馆 12 个、文化馆 131 个、文化站 1409 个（其中乡镇综合文化站 1196 个）、农村文化活动场所 2.8 万个、专业艺术表演团体 157 个、公共图书馆 126 个；出版发行报纸 60 种（不含高校校报）18.8 亿份、各类期刊 201 种 2379.2 万册、各类图书4189 种 9929 万册；共有广播电视台 114 座、电视台 2 座、中短波转播发射台 15 座、调频转播发射台 119 座、100 瓦以上电视转播发射台 145 座；广播人口覆盖率 98.6%，电视人口覆盖率 99.4%，有线电视用户 455.9 万户。同时，惠民文化服务日益常态化、多样化、品牌化。2016 年全省文化馆（站）在各类全国性群众文化活动赛事中屡创佳绩，14 件作品在第 16 届群星奖评选中获奖，群舞《扫街》在第 17 届群星奖舞蹈类比赛中脱颖而出。2014 年实施《山西省级购买公共演出服务方案》以来，省级累计投入 5000 万元，购买演出 2000 余场。2017 年，省市县三级联动开展了"免费送戏下乡一万场"活动。2017 年，由山西省委宣传部、省文明办、省文化厅、省科技厅、省卫生计生委等 12 家单位共同组织的全省文化科技卫生"三下乡"活动启动，此次活动突出精准扶贫，倾听群众呼声，掌握群众期盼，力求做到精准"送"、合理"建"、扎实"种"。以创新方法思路，真下乡、常在乡，推动山西新农村建设百尺竿头更进一步。2017 年 10 月，山西政府购买公共演出服务工作在全国财政系统政府购买服务培训会上进行推广。

"十三五"以来，山西致力于构建覆盖城乡、惠及全民的现代公共文化服务体系。一是大力推进全民阅读，全面实施全民阅读工程，开展多种形式的阅读活动，关注青少年等全民阅读重点群体，提升全民综合阅读率。在加强"农家书屋"统筹管理和使用的同时，推进城乡阅报栏（屏）等基础阅读设施建设，推动"送书下乡"，切实解决基层群众尤其是农民看书看报难问题。二是全面落实国家基本公共文化服务指导标准和山西省实施标准，促进城乡基本公共文化服务资源共建共享，积极搭建公益性文化活动平台，制定公共文化服务目录，开展"菜单式""订单式"服务。保障公共图书馆、博物馆、纪念馆、美术馆、文化馆（站）等免费开放，公共体育设施免费或低收费开放。三是实施一批文化扶贫项目，加大对革命老区、贫困地区文化建设的支持力度，加强文化遗产保护，深入挖掘地方特色文化资源，努力实现"一县（市、区）一品牌、一乡（镇、街道）一特色、一村（社区）一活动"。2020 年 8 月，山西省委宣传部、省文化和旅游厅、省体育局、山西广播电视台、省文联、华舰体育控股集团等部门联合组织开展以"助力脱贫攻坚 共赴全面小康"为主题的 2020 年山西省十大群众文化活动。该活动在省市县各级各类公共文化活动场所、健身场馆、广场、公园、景区等广泛开展。四是推进公共文化服务机构数字化建设，建设山西文化云平台。加大跨部门、跨行业、跨地域公共文化资源的整合力度，在县级以上城市推行公共文化服务"一卡通"。构建广播影视公共服务体系，在实现"村村通"的基础上，推进数字广播电视入户接收，基本实现数字广播电视户户通。五是开展爱国主义电影进寄宿制学校活动。进一步改善农村电影放映条件，电影公共服务由乡村流动放映逐步向固定和室内放映过渡，向城市社区、学校、艰苦厂矿延伸，实现公益电影放映全覆盖，扶持欠发达地区县级影院建设。六是要加快实施应急广播建设工程，形成省市县三级统一协调、上下贯通、可管可控、综合覆盖的全省应急广播体系。

（五）遗产保护喜结硕果

山西是中华民族的发祥地之一，历史悠久，素有"中国古代文化博物馆"之美称。西侯度文化、丁村文化遗址的发现，表明早在旧石器时代就有人类在这里繁衍生息。尧、舜、禹都在山西建功立业，春秋时期霸主之一晋文公曾将国都设在山西，山西被称为"晋"也是由此而来。《三国演义》作者罗贯中、戏曲作家关汉卿等都是山西人，他们的作品都曾在历史的长河里发光发亮，为中国文化增添了色彩。

佛教四大名山之一的五台山，洗涤着每一位朝拜者的心灵。中国四大石窟艺术宝库之一的云冈石窟、世界三大奇塔之一的应县木塔诉说着古代匠人的巧夺天工。由于拥有全国 70% 以上保存完好的宋、金以前的地面古建筑物，山西也被称为"中国古代建筑艺术博物馆"。面塑、木雕、砖雕、险堡雄关以及革命文物构成了山西丰富多彩的人文景观。

1. 文物保护卓有成效

悠久的历史和深厚的文化底蕴，种类繁多、价值连城的，物质的、非物质的文化积淀，正是山西建设文化强省的底蕴所在。自实施文化强省战略以来，山西采取了一系列有效措施保护珍贵的历史文物资源。

一是实施了南部早期建筑保护工程。该工程是"十一五"时期国家文物保护重点工程，也是我国文物保护史上的一件大事。自 2008 年开工以来，国家共投入 59535 万元，用于山西南部 4 市 35 县的 105 处元代以前古建筑本体的维修保护、保护规划编制、资料收集和模型制作以及竣工报告编制和附属文物的保护等。南部工程的实施，使山西古建筑遗存精华得到了科学有效的整体保护，同时也培养和锻炼了一批古建筑保护和研究专业人才，推动了山西省古建筑保护研究水平的整体提升。

二是古建筑保护理念实现三个转变。根据形势发展需要，总结多年实践经验，山西省古建筑保护工作实现了三个转变，即在保护理念上，由抢救性保护为主转向抢救性保护和预防性保护并重，使保护工作由被动逐步转向主动；在保护方法上，由单一的实体性保护转向以实体性保护为主兼顾数字化保护的方式，使传统保护与现代信息技术应用相结合；在保护资金筹措上，由单一的财政投入为主转向财政和社会力量多方投入的机制，努力构建政府主导、社会

利用 3D 打印技术等比复制的造像陈列在云冈研究院博物馆内，供参观者近距离感受石窟艺术魅力

参与的多元保护格局。

　　三是形成了对全省古建筑保护的基本规划。"十二五"期间，山西实施了 806 座文物本体保护工程和 80 余处文物保护单位环境整治工程，全省不可移动文物保护状况明显改善；实施主动性考古发掘 19 项；修复保养珍贵文物 3600 余件。除此之外，中央和山西省财政安排了 9623 万元用于红色及抗战遗存的保护，如长治市武乡县砖壁村和王家峪八路军总司令部旧址、晋中市左权县麻田八路军前方总部旧址、长治市潞城市八路军总部北村旧址等，2015年又投入 1500 万元对八路军太行纪念馆的展陈进行改造提升。到"十三五"末，山西共筹资 15 亿元，用于 235 处国保、省保木结

构古建筑抢险维修，做到全覆盖，延伸到所有市、县保单位元代以前的古建筑。"十三五"期间抢险维修到位。近年来，国家和山西省政府还先后投入 7400 余万元用于古长城保护，组织开展了长城资源调查，全面掌握了长城的各项基础资料，开展长城重点段落保护标志的竖立，配备长城保护员 131 名，划定并公布了 94 段明长城保护范围和建设控制地带。

2. 村落保护渐次展开

"十二五"期间，国家文物局启动传统村落保护工程。全国共有 270 处国保、省保集中连片传统村落列入国家文物局传统村落整体保护和利用项目，山西有 13 个村名列其中，其中介休张壁村、沁水湘峪村及窦庄村列入首批试点项目。目前，国家文物局已投入 9171 万元用于试点村落的保护和整治，整个工程进展顺利。

"十三五"以来，山西重点推进平遥城墙保护修缮工程，平遥镇国寺、双林寺彩塑保护工程，云冈石窟岩体加固及窟檐建设工程，五台山重点寺庙抢险工程，佛光寺东大殿保护工程等；重点推进芮城西侯度遗址、襄汾陶寺遗址、曲沃曲村—天马遗址、侯马晋国遗址、太原晋阳古城遗址、永济蒲津渡与蒲州故城等大遗址的本体保护、周边环境整治、安全防护和展示服务设施建设等；重点推进老营、韩庄、旧关、雁门关、新广武、白草口、十二连城等长城重点段落及重点片区的保护、修缮和利用工作；继续推进应县木塔加固保护工程。重点做好 179 处国保古建筑保护，"十三五"末实现国保和第一至四批省保古建筑全部抢险维修到位。开展国保单位附属彩塑、壁画的前期勘察、研究工作，制订保护方案，实施抢险保护加固；重点做好湘峪村、窦庄村、西文兴村、郭峪村等国保省保单

位集中成片的传统村落保护；实现第一至五批全国重点文物保护单
位完善安全防护设施，第六至七批全国重点文物保护单位中高风险
单位基本具备安全防护设施，省级文物保护单位安全基础设施建设
率至少达到 50%。

3. 非遗保护范围逐步扩大

除了地上地下文物外，山西还拥有极其丰厚的非物质文化遗产，
是全国非物质文化遗产较为丰富的省份。山西的非物质文化遗产涵
盖了民间文学、民间美术、民间音乐、民间舞蹈、传统戏剧、曲艺、
民间手工艺术和民俗等许多领域，体现了山西深厚的历史文化底蕴。

在山西的非物质文化遗产项目中，有民歌（左权开花调、河曲
民歌），鼓乐（晋南威风锣鼓、绛州鼓乐），民间舞蹈（稷山高跷、
翼城花鼓），传统戏剧（临汾地区的蒲州梆子、雁北地区的北路梆子、
晋东南地区的上党梆子和晋中地区的中路梆子），另外还有上党八
音会、潞安大鼓、雁北耍孩儿、灵丘罗罗腔、孝义碗碗腔、右玉县
和临县的道情戏、五台山佛乐及繁峙秧歌戏等民间艺术形式。在传
统手工技艺项目中，山西有传统手工技艺平遥推光漆器髹饰技艺、
杏花村汾酒酿制技艺等。2005 年，山西省政府下发《山西省非物
质文化遗产保护实施意见》。为了更好地保护非物质文化遗产，保
证文化生态健康，山西省于 2006 年 12 月成立了非物质文化遗产保
护中心。该中心工作人员先后采访并登记了非物质文化遗产传承人
8.8 万名，拍摄相关照片 21.3 万张、视频资料 3091 小时，录制音
频资料 3366 小时，共搜集非遗线索 84583 条，采录非遗项目 33045
条，发现重大项目 135 个。在普查基础上，形成了 96 项国家级非
物质文化遗产项目、446 项省级非物质文化遗产项目、593 项市级项目、

皮影制作过程之一——转皮走刀

907 项县级项目。全省现有国家级非物质文化遗产项目代表性传承人72 名、省级非物质文化遗产项目代表性传承人 228 名。2007 年，晋中文化生态保护区被确定为 10 个国家级文化生态保护区之一，标志着山西省非物质文化遗产保护进入整体保护阶段。

在国家级非物质文化遗产名录中，山西省第一批入选 32 个项目，第二批入选 64 个项目，第三批入选 40 个项目，第四批入选 21 个项目。截至 2015 年，山西省共有 157 个非遗项目入列国家级非物质文化遗产名录，代表性项目包括民间文学 1 项，为阳城县广禅侯故事；传统舞蹈 1 项，为左权县左权小花戏；传统戏剧 2 项，为芮城县线腔、晋中市晋剧；曲艺 1 项，为吕梁市离石区弹唱；传统技艺 8 项，为大同市城区铜器制作技艺（大同铜器制作技艺）、太原市古建筑模型制作技艺、襄汾县酿醋技艺（小米醋酿造技艺）和皮纸制作技艺（平阳麻笺制作技艺）、平定县陶器烧制技艺（平定砂器制作技艺、平定黑釉刻花陶瓷制作技艺）、高平市蚕丝织造技艺（潞绸织造技艺）、稷山县金银细工制作技艺和漆器髹饰技艺（稷山螺钿漆器髹饰技艺）；传统医药 1 项，为太谷县和新绛县中医传统制剂方法（益德成闻药制作技艺、点舌丸制作技艺）；民俗 2 项，为晋中市榆次区民间社火（南庄无根架火）、蒲县庙会（蒲县朝山会）；传统音乐 2 项，为临县唢呐艺术（临县大唢呐）、万荣县锣鼓艺术（软槌锣鼓）；传统美术 3 项，为静乐县剪纸（静乐剪纸）、岚县面花（岚县面塑）、芮城县木雕（永乐桃木雕刻）等。

在 2015 年第 11 届中国（深圳）文博会上，山西工艺美术集团有限责任公司精心挑选的剪纸、软陶、布艺、面塑、漆器、青铜器、玻璃器皿等十多个品类 200 余件展品充分展示了山西工艺美术的文化特色，深受广大参观者的喜爱，选送的作品获得中国工艺美术文化创意奖 2 金 5 银 4 铜的好成绩。

"十三五"以来，山西在晋中文化生态保护实验区所涉 3 个市和 19 个县市区各建设一个以上的国有综合性非物质文化遗产展示馆或综合传习中心，展示传承各级非物质文化遗产名录项目；加强晋中国家级文化生态保护实验区建设，推进山西省碛口、河曲、上党（晋城）3 个省级文化生态保护区建设，支持各地开展市、县级文化生态保护区建设；巩固试点成果，做好推广普及，到 2020 年基本覆盖所有乡镇；加强 3 个国家级、14 个省级非物质文化遗产生产性保护示范基地建设，支持各地开展市、县级非物质文化遗产生产性保护示范基地建设；重点对濒危的国家级和省级非物质文化遗产代表性项目进行传承人口述史、传统技艺流程、代表剧（节）目、仪式规程等抢救性记录；与相关高校和科研机构协同开展非物质文化遗产理论研究，依托各类学术期刊开设非物质文化遗产专栏，推出一批非物质文化遗产理论研究成果；培育和弘扬精益求精的三晋工匠精神，促进传统工艺走进现代生活、现代设计走进传统工艺，促进传统工艺提高品质，形成具有山西特色的工艺品牌；在具备条件的传统村落，历史文化街区和自然、人文景区，支持设立一批非物质文化遗产传习展示中心，协助打造传统文化旅游基地和非遗产品展销基地；与相关部门合作，探索和创新非遗传承保护新机制；支持对非物质文化遗产项目在继承核心元素和典型特征基础上进行创造性转化、创新性发展。

八、生态文明建设成效显著

山西省环境保护工作始于官厅水库水源上游保护工作。1971年，山西省革命委员会业务组设立增产节约办公室（后改为综合利用办公室），开展"三废"（废水、废气、废渣）治理和综合利用工作。虽然"三废"治理在一定程度上降低了某些地区和某些方面的污染程度，但由于对环境问题和环境状况缺乏全面深入的调查研究，尤其是在1977年以后，随着全省人口的增加、能源重化工产业的恢复性增长，山西环境压力日益增大。

1978年以后，国家确定环境保护事业的重大方针政策和一系列具体措施，山西省环境保护机构也得到加强。1979年4月，山西省委、省政府决定成立山西省环境保护局，为一级局建制。此后，随着国务院环境保护领导小组提出全面加强环境管理、以管促治的方针，全省环境保护工作开始进入以防为主、防治结合、综合治理阶段，逐步开展了环境科研、环境监测、环境立法和环境生态等工作，并综合运用行政、法律、经济和技术手段管理环境，全省环境保护事业出现许多可喜变化。

但由于环境保护计划执行不力，各地片面追求发展速度，一些地方甚至以牺牲环境和自然资源为代价换取经济增长，粗放型增长方式造成严重的结构性污染。加之环保资金投入不足，监管不严，导致环境污染继续蔓延，自然生态日趋恶化，森林资源大面积减少，草场退化、土地沙化等环境问题日趋加重。

1994 年，山西省环境保护局确定为一级局，属省政府直属机构。全省 11 个地市均成立独立行使监督管理权的环境保护局，太原、大同 2 市辖区设置市环境保护分局。75 个县（市、区）设置独立环境保护局，2 个县设置独立的环境保护事业单位，五台山风景名胜区和大同、榆次 2 个开发区也设置独立环境保护局。2009 年 6 月，山西省环境保护局升格为山西省环境保护厅，成为省政府组成部门。到 2015 年，全省所有县（市、区）均设有环境保护局，形成覆盖全省的省、市、县（市、区）三级管理体系。随着环保管理机构的不断完善，全省环境保护事业也逐渐壮大，并向法制化、制度化和科学化的方向发展。

"八五"时期，山西省委、省政府将环境保护列为全省国民经济和社会发展的战略任务之一。山西省人民代表大会常务委员会把地方环保立法和执法监督作为工作重点之一，牵头组织全省环保执法检查；山西省人大常委会、省政府审议通过"11158"环保战略，使之成为《山西省环境保护"九五"计划和 2010 年长远规划》的重要内容。同时，加大环境保护目标责任的考核力度，促进全省环境保护事业的发展。

进入 21 世纪，面对严峻的环境形势，山西省委、省政府从战略和全局的高度谋划环境保护工作，从省情特点出发，确立污染防治与生态保护、淘汰落后与结构优化、治标与治本"三结合"的新思路，建立以环保责任制、问责制和一票否决制为重点，以多部门联合执法行动和停电、停贷、停运为手段，企业、政府和社会共同参与、各负其责的环保执法监督新机制，形成由点到线、由线到面、由区域到全局，覆盖全省、立体交错、全方位常抓不懈的环保工作新格局。

2006年6月8日，山西省政府颁布《关于实施蓝天碧水工程的决定》，全力打好"蓝天碧水"攻坚战成为这一时期的主要任务。配合"蓝天碧水工程"的实施，同年8月，省政府颁布《山西省重点工业污染源治理办法》，规定到2008年底，全面完成重点工业污染源污染防治设施建设任务，逾期未完成、未实现全面达标，无论企业规模大小、所有制形式，一律予以关停。2008年12月31日，山西省政府"零点关停"行动对逾期未完成达标任务的476个企业全部关停。

吕梁市柳林县三交古镇是黄河渡口之一，如今在推进转型发展、乡村振兴、文旅融合等各项工作中不断向前迈进

经过"十五"和"十一五"的努力，一大批影响群众健康的突出环境问题得到解决，污染物排放总量持续下降，山西大气环境质量明显好转，实现重点城市环境空气质量达到国家二级标准的历史性重大突破。在国家考核的 113 个重点城市中，山西省城市环境空气质量排位出现可喜变化，重污染城市全部摘掉环境空气污染的"黑帽子"，这是全省环境保护史上一个里程碑式的跨越。

"十二五"和"十三五"期间，山西省委、省政府深入学习贯彻党的十九大精神，牢固树立和践行"绿水青山就是金山银山"的绿色发展理念，着力构建人与自然和谐发展的现代化建设新格局。以改善环境质量为核心，注重环境质量和污染物排放总量双控制，统筹山水林田湖草，坚决打好生态环境保护攻坚战，着力解决环境突出问题，环境空气质量持续改善，水环境质量稳中向好，自然生态环境逐步好转，人民群众的获得感、幸福感、安全感显著增强，有力地构筑了山西高质量高速度发展的绿色本底。山清水秀、鸟鸣鱼戏的山西生态画卷日渐浓墨重彩。

（一）完善预防体系　统筹协调发展

1.落实功能区划政策

新中国成立以来，特别是改革开放以来，山西经济、社会快速发展，但同时，由于资源不合理开发利用和发展方式粗放，全省生态环境遭受不同程度的破坏，严重影响社会经济的可持续发展和生态环境安全。为保护和建设好生态环境，实现可持续发展，2008年9月，《山西省生态功能区划的通知》由省政府印发，在分析全省生态环境状况及其特征，评价生态环境敏感性、生态系统服务功能重要性等因素的基础上，将全省生态功能区划分为5个一级生态区、15个生态亚区、44个生态功能区，用以指导全省生态建设与生态保护、自然资源有序开发和产业合理布局，推动经济社会与生态环境保护协调、健康发展。

2010年，山西正式获批成为国家资源型经济转型综合配套改革试验区。此后，环境保护准入门槛日趋严格，明确将生态环境承载力作为准入的前提。凡是不符合环境功能区划和产业政策要求、未取得主要污染物总量指标、达不到污染物排放标准的建设项目，一律不得进行环评审批。凡是不符合国家产业政策的项目，坚决不批；凡在工业园区外的新改扩建焦化、化工、医药等项目，坚决不批；凡生产工艺和污染防治技术落后的项目，坚决不批。

2021年12月，《山西省"十四五""两山七河一流域"生态保护和生态文明建设、生态经济发展规划》颁布，明确提出要优化产业布局，推动形成主体功能明显、优势互补、高质量发展的国土空间开发保护新格局；严禁在黄河干流及"七河"临岸一定范围内布设高污染工业项目，严禁在"五湖"生态保护与修复区域、城市（县城）规划区新改扩建高污染和高风险项目，支持城市（县城）建成区重污染企业搬迁改造。

2.统筹区域产业布局

山西省矿产资源种类多、分布广、储量丰富，是全国能源重化工基地，为全国的经济发展作出了重要贡献，同时，也给自身留下了严重的生态环境伤痛。煤炭、焦炭、电力、化工、冶金、建材等传统产业既是山西省的主导产业，也是主要的环境污染大户，成为影响全省经济、社会发展的短板和瓶颈。

1985 年，中国共产党山西省第五次代表大会通过的《山西省国民经济和社会发展纲要》将环境和生态保护列为全省"七五"时期五大发展重点之一；同年，山西省人大常委会作出《关于加强环境保护工作的决议》，山西省政府将环境保护作为任期内的十大任务之一，特别是"十五"以后，多次召开省政府常务会研究环境保护工作。通过省委决议、省人大地方立法、省政府施政纲领的形式，确立环境保护在全省国民经济和社会发展中的战略地位，形成领导班子齐抓共管的新局面，环境保护工作由为经济服务转变为促进环境与经济、社会协调发展。

进入 21 世纪，面对严峻的环境形势，山西省委、省政府确定实施煤炭资源整合和煤矿兼并重组，到 2011 年，矿井总数减少到 1053 座，办矿主体减少到 130 个，70%的矿井生产规模达到 90 万吨以上，30 万吨以下煤矿全部淘汰，保留矿井全部实现机械化开采。全省关停小火电机组 316 万千瓦，淘汰落后钢铁产能 5397 万吨、焦炭产能 4761 万吨、水泥产能 2586 万吨、电石产能 142 万吨。

"十二五"时期，山西认真贯彻落实国务院加强生态环境保护的一系列政策措施，以改善生态环境质量为目标，以主要污染物总量减排为抓手，着力解决影响科学发展和损害群众健康的突出环境问题；继续推行淘汰落后产能目标责任制，明确各级政府和企业的主体责任、工作进度、淘汰时限，开展对淘汰落后产能企业的现场检查和验收；对钢铁、焦化、水泥、电解铝、平板玻璃等产能过剩行业违规建设项目进行清理整顿，其技术改造或新建项目实行产能等（减）量置换。山西累计淘汰钢铁产能 1498 万吨、焦炭产能 3507 万吨、水泥产能 4085 万吨、电力产能 182 万千瓦，100 个工业企业完成挥发性有机物治理任务，289 个企业完成清洁生产审核任务，坚持以绿色低碳发展为主线，以减污降碳协同增效为抓手。

2021 年以来，山西生态环境系统严格落实黄河流域生态保护和高质量发展战略，推动产业结构绿色低碳转型，落实省碳达峰碳中和工作专班部署，完成达峰目标等核心指标测算，组织 107 家发电企业参与全国碳排放权交易，积极做好温室气体排放核查、配额核定、清缴履约等工作，成功举办太原能源低碳发展论坛气候、环境分论坛；万元 GDP 二氧化碳排放量持续下降；坚决遏制"两高"项目盲目发展，全面摸排起底，对排查出的 72 个无环评手续项目逐一现场核查，加快分类处置，实行动态监控，制定出台《关于严格高耗能、高排放项目环境管理的通知》《山西省"两高"项目环评受理审查要点及审批原则》，开展焦化行业环境问题专项整治行动，推动焦化行业转型升级、绿色发展。

3. 严格环境影响评价

1985 年，山西省人大常委会颁布《山西省煤炭开发管理条例（试行）》，并作出《关于加强环境保护工作的决议》。同年，由山西省环境保护局牵头，组织环保科研单位开展太原地区环境综合观测研究，对太原市大气环境污染进行航空监测、遥感遥测和地面加密布点监测等三维立体综合观测的系统研究，分析太原大气污染成因、形成机制和大气污染物迁移转化规律，以及污染对人体健康的影响和对经济建设造成的损害，提出相应对策，为省政府决策提供依据。

1990 年，山西省政府召开第四次全省环境保护会议，并陆续颁布《山西省环境污染防治设施管理办法》等制度，当年，西山矿务局古交煤矿年产 1500 万吨原煤大型矿建设项目环境影响评价和中美合资平朔安太堡露天煤矿环境影响报告先后完成，为建设项目环境管理积累了经验。此后，山西省委、省政府全力推进规划环评和区域环评，从决策源头防止建设项目与环境功能的交叉错位，并采取"限批"措施，包括区域限批、流域限批、行业限批、企业限批，这一做法在全国得到推广，成为国家实施宏观环境监管的重要举措。

此后，山西充分发挥环评审批对经济发展的调控作用，印发《推行区域环评改革实施意见》，提出环评豁免、网上备案、告知承诺等 7 项改革措施，将区域环评纳入政府服务事项；制定《山西省生态环境厅审批环境影响评价文件的建设项目目录（2019 年本）》，将焦化、钢铁、化工、有色金属冶炼、洗煤等五类重污染项目环评审批权限上收省级，从源头上严格管控环境风险项目。

围绕国家能源革命综合改革试点和区域转型发展战略，立足黄河中游生态屏障定位和高质量发展要求，按照"粗细相宜、宽严相济"的原则，编制完成了"三线一单"（生态保护红线、环境质量底线、资源利用上线和生态环境准入清单）研究报告。2020 年 10 月，"三线一单"编制成果通过生态环境部技术审核，受到生态环境部和与会专家的高度评价。2020 年 12 月 31 日，山西省政府印发《关于实施"三线一单"生态环境分区管控的意见》，建立了全省生态环境分区管控体系，为全省生态环境精细化管理提供了支持。

为积极发挥环评政策正向牵引作用，2018 年，山西省政府印发《推行区域环评改革实施意见》，提出将产能严重过剩、高污染、高环境风险和环境敏感的项目列入区域环评改革负面清单；2020年印发《关于加强生态环境保护优化重点产业布局指导意见》，提出科学规划重点产业、严守生态空间保护底线、保护生活空间安全、保障新兴产业发展空间、推进传统产业优化布局 5 方面 10 条意见；为有效支持疫情防控和企业复工复产，支持山西省能源革命综合改革试点，在全国率先对疫情防控期间"三类建设项目"（国家和地方党委政府认定急需的医疗卫生、物质生产、研究试验建设项目）环评实行豁免，出台《山西省建设项目环境影响评价正面审批清单》，对不涉及环境敏感区的新能源、社会事业与服务业 15 大类 40 小类行业项目豁免环评，对民生相关的 20 大类 51 小类行业项目实行环评告知承诺制。

（二）打好攻坚战　改善环境质量

1. 坚决打赢"蓝天保卫战"

"蓝天保卫战"对于山西来讲，具有特殊重要的意义。

1974 年 11 月全国消烟除尘经验交流会之后，山西省立即部署锅炉改造、民用型煤推广、除尘器改造等工作，组织协调太原市、西山矿务局、太原铁路局、省商业厅、太原市节能办公室、太原燃

清新"太原蓝"

料公司等单位，开展锅炉改造和消烟除尘攻关，重点推广水膜除尘，由单管旋风除尘器更新改造为集合型多管除尘器，并大力推广民用型煤。

1987 年，国务院环境保护委员会在太原召开全国大气污染防治工作会议，推广太原市大力发展型煤的经验。会后，山西省人大常委会作出《进一步贯彻执行〈中华人民共和国水污染防治法〉的决议》。太原市率先在人口集聚的商业、文教、居民区实行烟尘控制，禁止燃烧原煤，积极推广民用型煤，对小区联片取暖锅炉房安装高效消烟除尘装置，对饮食行业炉灶推广不同型号和规格的型煤。截至 20 世纪 90 年代初，全省主要城市均已采取气化、热化、绿化、型煤化和建设烟尘控制区等措施，对遏制大气污染趋势起到积极作用，主要城市气化率由 35.96% 提高到 53.67%，城市用气人口达到 230 多万，型煤普及率由 28.1% 提高到 50.6%。全省集中供热面积由 1983 万平方米增加到 3343 万平方米，主要城市建成烟尘控制区 65 个，面积 24.9 万平方米。

2006 年 6 月 8 日，山西省政府颁布《关于实施蓝天碧水工程的决定》。6 月 10 日，省委、省政府召开第七次全省环境保护工作会议暨"蓝天碧水工程"启动大会。8 月 14 日，配合"蓝天碧水工程"的实施，省政府颁布了《山西省重点工业污染源治理办法》。

二氧化硫是影响山西大气环境质量的主要污染物，"十一五"时期，全省燃煤电厂二氧化硫排放量占排放总量的 46% 以上。抓好燃煤电厂烟气脱硫设施建设，对全省节能减排具有重要意义。对此，全省组织实施了烟气脱硫工程。2009 年底，全省 3056 万千瓦燃煤电厂全部建成烟气脱硫设施，在全国率先完成所有燃煤电厂烟气脱硫工程建设任务，累计实现二氧化硫减排 45 万吨。"十二五"

时期，山西成立了由省长任组长、24 个省直部门主要负责人为成员的大气污染防治工作领导组，建立省、市、县三级大气污染防治工作目标责任体系，制定《山西省落实大气污染防治行动计划实施方案》和年度大气污染防治行动计划，明确必须抓好的重点工作和目标任务。一是启动燃煤发电机组超低排放改造，完成改造容量 1566 万千瓦，核准开工低热值煤发电项目 24 个，总装机 2199 万千瓦。二是推动能源清洁利用，全省除完成燃煤锅炉和工业窑炉的清洁能源替代外，新增电力装机 2795 万千瓦，总装机达到 6966 万千瓦，其中水力、光伏、风能、燃气、煤层气发电装机由 284 万千瓦增加到 1294 万千瓦。三是加快热力管网改造，全省城镇新增供热管网 5436 千米，累计达到 1.08 万千米；新增集中供热面积 2.53 亿平方米，累计达到 5.41 亿平方米；城市普及率达到 92.48%，县城普及率达到 88.37%。四是促进燃煤烟气治理，全省电力、钢铁、水泥等重点行业脱硫、脱硝、除尘改造任务全部完成。至 2015 年，全省废气治理设施达 16943 套，其中脱硫设施 4123 套、脱硝设施 228 套、除尘设施 12220 套，分别比 2011 年增加 41.39%、8.91 倍和 42.84%。五是严格机动车环保监管，对已达到国家强制报废标准的机动车全部依法强制注销，对依法查扣的报废机动车进行集中拆解、销毁，对达不到国四排放标准的新注册车辆一律不进行登记注册。到 2015 年，全省累计淘汰黄标车及老旧车 69.44 万辆；建成省级机动车环境管理综合业务平台，太原、朔州、忻州、晋中、长治、晋城、运城 7 个地级市完成平台建设。全省共有机动车环保检验机构 149 个，全省机动车环保定期检验参检率达 85%。六是强化道路扬尘污染控制，购置干扫车、湿扫车、抑尘车等各类环卫机械化作业车辆，创建保洁示范街道；控制在建工程扬尘污染，对全省煤焦发运站、水泥搅拌站、料堆场等扬尘污染点源进行综合整治。2015 年，完成 1666 个工业堆场扬尘治理任务。七是强化省会城市环境攻坚，成立省城环境质量改善指导协调组，提出一年初见成效、两年明显改善、三年大见成效的工作目标。太原市共拆除分散采暖锅炉 1593 台、"煤改气" 394 台；新增集中供热扩网面积 5000 万平方米；关停淘汰和搬迁污染企业 322 个；通过整村拆除和棚户区改造，拔掉 "城中村" 黑烟囱 3.9 万根，省城太原环境质量持续改善。八是健全监测预警体系，11 个地级市全面开展细颗粒物（PM2.5）来源解析工作，并实现 PM2.5 监测全覆盖，初步建立重污染天气监测预警体系。2015 年 9 月，对列入国家控制区的太原、大同、阳泉 3 市启动最高一级应急减排措施，全省共出动执法监察人员 21039 人次，排查 10558 个次工业企业、6527 个次施工工地、2092 台次燃煤锅炉，对发现的问题依法进行处罚。

随着治理力度的不断加大，山西大气环境质量持续向好。2016 年全省 PM2.5 平均浓度与 2013 年相比下降 22.1%，山西提前超额完成国务院下达的到 2017 年 PM2.5 同比 2013 年下降 20% 的任务。2020 年全省 PM2.5 平均浓度为 44 微克 / 立方米，优良天数比例为 71.9%，单位 GDP 二氧化碳排放量较 2015 年大幅下降，污染严重的临汾市在全国 168 个重点城市空气质量排名中退出倒数第一。全省空气质量指标综合评价结果为良，"蓝天保卫战" 首战告捷。

"十三五" 期间，山西深入学习贯彻习近平生态文明思想和习近平总书记考察山西重要讲话重要指示，全面落实国家 "蓝天保卫战" 决策部署，持续加大大气污染治理力度，强力推进全省 "蓝天保卫战"。2019 年，全省优良天数比例为 63.6%，PM2.5 平均浓度为 48 微克／立方米，好于京津冀及周边地区平均水平（50 微克／立方米），排第二。SO_2、PM10 和 CO 年均浓度分别下降 20%、2.1% 和 4.3%。特别是 5 月至 9 月，PM2.5 连续 5 个月稳定达到环境空气质量二级标准，8 月 PM2.5 低至 25 微克／立方米，创历史最好水平，达世界卫生组织及欧盟标准。圆满完成第二届全国青年运动会和新中国成立 70 周年庆祝活动空气质量保障任务。

2020 年，山西省政府印发《山西省打赢蓝天保卫战 2020 年决战计划》，先后召开全省决战决胜"蓝天保卫战"、决战决胜污染防治攻坚战夏季攻势暨臭氧污染治理攻坚、秋冬季大气污染综合治理攻坚、焦化行业压减产能专题会、秋冬季大气污染防治暨中央生态环境保护督察及"回头看"反馈问题整改工作视频调度会等会议，聚焦产业、能源、交通运输和用地结构调整，转型、治企、减煤、控车、降尘五管齐下，以决战决胜之势推进"蓝天保卫战"。全省大力推进焦化落后产能关停淘汰、钢铁企业超低排放改造，持续开展"散乱污"企业排查整治、清洁取暖改造。发布钢铁工业大气污染物排放标准，出台钢铁行业超低排放差别化电价政策，全省范围实施烟花爆竹禁燃禁放措施。修订省级重污染天气应急预案，实行重点行业绩效分级和差异化应急管控，建立每日会商、提前预警、区域联防、差异管控、协商减排、监督帮扶的重污染天气应对机制，强化太原及周边"1+30"区域联防联控，有效应对重污染天气。全省 PM2.5 平均浓度为 44 微克／立方米，优良天数比例达到 71.9%，在京津冀及周边省市中均排名第二，仅次于北京。

2021 年，山西制定空气质量巩固提升 2021 年行动计划，开展"五个再提升"和"五大专项"工作。统筹推进攻坚，加大重点区域、重点行业治理力度，完成 22 家钢铁联合企业、11 家焦化企业和 8

家水泥企业超低排放改造，新增清洁取暖改造 99.31 万户，淘汰国三及以下标准营运柴油货车 20309 辆。开展挥发性有机物走航巡查，实施夏季臭氧削峰和秋冬季大气污染综合治理攻坚行动。强化监测预警，按月确定空气质量改善目标任务，实行日分析、周调度、旬通报、月盘点的工作机制，采取提前减排措施，有效应对重污染天气。全年全省优良天数比例达到 72.1%，PM2.5 浓度降至 39 微克 / 立方米，首次进入"30+"，空气质量改善迈上新台阶，总体好于"十三五"时期。

越来越多的好天气让每个山西人都"扬眉吐气"，"太原蓝""大同蓝""临汾蓝"成为山西人的骄傲。

2. 持续打好"碧水保卫战"

山西生态环境治理工作始于 1972 年的官厅水库水源上游保护工作。1972 年，在国务院领导下，由北京市、河北省、山西省、天津市和国务院有关部门组成官厅水库水源保护领导小组，雁北地区和大同市密切配合，在查清与官厅水库上游有关排污单位、排污种类和排污强度的基础上，确定山西境内的大同皮毛厂、天镇皮毛厂和阳高、天镇、浑源磷肥厂、造纸厂以及山西化工厂（氯丁橡胶）、大同机车厂（电镀车间）、大同柴油机厂（电镀车间）等企业为重点治理单位。之后，省、地（市）、县联合开展水污染治理。这是全省首次规模较大的工业污染治理项目。1974 年至 1978 年，为治理造纸废水污染，开始在全省推广亚硫酸铵法造纸的经验，以取代烧碱做纸浆溶剂的工艺。

1989 年，颁布《山西省汾河流域水污染防治条例》。同年 11 月，山西省政府召开全省汾河沿线污染治理现场办公会，以此推动汾河流域特别是中上游流域的治理工作。

1991 年，山西省委、省政府把汾河流域污染防治列为重点，大力实施汾河流域污染防治工程。省政府成立汾河污染防治领导组，制订《汾河流域水污染防治实施方案》。1991 年至 1995 年，全省安排汾河流域重点治理项目 17 个，治理投资 6394 万元，占全省流域治理工程投资总额的 64.97%。

2006 年 6 月 8 日，山西省政府颁布《关于实施蓝天碧水工程的决定》。2008 年 5 月，启动实施汾河生态治理修复工程，分上、中、下三片召开汾河流域生态环境治理修复与保护工程现场观摩推进会，对汾河沿岸 3000 米范围内 490 个工业企业实施分类处置，其

龙城（太原市）"千岛湖"

中停产治理 77 个、实施关闭 71 个、易址搬迁 20 个。特别是关闭汾河源头 11 座矿井，太原市主城区退出采煤业，对地下水超采区 84 个单位 130 眼自备井实行关井限采。通过多措并举，断流十多年的汾河尖草坪河段实现复流，整个汾河断流天数由实施前的半年以上缩短至 2 个月，兰村至柴村桥 17 千米河段增加湿地面积 266.67 公顷，地下水位实现止降回升，汾河流域 17 个断面水质开始改善。

进入"十二五"时期，"蓝天碧水工程"升格为"绿色生态工程"，治理范围从 11 个地级市、32 个县（市）扩大到以"一核一圈三群"范围为重点的 11 个地级市、66 个县（市），即 11 个地级市、45 个县（市）和主要河流源头、汾河流域、高速公路沿线的 21 个县，涵盖全省污染物排放总量 90% 以上的地区。在具体操作上，全面实施减排、净空、净水、清洁、提质、创建六大工程建设。减排和净空就是狠抓大气污染防治行动计划落实，打好空气质量改善攻坚战。净水就是强化水污染防治，加大城市市区水域综合整治，彻底消除城市恶臭水体，全面改善水域环境质量。

这一时期的"碧水保卫战"以实施"四水"同治工程为主。一是突出流域水治理，将《山西省重点流域水污染防治规划（2011—2015 年）实施方案》确定的目标、任务、治理项目分解到各市、县政府和有关企业单位，认真组织实施，对规划项目单独建档，动态管理；二是严格饮用水保护，划定 205 个县级、840 个乡镇饮用水水源地保护区，禁止在饮用水源一级保护区和二级保护区新建、改建、扩建与保护水源无关的建设项目，督促各级政府进行水源保护区清理整顿，投入 3.76 亿元专项资金用于汾河水库生态环境治理保护，确保省城太原市饮水安全；三是实施断面水考核，建立水环境预警机制和省考市、市考县、县抓企业的水污染防治考核机制，实行上下游之间生态补偿，5年累计扣缴生态补偿金12.07亿元，奖励2.61亿元，激发沿岸治污积极性；四是加强出境水监管，开展出境断面沿岸企业废水专项排查，排查跨省界河流重点企业140个，对部分存在严重环境隐患的企业，责令停建或停产整顿，并依法严肃处理。

2015年至2020年，全省坚持良好水体保护和劣V类水体、城市黑臭水体治理攻坚并重，统筹推进地表水与地下水污染防治工作，加大力度开展重点流域水污染防治，强化饮用水水源地、生态良好湖泊等水体保护，水生态环境质量明显好转。2020年地表水两项约束性指标均超额完成国家目标，58个国考断面优良水质比例达70.7%，劣V类水质断面全部退出，实现了水污染防治攻坚目标，水环境质量指标综合评价结果为优，完成了山西省委、省政府向党中央作出的庄严承诺。

2020年，山西省政府高规格召开黄河（汾河）流域水污染治理攻坚暨河（湖）长制工作会议、汾河流域国考断面水体全面消除劣V类攻坚推进会，印发《山西省黄河（汾河）流域水污染治理攻坚方案》，成立黄河（汾河）流域水污染治理攻坚指挥部，实施黄河（汾河）流域水污染治理情况周报制度，每月通报国考断面水质情况，全面加强水质预警、形势分析。加强执法督察，开展黄河（汾河）流域违法排污专项执法清零行动，聚焦重点断面开展定点督察、在汾河流域六市开展专项督察，有力压实地方责任。全面开展黄河及其他流域入河排污口排查整治，有效控制入河排污总量。加强排水管控，组织开展污水处理厂交叉检查，全力保障冬季出水达标，出台《山西省汛期城镇污水直排管控技术指南》，最高程度减少雨天生活污水溢流直排。推动农村生活污水治理，印发《山西省农村生活污水处理技术指南》《山西省农村生活污水处理设施运行管理办法（试行）》，全省开工建设 342 个农村生活污水治理设施。加强饮用水水源保护，全面完成全省 232 个"千吨万人"饮用水水源保护区划定任务，保障饮用水水源安全。

2021 年，山西坚持污染减排与生态扩容两手同时发力，扎实推进 93 项省级水污染防治重点工程和 10 项水污染防治管控措施。围绕减少入河污染物排放，全面溯源推进环境基础设施补短板，新建成 7 个工业园区和 23 个建制镇污水集中处理设施，新开工建设 636 个农村生活污水处理设施。储备实施一批重点工程，积极开展临汾安泽县生态文明引领乡村振兴试点示范建设。围绕生态扩容，启动黄河流域水生态环境建设，开展临汾市浍河及汾河太原段玉门河、虎峪河、九院沙河生态复流前期工作。推动 50 个饮用水水源保护区划定，汾河水库饮用水水源地水质达 I 类标准。同时，围绕保好水、治差水，制定《山西省黄河流域国考断面水质稳定达标管理办法（试行）》《汾河流域上下游横向生态补偿实施细则》，开展春浇农业灌溉污染防治专项督查和保汛期水质稳定专项行动，建立"断面包保"强化工作机制。全省 94 个地表水国控断面中优良水质断面 68 个，超额完成国家年度考核任务（66 个）；汾河水质持续大幅度改善，稳定实现"一泓清水入黄河"。沁河、滹沱河、漳河、唐河、沙河出境水质稳定保持 III 类及以上优良水质。晋祠泉水位距泉口仅剩 1.56 米。

3. 扎实推进"净土保卫战"

山西作为全国能源重化工基地，在为全国经济发展作出贡献的同时，自身也留下了严重的生态环境伤痛，尤其是因过度开采而导致的地表塌陷、水资源枯竭、煤矸石堆存、植被破坏等突出问题，逐渐成为影响全省经济、社会发展的短板和瓶颈。

20 世纪 70 年代初，阳泉矿务局组建煤矸石砖厂，批量生产矸石砖，迈出煤矸石综合利用的第一步。此后，西山矿务局以煤矸石为燃料建设发电厂，侯马电厂组建粉煤灰砖厂，太原第一热电厂利用粉煤灰进行农田试验改造等。自此，"净土保卫战"正式打响。

到 1995 年，全省各地、各部门结合产业结构、产品结构调整和技术改造，积极防治工业污染，新增废水处理能力 59 万吨／日，废气处理能力 1105 亿标立方米／年。全省环保设施投资占项目总投资比例由 5.81％上升到 6.11％。1995 年与 1990 年相比，工业废水处理率提高 19 个百分点，工业废气处理率提高 8.2 个百分点。

进入 21 世纪，山西省委、省政府从战略和全局的高度谋划环保工作，从省情特点出发，启动"一环一带两区十二县"绿色山西

生态右玉

示范区建设，开展环境专项整治。"一环"即太原市环城，"一带"是大运高速公路沿线一带，"两区"是运城市和晋城市，"十二县"即包括大运高速公路沿线涉及的大同南郊、怀仁等 12 县（区）。累计完成造林 14.4 万公顷，建设生态园林村庄 1539 个，绿化道路 25640 公里。"十一五"时期，实施六大造林绿化工程。通过实施通道绿化、交通沿线荒山绿化、村镇绿化、厂矿区绿化、环城绿化和城市绿化工程，5 年完成营造林 158.13 万公顷，完成通道绿化 258 万公顷，绿化村镇 6389 个，城市建成区和县城绿化覆盖率分别达到 38.01%、31.11%。启动并完成森林远程视频监控系统建设，建成 125 个森林防火指挥中心和 400 个监控点，覆盖全省林地 200 多万公顷，成为全国第一个实现森林远程视频监控全覆盖的省份。

"十二五"时期，加强土壤污染防治被提到前所未有的高度。山西在全国率先发布土壤污染重点监管企业名单，率先完成农用地详查点位布设及核实工作，并通过环境保护部、国土资源部和农业部专家审核，率先开展了农用地土壤样品采集工作。城镇集中式地表水饮用水水源重点重金属污染物达标率 100%，地表水国控断面重点重金属污染物达标率 99%，重金属污染防治重点项目全部完成。阳泉平定、晋中昔阳、朔州、忻州、长治黎城等 5 个历史遗留的硅铁铬渣项目全部治理完成。山西环保系统对 1565 个普查区域点位、86 个背景调查剖面和 1381 个重点区域点位进行逐个逐项调查，收集各类数据 4 万余个，建成山西省土壤环境监管信息系统与应用平台；编制完成《山西省土壤环境功能区划》《山西省土壤污染防治规划》等；建立山西省污染土壤修复技术开发实验室，实施山西省焦化类污染场地修复试点示范工程和污灌区农田综合修复试点示范工程，启动 378.67 万公顷耕地重金属监测和污染防治工作；加强畜禽养殖污染控制，推广畜—沼—肥生态养殖方式，推进畜禽养殖废弃物资源化利用；严格控制化肥和农药使用，建成 4 个种植业面源污染定位监测点。

到 2020 年，山西土壤污染源头防控初见成效，完成重点行业企业用地布点采样、实验室分析和初步成果集成工作；更新发布了山西省土壤环境重点监管企业名单，涉及 11 个地市 348 家企业；化肥、农药使用量实现负增长，农膜回收率 84%，农药包装废弃物回收率 35.92%；涉镉等重金属重点行业企业、固废堆场和非正规垃圾堆放点排查整治工作全部完成；完成农用地分类划定和受污染耕地安全利用，农用地土壤污染风险得到基本管控；开展污染地块再开发利用摸底调查，依法查处污染地块违规开发情况，督促指导问题地块进行整改，建设用地土壤环境风险管控逐步加强。据测算，截至 2020 年底，受污染耕地安全利用率达到 97%，污染地块安全利用率超过 90%，全省土壤环境风险基本得到管控。

2021 年，山西不断加强土壤源头防控，347 家土壤污染重点监管单位全部完成隐患排查，并同步启动问题整改工作。巩固提升分类管理成效，受污染耕地土壤环境风险得到基本管控。完善建设用地联动监管机制，依法开展调查评估和治理修复，建设用地安全利用得到有效保障。晋城市成功入选国家首批地下水污染防治试验区，启动对 23 个化工园区、913 个"双源"调查对象的地下水调查评估，忻州、阳泉 2 个国家地下水污染防治试点项目稳步推进。持续开展危险废物规范化环境管理评估，建立完善全口径产废单位和经营管理单位清单，全省 6404 家单位完成管理计划备案，较上年增加 1095 家。引深开展危险废物专项整治三年行动集中攻坚暨环境安全排查整治，持续抓好"一废一库一品"（危险废物、尾矿库、化学品）环境监管和风险防控。持续推进医疗废物处置能力补短板，强化医疗废物、废水处理处置全过程环境监管，严格落实"两个100%"的要求，守牢疫情防控生态环境阵地。全年完成营造林34.64万公顷，草原综合植被盖度达到73%，高于全国平均水平16.9个百分点；进入全国"十三五"防沙治沙目标责任考核等级"第一方阵"；启动实施太原市汾河上游国土绿化项目；人工造林上图面积位列全国第一。

（三）生态保护修复 维护生态安全

1. 严守生态保护红线

20世纪90年代前，由于各地片面追求发展速度，粗放型增长方式造成严重的结构性污染，一定程度上造成环境污染蔓延，自然生态恶化。1990年，山西省政府召开第四次全省环境保护会议，并陆续颁布了《山西省环境污染防治设施管理办法》《山西省森林和野生动物类型自然保护区管理细则》《山西省实施〈城市节约用水管理规定〉办法》。至此，全省环境保护工作逐步走上有序管理的轨道。

"九五"时期，山西省政府印发《关于贯彻〈国务院关于环境保护若干问题的决定〉的实施办法》，以"一控双达标"为龙头，开展规模较大的环保行动。"一控"就是污染物总量控制，到2000年底，全省二氧化硫、工业粉尘、化学耗氧量、汞、镉等12种主要工业污染物的排放量控制在国家规定的排放总量指标内。"双达标"，一是到2000年底，工业污染源达到国家或地方规定的污染物排放标准；二是到 2000 年底，省会城市的环境空气和地面水环境质量按功能区达到国家规定的环境质量标准。为此，制定了《山西省重点污染源限期达标规划》《山西省 2000 年环境达标及工业污染源达标工作方案》。

到 2000 年，经过全省上下共同努力，以"一控双达标"为龙头的"九五"环保计划顺利完成，重点区域环境质量有所改善。全省 11 个地（市）大气总悬浮颗粒物下降 6.94%，其中太原市下降 46.8%；二氧化硫下降 13.4%，其中太原市下降 48.0%。全省二氧化硫、烟尘、粉尘、化学需氧量、氨氮和工业固体废物等主要污染物排放总量均控制在国家和山西省确定的目标内。二氧化硫、烟尘、粉尘、工业固体废物排放总量有较大幅度下降，环境恶化趋势有所遏制，太原市甩掉空气质量全国倒数第一的帽子，标志着全省环境保护工作取得突破性进展。

进入 21 世纪，结构性污染已经成为全省生态环境问题的主要原因和症结所在。省政府以重点污染源末位淘汰为切入点，分别出台钢铁、电石、小火电、水泥、焦炭、铁合金 6 个高耗能行业淘汰落后产能的实施方案，选择重点耗能企业，采取停水、停电、停气、停运、停贷"五停"强制性措施，实行环境污染末位淘汰制。全省累计对 1174 个污染严重的企业和 1541 套设施实行环境污染末位淘汰，关闭改良焦企业 1241 个（含死灰复燃再取缔数），治理成效得到国家有关部门的高度评价和社会各界的广泛称赞，国务院简报特别摘登山西省污染源末位淘汰的具体做法。

2004 年，临汾市、阳泉市、大同市综合污染指数位列全国前三，被国家环境保护总局列为全国 113 个重点监测城市中大气污染最严重的 3 个城市，长治市和太原市的空气污染也很严重，综合污染指数分别位列第 6 位和第 16 位。对此，山西省委、省政府高度重视，组织制定摘"黑帽子"专项整治方案。省环保局通过调研、检查、约谈、致公开信等方式，与有关城市共同研究具体措施。各市加快城市禁烧散煤和推广清洁燃料、集中供热、集中供气的步伐，积极建设烟尘控制区和高污染燃料禁燃区。

2006 年，阳泉市由全国倒数第 2 位前移至倒数第 6 位，率先摘掉污染前 3 名的"黑帽子"。2007 年，临汾市由倒数第 1 位前移至倒数第 13 位，大同市由倒数第 3 位前移至倒数第 19 位。至此，3 个重污染城市全部摘掉空气污染前 3 名的"黑帽子"。2009 年，在全国 113 个重点监测城市排名中（综合指数由轻到重），临汾市排 29 位，阳泉市排 36 位，大同市排 32 位，山西省参加全国 113 个重点城市环境空气质量综合考核的太原、大同、阳泉、长治、临汾 5 个城市环境状况整体向好，空气质量有较大改善。

"十二五"时期，山西严格执行国家下达给山西的污染物排放总量控制红线，依法在重点生态功能区、生态环境敏感区和脆弱区等区域划定生态保护红线区域，加强生态保护红线统一监管，建立生态保护红线监管平台，定期发布红线监测监管信息，确保排放达标和环境质量稳定改善。截至 2020 年，9 项生态环境约束性指标全面完成。

2. 强化自然保护区建设与环境监管

1979 年，国务院环境保护领导小组提出全面加强环境管理、以管促治的方针，此后，山西的环境保护工作开始进入以防为主、防治结合、综合治理阶段，逐步开展了环境科研、环境监测、环境立法和环境生态工作，环境保护领域由"三废"治理逐步向噪声污染防治、辐射污染防治、自然生态保护扩展。1990年，省政府颁布了《山西省森林和野生动物类型自然保护区管理细则》。2000年，全省11个地（市）、119个县（市、区）全部建立生态环境状况调查数据库，设立自然保护区12个（包括自然遗迹类），总面积21万公顷。

进入21世纪，全省不断加大重要生态功能区、脆弱区和敏感区的环保执法保护力度，促进自然恢复，改善生态系统功能的发挥。截至2020年底，全省共建成自然保护区46个，其中国家级8个、省级38个，自然保护区面积达110万公顷，占全省国土面积的7.4%。

地形、地貌、气候、土壤的复杂多样，造就了山西省生物种类的多样性。统计显示，截至2020年，山西省野生脊椎动物和野生维管束植物种类共有2602种，其中野生维管束植物共152科685属2121种，包括蕨类植物22科39属95种、裸子植物4科8属14种、被子植物126科638属2012种；野生脊椎动物共34目

太原市清徐县汾河湿地，斑尾塍鹬在进食

108 科 481 种，包括哺乳类 7 目 22 科 65 种、鸟类 17 目 64 科 329 种、爬行类 2 目 7 科 27 种、两栖类 2 目 5 科 12 种、鱼类 6 目 10 科 48 种。山西省境内共有国家一级保护动物 7 种、二级保护动物 51 种，国家一级保护植物 1 种、二级保护植物 7 种。维管束植物中属于极危物种 1 种、濒危物种 10 种、易危物种 53 种。野生脊椎动物中属于极危物种 2 种、濒危物种 11 种、易危与近危物种 62 种。

随着生态环境的不断优化，越来越多的野生动植物选择在山西"安家落户"。2022 年，山西省建设以国家公园为主体、自然保护区为基础、各类自然公园为补充的自然保护地体系，采用生物措施、工程措施抢救性保护濒危物种，30 余种植物、17 种鸟类在山西有了新分布、新记录，三晋大地处处呈现出人与自然和谐共生的景象。

3. 深化生态修复治理

生态系统保护修复，重在保护，要在治理。从"十一五"时期开始，省委、省政府将采煤沉陷区环境修复治理列入重点实施的民生工程，批准实施《山西省煤炭工业生态环境恢复与治理规划》及实施方案。2004 年至 2010 年，国家启动实施国有重点煤矿采煤沉陷区治理，符合政策的范围给予补助资金。其间，全省包括大同、阳泉、汾西、万柏林、古交、霍州、潞安、晋城、轩岗 9 个矿区在内约 10.49 万公顷采煤沉陷区得到治理，安置居民 18 万余户，受益人数 60 余万。

其间，对环境污染严重的孝义市、河津市等市（县）实行集中整治，累计关停各类违法企业或设施 1200 多个（套）；组织实施"抓两头，促中间"的区域环境整治，共关停污染企业 4287 个，拆除废气排放筒 4962 根，关闭废水排污口 568 个；以 8 个重点县（市）

汾河治理三期工程与汾河百公里中游示范区交汇处

为突破口，在6个重点区域的20个重点县开展区域环境集中整治行动，共关停取缔违法排污企业或设施4237个（套）；开展"绿色环保走廊"专项行动，取缔大运高速公路两侧2000米范围内、汾河沿岸3000米范围内污染水体的重污染项目，依法关闭取缔污染水体的重污染企业1357个，停产治理企业397个，对137个环境违法企业实施立案处罚；在11个重点城市、重点风景名胜区、高速公路及通往重点风景名胜区的交通干线沿线开展"环境集中整治百日行动"，对2626个企业实施关停，对1009个企业采取限产限排措施。

"十三五"时期，实施汾河、桑干河、滹沱河、漳河、沁（丹）河及涑水河、御河等重点流域生态修复治理。重点开展工矿型城市周边生态环境综合治理工程，进一步建立和完善矿山生态环境保护法规和标准，加快历史遗留采煤沉陷区生态环境修复治理进程。

2021年，山西省坚持"省级规划、市县主体，政府主导、市场运作"基本原则，推进"五水综改"，开展"七河""五湖"治理、岩溶大泉保护、水土流失治理、涵养水源等项目，完成38.4万公顷水土流失治理面积。重点推进汾河干流生态治理工程18项，治理河长197公里。全省绿色发展空间进一步拓展，生态功能日渐完备、生态底色愈加浓厚、生态根基更加牢固。

（四）制度政策创新 严格监管执法

1. 健全完善生态法治建设

1979年9月起，山西省开始学习贯彻《中华人民共和国环境保护法（试行）》。1980年3月10日，山西省五届人大常委会第二次会议批准《山西省人民政府关于对排放有毒有害污染物超标单位实行收费和罚款的暂行规定》，这是全省依法行使保护环境的第一部地方性法规，标志着全省环境保护工作开始走上法制轨道。

据不完全统计，截至2015年，山西省人大常委会陆续出台《山西省环境保护条例》《山西省汾河流域水污染防治条例》《山西省大气污染防治条例》《山西省减少污染物排放条例》和涉及环保内容的地方性法规45部；拥有地方立法权的太原市和大同市先后制定并经省人大常委会批准地方性环保法规60部；省人大常委会发布具有法规属性的决议、决定12个。山西省政府陆续颁发《山西省贯彻〈征收排污费暂行办法〉的实施细则》《山西省人民政府各有关部门及地市县环境保护职责的暂行规定》《山西省乡镇、街道企业环境管理办法（试行）》等一系列政府规章。2002年至2015年，全省颁布污染减排、环境监测、节能降耗、绿色转型、循环经济、生态修复、清洁燃料、环保产品等方面的地方标准170多项。

"十三五"时期，山西持续推进环境保护立法工作。2019年，制定出台《山西省水污染防治条例》《山西省土壤污染防治条例》《〈山西省环境保护条例〉实施办法》，发布《污水综合排放标准》等6项地方强制性标准。2020年，为规范执法行为，增强执法透明度，省生态环境厅印发《山西省生态环境行政执法公示办法（试行）》《山西省生态环境行政执法全过程记录办法（试行）》《山西省生态环境重大行政执法决定法制审核办法（试行）》及《山西省生态环境系统行政处罚自由裁量基准（试行）》。

2021年，出台《山西省"十四五""两山七河一流域"生态保护和生态文明建设、生态经济发展规划》《山西省固体废物污染环境防治条例》《山西省空气质量巩固提升2021年行动计划》《全省河湖建设管理专项行动（2021—2023年）三年提升方案》等重要文件，明确了各级部门的工作目标、重点任务、具体职责，构建了完备的工作体系，为持续深化生态文明制度改革，进一步完善党委领导、政府主导、企业主体、社会组织和公众共同参与的生态文明治理体系，加速生态文明建设提供制度保障。

2.持续深化环境保护督察

1979年9月起，山西不断加强省级环境保护机构的领导，省人大常委会设立专门的环境保护工作委员会，省政府成立环境保护委员会和水资源管理委员会，开始综合运用法律、行政、经济、技术等手段管理环境，工作重点由治理污染源末端转变为从造成污染的原因上寻求办法。1980 年 3 月 10 日，山西省五届人大常委会第二次会议批准《山西省人民政府关于对排放有毒有害污染物超标单位实行收费和罚款的暂行规定》，这是全省依法行使保护环境的第一部地方性法规。

"八五"时期，山西省委、省政府将环保列为全省国民经济和社会发展的战略任务之一。"九五"时期，为着力经济结构调整，推动结构型污染防治，根据《山西省焦化工业污染防治实施方案》《焦化工业污染防治技术要求》，按照坚决取缔土焦、萍乡炉等落后焦炉，积极完善非机械化焦炉，大力发展大中型机械化焦炉的方针和先平川、后边远山区的原则，全省通过拆设备、推炉子、炸烟囱、断水电、封设施、吊证照等手段，取缔关停小化工、小造纸等 15 种土小企业 9290 多个。"十一五"时期，山西省委、省政府不断强化目标考核问责制，先后对 80 名未认真履行环保职责、环境违法问题突出的有关责任人进行责任追究。在全国率先建成监测范围覆盖全省 119 个县（市、区）的空气质量自动监测站。在全国首先建成污染源在线监控系统，从根本上改变了"只监不控"的被动局面。"十二五"期间，山西先后对焦化、钢铁、水泥等重点行业实施清理整顿，对饮用水源保护区、自然保护区等生态敏感区的污染企业关停取缔，对城市区域实施环境综合整治，对汾河、涑水河、文峪河、浊漳河等重点流域沿岸排污口进行规范化整治。依法关停 2600 多个违法排污企业，妥善处理各类环境信访案件 19883 件。完成对太原、忻州、吕梁、运城 4 个设区市和孝义、汾阳、河津、清徐 4 个县（市）的综合督查，约谈交城、平定、介休、代县 4 个县（市）和风陵渡经济开发区以及阳煤集团主要负责人，督促限期解决突出问题。2013年，按照《山西省环境保护督察实施方案（试行）》《山西省环境保护工作职责规定（试行）》，实现了省级环保督察全覆盖，经验做法得到环保部的肯定。国家环保督察办公室《环境保护督察》专文刊登了山西做法，在全国予以推广。中央全面深化改革领导小组办公室《改革情况交流》也介绍了山西省的做法。"十三五"期间，山西不断加大铁腕治污力度，对环境违法行为绝不姑息，先后在全省开展环境保护大检查、"铁腕治污"、"百日清零"等专项行动，形成环境执法高压态势，督促企业落实主体责任。

2019年7月1日至10月15日，山西开展的违法排污大整治"百日清零"专项行动，累计检查污染源22234个，督办5363个问题，整改完成5294个，"清零率"达到98.71%，真刀真枪地解决了一大批突出生态环境问题，严肃查处了一批典型生态环境违法案件。

2020年7月至10月，山西在全省开展把突出环境问题"清零"到底暨监督帮扶工作，对六大类54项突出环境问题进行"清零"。"清零"期间，列入"清零"范围的六大类问题合计为576项，完成整改342项，整改达序时进度209项，完成率95.66%；细化后的20490个问题，彻底"清零"16777个，"清零率"81.88%；立案查处各类环境违法案件1105件，行政处罚金额7671.34万元。

2021年，山西生态环境系统组织开展"利剑斩污"、查处违法排污、"清废行动"等系列专项行动，对破坏生态环境"零容忍"，严厉打击生态环境违法犯罪行为。全年全省共查处生态环境违法案件3465件，处罚金额5.3亿元，特别是"利剑斩污"行动开展以来共查处五类典型案件359件，行政拘留96人，刑事拘留184人，形成有力震慑。

山西高度重视中央生态环境保护督察及"回头看"反馈问题整改，省委、省政府制定整改方案，建立整改台账，逐项落实，以"不贰过"的要求抓实整改，压实党委政府和相关部门生态环境保护责任。2017年中央环保督察组进驻山西省期间，交办群众反映问题3582件，对117名责任人进行问责。2018年中央生态环境保护督察"回头看"及大气污染防治专项督察进驻期间，交办群众反映问题2659件，全部办结，按照移交的责任追究问题清单，对78名责任人进行问责。

2021年，山西各地各部门严格落实"党政同责、一岗双责"，将中央环保督察和省级环保督察整改作为重要政治任务，以"钉钉子"精神一抓到底。持续抓好第一轮中央生态环境保护督察及"回头看"反馈问题整改，圆满完成第二轮中央生态环境保护督察配合保障任务，中央督察组交办的3123件群众举报问题已全部办结3092件、阶段性办结31件。同时，组织对太原、大同、朔州、忻州、临汾5市开展省级生态环境保护督察和对太原、吕梁、晋中、长治、晋城、运城6市开展省驻市监督帮扶，持续压实生态环境保护责任。

铁腕治污连出重拳，生态环境保护战果累累。最严格的制度、最严密的法治、最有力的执行，为山西生态文明建设提供了可靠保障。

3. 深入推进环保领域改革

在以治理为主要手段和目标的"七五""八五"时期，环保领域的改革主要体现在促进科技和对外合作方面。"八五"期间，山西省筛选推广环保最佳适用技术50项，举办首届环保装备技术展览会，为污染防治提供科技支撑。省政府成立亚洲开发银行贷款项目领导组，推动太原、大同、阳泉3个城市的集中供热、污水处理、煤气和瓦斯利用 6 个项目的建设；实施山西化肥厂利用挪威政府贷款的氨氮废水治理项目；太原、长治分别与德国北威州合资建设垃圾、污水处理项目；太原第一热电厂利用日本政府无偿援助资金实施烟气脱硫工程。

进入 21 世纪，全省环保工作面临巨大挑战，省委、省政府先后出台《关于加快发展循环经济的实施意见》《山西省循环经济发展总体规划》以及若干专项规划，在企业、行业、园区、社区、区域 5 个层面组织实施循环经济试点工程，全省确定 31 个企业、14 个园区、11 个社区、11 个县和 2 个城市开展循环经济试点，探索模式，积累经验，完善政策、技术和经济措施，逐步形成重点突出、全面推进、齐抓共管的循环经济发展大格局。

"十二五"时期，山西省委、省政府将生态文明体制改革作为推动环保工作的突破口，完善重点生态功能区的生态补偿机制，推动地区间建立横向生态补偿制度；划定生态红线，加强对自然保护区、风景名胜区、湿地、水源保护区等生态敏感区的保护；严格执行国家下达给山西的污染物排放总量控制红线，确保排放达标和环境质量稳定改善；发展环境保护市场，推行环境污染第三方治理；完善污染物排污权交易管理制度和工作机制，健全排污权交易市场；建立吸引社会资本投入生态环保的市场化机制；对特殊地区实行特别排放限值；推行环境污染责任保险、绿色信贷、企业排污动态管理和重大环境问题约谈制度等。通过改革，初步建立统一监管所有污染物排放的环保管理制度。

2014 年以来，山西省环境保护厅紧紧围绕从根本上破解环境质量改善这一难题，专门成立了生态文明体制改革领导小组，制定出台了抓改革工作方法的总体思路和具体举措。截至 2017 年，省

太行山云河谷

环保厅累计承担生态文明体制改革任务 31 项，均按要求完成年度目标，部分重点领域改革取得了突出进展——环保顶层设计取得历史性突破。省委、省政府出台《山西省环境保护工作职责规定（试行）》《山西省环境保护督察实施方案（试行）》《山西省生态环境监测网络建设工作方案》《山西省控制污染物排放许可制实施计划》《山西省党政领导干部生态环境损害责任追究实施细则》等文件，初步建立了符合山西实际的生态环保领域"四梁八柱"性质的改革体系。

2019 年，严格落实《山西省生态环境机构监测监察执法垂直管理制度改革总体工作方案》，印发 14 个"垂管"改革规范性、指导性文件；11 市生态环境局、11 个市级生态环境综合行政执法

队、12 个生态环境监测中心统一完成挂牌；4 个生态环境保护监察办公室正在有序推进人员选配工作。"垂改"先进做法连续三次被生态环境部简报刊发。不断深化排污许可证管理，对 3154 家排污单位实施分类处置，走在全国清理整顿 8 个试点省前列。同时提前谋划、靠前指导，全面完成了磷肥、汽车制造、水处理和电池等行业排污许可证的核发任务，累计核发排污许可证 2930 张，登记 294 张。组织开展排污许可证核发质量和执行报告报送情况抽查，强化证后监管，确保排污许可制度有效落实。积极开展生态环境损害赔偿制度改革配套政策研究，与省财政厅、省高级人民法院、省司法厅等部门联合制定 6 个生态环境损害赔偿相关配套制度；完成山西三维集团违法排污案、山西高义钢铁非法倾倒钢渣案等 22 起

典型案例筛选工作，累计完成环境污染损害司法鉴定 250 余件。

2020 年，按照中央和省体制改革工作部署，全面完成省以下生态环境机构监测监察执法垂直管理制度改革、综合行政执法改革和全省事业单位重塑性改革三项改革任务。省生态环境厅所属的 27 个事业单位整合精简为 3 个；全面深化《山西省建设项目环境影响评价文件审批事项实施告知承诺制相关配套制度》改革措施，指导各市、县开展承诺制相关工作，规范环评承诺制改革有关内容，帮助建设单位了解改革措施，并从扩大承诺制改革类别、拓展环评豁免范围、精简项目环评等级和内容等三方面推出下一步改革措施；持续推进简政放权，按照省政府深化"放管服"改革、加快营造"六最"营商环境工作部署，行政审批事项由原来的 24 项精简为 11 项，审批时限全部压减为法定时限的 50%，申报材料由原来的 9 项压减为 4 项；全面落实"一网通办"，结合生态环境领域行政审批实际，围绕办事需求，及时切换思路、因事分类施策。2020 年 9 月底，将政务窗口承办的 11 个审批事项全部提升为四级网办深度，网办率达到 100%。

2021 年，山西立足新发展阶段，统筹"全生态"治理，在大力实施天然林保护、退耕还林、京津风沙源治理和"三北"防护林等国家工程的同时，还推动太行山、吕梁山生态系统保护和修复重大工程、"七河"流域生态保护与修复重大工程，构建黄河和黄河流域生态防护屏障、环京津冀生态安全屏障、中条山生物多样性保护屏障，全力打造纵横交织、互相贯通、功能完备的生态大动脉。深化"放管服效"改革和"三无、三可"营商环境建设要求，再取消行政审批事项 3 项、下放市级部门审批事项 2 项，省级行政审批事项精简至 11 项，审批时间全部压减为法定时限的 50%。制定市场主体倍增环境能耗要素保障实施方案，出台《山西省不纳入建设项目环境影响评价审批管理名录》，对不纳入名录的项目免于环评手续办理，对部分项目实行环评手续办理豁免。推行承诺制审批改革，全年全省已有700余个建设项目享受改革红利。修订完善山西省生态环境监管执法正面清单，实行差异化执法监管，做到违法精准追究、守法无事不扰。

2022年一开年，山西发布首个总河长令和总林长令，进一步夯实资源有人管、事情有人做、责任有人担的保护格局和发展根基。目前，3.37万名林长、17675名河湖长以"林长＋""河湖长＋"的模式对全省自然资源科学地实施网格化管护。至此，以环境保护条例为统领，以气、水、土、固废污染防治条例为支撑，以其他生态环境保护法规为补充的"四梁八柱"法规框架已基本形成，为山西生态保护筑起了坚实的法治屏障。

九、旅游品牌笑迎宾朋

　　党的十八大以来，山西全方位推进文化和旅游业高质量发展，旅游产品供给不断丰富，项目建设扎实推进，设施配套持续改善，旅游产业赋能小康社会建设的效用突出。在持续推动五台山、平遥古城、云冈石窟三大世界文化遗产深挖文化内涵、丰富产品业态的基础上，山西省强力打造黄河、长城、太行三大旅游板块，成为第8个全国全域旅游示范省创建单位，洪洞、阳城、平遥等7个县市区被认定为国家全域旅游示范区，并建成三个一号旅游公路4087公里，投入运营3个"0km"标志文化驿站。全省A级以上景区237家，其中5A级景区9家、4A级景区109家，星级饭店234家，旅行社939家，持证导游1.9万余名。"十三五"期间，山西省共实现旅游收入27283.03亿元，年均增长24%（受新冠肺炎疫情影响，2020年未列入平均增幅计算）。

（一）五千年文明看山西

　　五千年文明看山西,山西旅游资源具有诸多的唯一性和独占性。

晋祠公园

陶寺遗址是"最初的中国"，中国上古时代的三个帝王尧、舜、禹都在山西南部建都，洪洞大槐树是全球华人的家，晋商是我国最早的明清商帮之翘楚，"日昇昌"票号是中国最早的银行，全国4座唐代木构建筑全在山西，五台山为佛教四大名山之首，等等。即使与其他省份共有的长城、太行、黄河、古城古镇名村等资源，也无不具有鲜明的山西特征，如长城时间跨度长、覆盖区域广、现存遗迹多；太行最为壮美；黄河之魂壶口瀑布为世界最大的黄色瀑布。山西还拥有万年冰洞、大同火山群等地质奇观，王莽岭云海、雾凇、五台山东台日出等气象景观及褐马鸡、历山大鲵等珍奇生物等，这些都是山西旅游的本土优势。

1. 自然景观丰富多元

山西地处黄土高原，黄河环护"两山一川"，形成了山西复杂多元而又轮廓完整的地貌单元。山西几乎县县有山、无县不山，黄土地貌塬、梁、沟、峁齐全。黄河自北而南流经 4 市 19 县，汾河等流域面积大于 1 万平方公里的五大河流干流流经 57 个县区。山西现有省级以上自然保护区 51 处、森林公园 77 处、湿地公园 57 处、地质公园 21 处、水利风景名胜区 65 处，自然景观资源覆盖全省 11 个地市约 80% 的县区。

山西 15.67 万平方公里的土地上，分布着许多珍稀的自然奇观。其中，如大同火山群、宁武万年冰洞、数百年的煤炭地下自燃、五台山初夏高山雪线、太行山隆冬雾凇、汾河与桑干河南北分流却同出天池一源、罕见的历山舜王坪和芦芽山荷叶坪亚高山草甸、运城盐湖、榆社古脊椎动物化石群落与长子、乡宁等地的珍稀硅化木群

介休市汾河湿地森林公园

落，以及历山垣曲七十二混沟原始森林并北方罕见生物多样性群落，还有遍布全省的地下煤田、石灰岩溶洞群和多处温泉地热资源等，这些都标志着山西高原在历史上是一个独特的自然生态单元。到 2019 年，山西已是一个拥有 600 余处对外开放景区的省域，据统计还有 800 多个乡村旅游点待开发。

2. 文物资源首屈一指

表里山河不仅构筑了山西山水生态的好风光，也造就了山西独特的文化圈。山西是国家重点文物保护单位数量最多的省份，以 10 万平方公里拥有的国保数量算，山西的国保单位密度仅次于北京市，国保单位 531 处，省级文物保护单位 779 处。山西拥有的世界遗产数量与山东、河北、辽宁并列全国第三。晋中文化生态保护实验区是 17 个国家级文化生态保护实验区之一，核心区涵盖晋中、太原、吕梁 3 市 19 个县级行政区域，其中拥有 10 项以上省级非物质文化遗产的县 26 个。全省有省级以上历史文化名城 12 处（其中国家历史文化名城 6 处），中国历史文化名镇名村 111 处，数量居全国首位；中国传统村落 550 个，数量居全国第五，北方最多。历史文化名镇名村和传统村落空间分布大分散小集中，覆盖全省 11 个地市 2/3 以上的县区。山西地势险要，边塞关隘众多，现存历代长城总长度累计 3500 多公里，较完整的城墙和遗迹有 1500 多公里，分布在全省 9 个市 40 多个县（区）。山西宋辽金以前古建筑数量占全国 70%，从东汉至明清历代壁画在山西都有遗存，是中华优秀古建文化艺术的"活标本"。

长治市武乡县八路军太行纪念馆

3. 红色旅游资源得天独厚

山西是抗战圣地、红色家园，革命与建设时期文物遍布三晋大地，尤以太行山和吕梁山区的红色旅游资源最为丰富。全省革命遗址、纪念建筑物有 3399 处，相关联的其他遗址 383 处，共 3782 处，其中，近 500 处公布为各级文物保护单位，有 31 处成为红色旅游精品、15 处被列为全国爱国主义教育示范基地，其中 5 处为国家级重点文物保护单位。在全国重点打造的 12 个重点红色旅游区中，包括以山西、河北为主的太行山红色旅游区。全国 30 条"红色旅游精品线路"中，涉及山西的有 2 条，即石家庄—西柏坡—涉县—长治—晋城线，太原—大同—灵丘—涞源—易县—涿州线，其中包含山西 10 个红色旅游景点。在全国 100 个红色旅游经典景区中，山西有 9 个，远远高于平均水平。到目前为止，全省可供游览参观

的红色旅游景点有 62 处。山西省红色旅游资源不仅数量多，而且
价值高、精品多，在全国的地位举足轻重，为山西发展红色旅游业
创造了得天独厚的条件。

（二）旅游事业和产业蓬勃发展

综观改革开放 40 多年的历程，山西省的旅游业从小到大，产
业形象日益鲜明，产业规模不断壮大，发展成就令人瞩目，逐渐步
入了稳步、健康、快速发展的轨道，旅游业在国民经济发展中的地
位和作用越来越显重要。目前，旅游业已成为全省国民经济中发展
最快、最具活力的战略性支柱产业。

1. 旅游接待事业向旅游产业过渡

改革开放以前，受当时国家发展宏观形势影响，与全国其他省
份一样，山西省旅游业以外事接待为主，只具备产业雏形，不完全
属于产业范畴。1978 年以后，中国旅游业加快了改革开放的步伐，
自此进入产业发展时期。1979 年 9 月召开的全国旅游工作会议，
提出了旅游工作要从政治接待型转变为经济经营型。随着改革开放
政策的实施和全社会对旅游业认识的不断提高，这一时期，山西国
际旅游业走上了迅速发展的轨道，国内旅游业开始兴起，主要表现
为旅游业的接待、创汇所带来的经济、社会效益逐渐引起政府和社
会各方面的重视，对旅游业的投入开始启动；全省各级旅游接待机
构、旅游管理机构、旅游企业相继建立，为全省旅游业发展奠定了
基础；国际旅游接待仍被视为外事工作的一部分，旅游收入主要是

国际旅游外汇收入；旅游业发展没有规划，旅游资源开发利用层次低、规模小，还未能体现旅游产业投入产出的特点；旅游体制正在改革中，旅游业仍呈现出接待事业型的特征，旅游景点大都处于控制开放和不开放状态；旅游经济活动中政府行为十分突出，还没有发展为由政府主导，全社会参与并投入、开发的社会经济活动。

1981 年，国务院主持制定了旅游业第一个发展规划，并在 5 年后列入国家第七个国民经济和社会发展计划。最终这个规划敲定了作为"国民经济一个组成部分"的产业应该有的基本政策体制保证，旅游业在国民经济轨道上开始了产业化进程。随后的国家"八五"计划正式明确将旅游业的性质定为产业。国家政策的调整，旅游国

黄河之水天上来

民经济地位、产业地位的相继确立，直接推动山西省旅游业由接待
事业向旅游产业过渡，主要表现为旅游产业要素市场开始建立，旅
游市场开拓工作日益加快，经营体系初步形成，资源开发逐步升温；
旅游景点相继对外开放，旅游企业逐年增加和扩大，旅游业粗具规
模，逐步形成以大同、五台山、太原、临汾为重点的国际、国内旅
游业同步发展的格局；旅游经济活动中政府行为仍然十分突出，但
是全社会积极参与、兴办旅游业的热潮开始兴起，发展旅游业作为
一种社会经济活动开始步入快车道。

2. 旅游产业逐步兴起

经过"七五""八五"长达 10 年的准备，山西旅游逐步摆脱了由接待事业型向经济产业型的演进和过渡，形成了一定的产业规模和初步配套的产业经济体系，自"九五"以来，已经整体进入产业化起步发展阶段。1996 年 8 月，山西省委、省政府连续出台《关于进一步扩大对外开放的若干意见》和《关于调整产业结构的实施意见》，把旅游产业列为山西省 4 个跨世纪发展的战略带头产业之一、第三产业发展的 5 个重点产业之一，纳入计划、加大投入、加速发展。

1998 年 12 月，中央经济工作会议正式提出把旅游产业作为国民经济新的增长点来抓，对旅游业进行了产业定位。1999 年 1 月 1 日，《山西省人民政府关于加快旅游业发展的决定》（以下简称《决定》）以 1 号文件正式出台，提出要尽快把山西省建成中国北方旅游经济大省的目标，指出从现在起至 2010 年，要把旅游产业作为山西省优先发展的支柱产业之一，争取到 2000 年，实现旅游产业总收入达到 80 亿元人民币，相当于全省当年国内生产总值的 3.2%，到 2010 年力争使这一比例达到 8%。《决定》中还规定了一些优惠政策，山西旅游产业自此开始进入起步发展期，主要表现为旅游产业发展环境明显改善，资源开发速度加快，产业规模逐渐壮大，一批新的适应国内外旅游者需求的旅游产品线路、项目不断推出；旅游产品开始向高级化、营销市场化发展，旅游宣传力度也不断加大，全社会兴办旅游、推动旅游大发展的高潮正在形成；国际、国内客源市场得到有效拓展，国内旅游客源市场拓展到全国各省、自治区、直辖市，出境旅游市场仍在形成中，本省居民出国旅游人数成倍增长，全省初步形成了入境、出境、国内旅游同步发展的格局。

3. 旅游产业快速发展

进入 21 世纪，山西省旅游产业紧紧抓住国家实施中部崛起的战略机遇，按照产业自身规律谋划发展，制定并实施了"三个转变""六项调整"战略，概括提出了"华夏古文明，山西好风光"和"中国山西，晋善晋美"的旅游整体形象，走出了一条"规划为纲、市场为先、线路为形、文化为魂"的产业发展路子。主要表现为旅游产业发展环境逐步改善，产业规模不断扩张，旅游经济质量明显提高；旅游生产力水平不断提高，全省旅游接待体系日益完善，海外旅游、国内旅游、出境旅游三大市场快速发展，旅游市场接待人数快速增长，为加快旅游产业发展奠定了良好基础。"十二五"时期，全省旅游总收入由 2010 年的 1083.46 亿元增长到 2015 年的 3447.5 亿元，全省累计旅游总收入 11755.05 亿元，是"十一五"时期的 3.16 倍；全省旅游接待人次由 2010 年的 1.26 亿人次增长到 2015 年的 3.61 亿人次。

2015 年 6 月 1 日，山西省政府颁发《关于促进旅游业改革发展的意见》，指出用 3 年新建、改建 1000 座旅游厕所，到 2020 年底新建、改建旅游公路 1000 公里以上；所有国有旅游资源、旅游产品的经营权向社会资本开放，鼓励各类资本进入旅游产业。

4. 把旅游产业培育成战略性支柱产业

"十三五"时期是山西文化旅游业转型升级、提质增效的攻坚期。在"十三五"的开局之年——2016 年，山西省委、省政府提出把文化旅游业培育成为山西省战略性支柱产业及建成富有特色和魅力的文化旅游强省的目标。从国家层面上，进入"十三五"时期，为了应对经济新常态，统筹协调发挥旅游产业在经济社会发展、人民生活改善和脱贫攻坚中的生力军作用，国家旅游局提出了"全域旅游"的发展模式和理念。2017年国务院印发《关于支持山西省进一步深化改革促进资源型经济转型发展的意见》，明确提出山西到2020年初步建成国家全域旅游示范区的目标。2019年11月8日，在河南省召开的2019年全国全域旅游工作推进会上，文化和旅游部正式同意山西省创建国家全域旅游示范区，山西成为中国第8个省级全域旅游示范区创建单位。

山西省旅游产业发展当前及今后一段时间的重点就是在继续做优五台山、云冈石窟和平遥古城三大旅游品牌的同时，以三大板块为支撑，大力发展具有山西特色的文旅融合发展，推进山西旅游全域化发展。主要表现在山西省全域旅游发展势头强劲，旅游发展各项指标快速增长；乡村旅游发展风生水起，以旅游带动精准扶贫、精准脱贫亮点频出；"旅游+"和"+旅游"蓬勃发展，新产品新业态不断丰富；旅游体制机制改革强势推进，旅游综合治理渐成体系。旅游已经成为人们的一种生活方式，在提高人民群众的生活质量和生活品质方面发挥的作用也愈来愈突出。

（三）三大旅游板块创新大格局

2017年9月20日至23日，"2017山西省旅游发展大会"在晋中召开。省政府提出了锻造黄河、长城、太行旅游新品牌，开创文化旅游融合创新大格局的新理念和新思路。2018年4月2日，山西省政府办公厅出台《2018 年三大旅游板块突破性开局行动方案》，决定将通过八大行动全力推动三大旅游板块突破性开局。2018 年 6 月 24 日，山西省政府印发《山西省黄河、长城、太行三大板块旅游发展总体规划》。三大板块旅游规划年限为近期 2018 至 2020 年和远期 2021 至 2025 年两个阶段，以黄河、长城、太行的核心区为主体区、辐射及相关地区为关联区，覆盖全省范围。规划内容主要包括发展背景、客源市场、发展定位和发展战略、功能分区和空间布局、旅游公共服务体系、旅游产品和项目、形象和品牌、资源保护、政策保障等。

建设全域旅游示范区，交通是基础，山西旅游交通的瓶颈主要在于主干交通线与部分景区的连接不畅，以及相邻景区景点尤其是重要景区景点之间的道路交通联系困难。省委、省政府为打造"城景通、景景通"全域旅游一张网格局，按照"干线串联、支线循环、面上成网"的规划，于 2018 年开始修建黄河、长城、太行三大板块旅游公路，总投资 598 亿元，三大板块旅游公路全长 6143 公里。2019 年 10 月 15 日，黄河一号、长城一号、太行一号旅游公路首批建成的 1539 公里路段启用。

2019 年 12 月 25 日，山西省文化和旅游厅发布全省首批评定的 175 家"黄河人家、长城人家、太行人家"名单。2020 年 4 月 20 日，省政府颁布《黄河长城太行三大品牌建设年行动方案》。该方案主要包括品牌内涵挖掘、改革动力激发、重大项目建设、基础设施完善、产品业态供给、精品线路推广、服务品质提升、品牌形象塑造、政策措施保障等九大行动 70 项重点措施，旨在全面提升山西的知名度和美誉度，并将山西三大文旅品牌打造成具有鲜明特色、国内知名度和有国际影响力的文旅品牌。

1. 长城脚下焕新颜

作为农耕文化与游牧文化交融的天然通道，山西省现存历代长城 1400 余公里，从战国至明清，历代长城保存完整，其中东魏、北齐、隋、宋四朝长城为全国少有。

2017 年，山西省提出重点打造以黄河、长城、太行为支撑的三大旅游板块。根据《山西省长城板块旅游发展总体规划》，主体区包括 3 个市的 31 县，关联区包括 5 个市的 13 县。目标定位是建设世界级文化遗产旅游目的地、长城经济生态旅游带。空间布局为主体区"一主一副多点、两轴一带四片"，其中"一主"指长城旅游服务主中心（大同市）；"一副"指长城旅游服务次中心（忻州代县—朔州新旧广武城）；"多点"指 14 处重要旅游服务集散点；"两轴"指内外长城路；"一带"指中部联动带；"四片"指 4 个重要主题片区，即"边陲史记主题片区""烽火凯歌主题片区""山河览胜主题片区"和"大美乡村主题片区"。

关联区重点发展阳泉市平定县、晋中市左权县以娘子关、固关景区等为统领、与太行山板块交融的旅游产品。规划构建七大类旅游产品，重点建设 2 个龙头项目、15 个引擎项目、26 个重点项目、11 个传统景区提升项目。2 个龙头项目分别是大同市得胜堡群景区和雁门关景区—新旧广武城整合发展项目。同时建设长城一号国家旅游专用公路、串联旅游景区景点公路及配套的观光小火车、低空直升机、水上游船、观光自行车、公路驿站、房车基地、景观停车点、漫游步道等特色旅游设施项目。

近两年，位于长城脚下的大同天镇县李二口村发生着日新月异的变化：长城旅游公路修到山村前，易地扶贫搬迁让村民喜迁新居，民俗文化村建设让村庄古意文风盎然，各种文化旅游设施规划建设齐备且仍在持续推进中。各地游人纷至沓来，每逢节假日，村内民宿爆满，人们流连于长城脚下，感受古堡边墙诉说的金戈铁马，探寻宁静山村深藏的家国情怀，体悟大同长城背后精彩的历史传奇和独特的文化魅力。过去的贫困村、"空心村"，如今成了深度贫困地区决胜脱贫攻坚样本、农业县区乡村振兴样本、全国长城文化研学目的地、山西长城板块文旅新地标。

天镇县境内有保存完整的 60 余公里明长城，历史上曾角声连营、鼙鼓激荡，也曾修城屯田、互市通商。悠久的历史时光里，这里见证过中原与边地的战与和，积蓄着民族融合的兴与盛。位于天镇县城北 15 公里处的李二口长城，东西因山势蜿蜒，南北沿山脊攀升，是目前全省保存最完整、建造最奇伟、最具观赏价值的一段长城。

天镇县抢抓省委、省政府打造长城、黄河、太行三大文旅板块的机遇，依托长城北向入晋"第一站"、长城一号旅游公路主线起点等区位、交通、资源优势，倾力打造李二口长城板块核心景区，为该县长城沿线 17 个行政村的乡村振兴打开突破口，为全县文旅振兴落下关键棋子，为全市及全省的长城文旅项目发展树立起鲜明的标杆。

在大力建设国家长城文化公园的大背景下，天镇县立足高远、精心规划，倾力打造天镇长城文旅经济带，使之成为国内一流的文化传承、文物保护和文旅开发极点，通过突破一点、带火一线、盘活全局，携同全县温泉、玉石、恐龙化石三大特色资源，发挥出强劲的经济效益和文化效益，推动实现县域文旅大振兴。目前，李二口村的长城文旅发展已立起"帅"字旗，被省委、省政府确定为长城文旅板块地标景区。

曾经的古战场再次惊艳世人目光，往日门可罗雀的"空心村"正在向游人如织的"文旅村"转变，文旅发展持续升温，一幅以长城文旅带动乡村全面振兴的画卷正全面展开。

2. 黄河沿线奔小康

黄河是中国的母亲河，是中华文明之源，更是民族之魂。2017年国家在"十三五"旅游业发展规划中提出打造黄河华夏文明旅游带和黄土高原风景道，为具有世界性特色大河流域的黄河旅游打开了新局面。

《山西省黄河板块旅游发展总体规划》主体区包括 4 个市的 19 县，关联区包括 6 个市的 30 县。总体定位为中国·山西黄河精品旅游带、世界大河文明山西旅游目的地。主体区布局为"一条黄河廊道、四大旅游核心、四个旅游名县、六大主题游线、八大特色景区"。关联区布局为"两个中心支撑，四大景区引领"。规划开发 10 类新业态，建设两大龙头项目、十大重点项目、十大特色项目、55 个县级重点项目。建设特色旅游小镇和特色乡村，实施旅游扶贫。构建以"两纵十二横"为主体，国道省道为连接线、县乡道为辅助的旅游道路交通网络体系，形成方便衔接的各类连接线，实现"城景通"和"景景通"。

永和县位于黄河中游晋陕大峡谷东岸，是连接秦晋的重要枢纽，不仅是革命老区、省界边区、国家扶贫开发工作重点县、山西省深度贫困县，而且还是一个集黄河文化、红色文化、绿色生态为一体的特色山城。

在永和县的黄河岸边有一条公路串联起了黄河沿岸散落的明

珠，给山城永和带来了发展动能和蜕变契机，这条公路就是黄河一号旅游公路。黄河一号旅游公路上的"0km"标志文化驿站就位于永和县阁底乡，紧邻黄河乾坤湾必经之路，是一处匠心独具的黄河旅游板块标志性主题文化公园。

近年来，永和县以沿黄现代农业文化旅游综合开发为引领，以黄河一号旅游公路建设为支撑，一手抓交通基础设施建设，一手抓文旅融合发展，交通和文旅事业对全县经济转型发展的助推作用持续加强。2017 年 10 月，沿黄旅游公路率先开工建设，依托黄河岸边独特的黄土地形地貌、人文风情、名胜古迹，整合沿线和周边旅游资源，打造独具黄河风情特色的绿色生态旅游长廊，"旅游 + 文化扶贫"的综合效益不断显现。

黄河一号旅游公路"0km"标志落地永和，对永和县打造国际旅游目的地、推动文化旅游融合发展必将产生巨大而深远的影响。当地把景区开发同农民增收紧密结合，引导支持周边群众建设"农家乐"20 余个，开展了剪纸、布鞋等特色手工艺品制作，同时带动了红枣、核桃、苹果、小杂粮等农特产品的加工销售，"吃、住、行、游、购、娱"一条龙的产业体系正在形成，旅游拉动第三产业发展和促进农民增收的作用初步显现出来。

依托文化旅游资源优势，永和县坚持绿水青山发展理念，大力发展以休闲度假、旅游观光、农耕体验、乡村手工艺为主的乡村旅游，着力打造环境优美、宜居舒适的美丽乡村。结合旅游兴县拓展绿色生态效益。到 2020 年 11 月，已成立造林合作社 36 家，生态防护林发展到 2.27 万公顷，项目区内林木覆盖率由治理前的 17% 提高到 46.5%。

"河曲保德州，十年九不收。男人走口外，女人挖野菜。"这首已经流传了数百年的民谣，是对偏关县（曾属河曲县）老牛湾村贫困面貌的真实描述。偏关县位于山西省西北部，境内黄河曲折、长城蜿蜒、古堡矗立、景色独特。提起偏关，人们就会想到老牛湾。长城与黄河在老牛湾"深情牵手"，黄土高原独特的地貌特征从这里开始彰显，长城一号旅游公路由此开始。黄河文化、长城文化、走西口文化的独特魅力，赋予了老牛湾不尽的旅游开发潜力。

依托自身独特资源优势，经过多年的精心打造，老牛湾景区现已形成乾坤湾、老牛湾古堡、老牛湾古村落、老牛湾客运码头、黄河长城握手处、晋陕大峡谷、明长城、保护母亲河工程等十余个特色功能区。特别是黄河水域观光游、黄河峡谷探险游、黄河寻根祭祖游、长城徒步游等精品线路，以及黄河垂钓、摄影写生、登山健体等富有地域特色的专项旅游项目，使老牛湾景区成为集观光旅游、文化探究、修身养性、心灵体验、康体健身等功能于一体的旅游胜地。

如今，抓住山西省打造黄河、长城、太行三大旅游板块的契机，老牛湾的开发建设驶入快车道，呈现出勃勃生机。

3. 太行深处脱贫路

过去挡在家门前的大山，摇身一变成了吸引游人的秀美风光；以往不入眼的吃食、民居，包装一新成了城里人追捧的香饽饽……如今在山西，曾经的贫困村不但摘掉了"穷帽子"，还成了一个个远近闻名的旅游打卡地，村民想干事、要干事的决心如火如荼。

《山西省太行板块旅游发展总体规划》主体区包括 6 个市的 29县，关联区包括 6 个市的 31 县。发展方向为国际山岳旅游胜地、避暑康养胜地、神话传奇胜地。主体区规划构建"一个廊道、三个片区、九个龙头景区、十一个旅游名县、五个旅游名城、百个特色旅游点（基

晋中市左权县太行一号旅游公路

地）"的全域发展布局。关联区构建"一带引领、六区支撑、两环整合、百点布局"的区域旅游发展布局。规划九类产业项目、四大类精品旅游线路和具体旅游节庆演艺活动，打造"康养山西、夏养山西"品牌。实施四大战略工程，打造四季旅游和红色旅游、乡村旅游、体育旅游、研学旅游、低空飞行观光旅游产品。建设山西省太行一号国家旅游专用公路及配套的高铁枢纽城市游客集散中心、精品自驾车营地、太行旅游驿站、观景平台、八百里自行车道和千里"大美太行"国家森林游步道、一纵九横高速公路及"快旅慢游"的自驾车旅游环线、太行山板块低空观光飞行基地建设项目。

晋中市左权县，地处太行之巅，群峰环绕，森林茂密，泉溪众多，水天一色、美不胜收。但长期以来，这里产业结构单一，交通闭塞，长期靠天吃饭，年轻人大都外出打工，农村空心化、老龄化严重，村集体大多无收入来源，发展内生动力严重不足。

　　"十三五"时期，《左权县乡村旅游扶贫规划》实施，将全域旅游发展与脱贫攻坚、美丽乡村建设等有效衔接，依托全域旅游"一核、一心、两翼、多点"规划布局，以"百里画廊"、太行一号旅游公路沿线为主轴，深挖红色景点、绿色山水、生态庄园、民俗文化等资源，全面提升旅游产业减贫能力。

　　2019年，"百里画廊"建设启动，首届"左权民歌汇"举办，成功探索出一条建设左权生态文化旅游示范区、发展全域旅游实现全面小康的新路子。思路决定出路，这一点在旅游扶贫中体现得尤为明显。"扶智"是旅游扶贫带给当地最大的收益，观念变了，村子的发展也日新月异。得益于搭上旅游发展的快车，村民手里曾经闲置的民房，摇身一变成了民宿客栈、"农家乐"，原本就风景如画的左权，如今游客越来越多。

　　随着太行一号旅游公路和"四好农村路"的建设，左权形成了路景融合的旅游路循环圈，7个A级旅游景区、280多处景点连线成片，近三年累计直接受益贫困人口2150人，年人均增收6200元，带动沿线村民5000余人就业。左权《全域旅游走活"扶贫一盘棋"》已入选2020年度世界旅游联盟扶贫典型案例。

　　旅游之所以在乡村脱贫攻坚中大展拳脚，关键在于能带来可观的经济效益，依托产业链提供就业岗位。左权的成功，只是山西旅游扶贫的一个缩影。

　　山西省文旅系统挖掘利用黄河、长城、太行三大旅游板块乡村旅游资源，推进旅游与农业、林业、水利、体育、商贸、互联网、电商等产业融合，发展相关产业，定期开展示范村村干部、乡村旅游带头人、能工巧匠传承人、乡村旅游创客等专项培训。现在，更多的贫困户参与到产业链中，共享发展成果，实现精准脱贫。

（四）继续做优三大旅游品牌

五台山、云冈石窟和平遥古城是三大世界文化遗产，山西省旅游产业发展当前及今后一段时间的发展重点，就是继续做优五台山、云冈石窟和平遥古城这三大旅游品牌。

1.五台圣地远名扬

五台山是世界五大佛教名山之一、中国四大佛教名山之首，是国务院首批公布的国家重点风景名胜区，集世界文化景观遗产地、国家森林公园、国家地质公园、国家 5A 级旅游景区于一身，也是原国家旅游局向海外推出的 35 张王牌景区之一。早在唐代《敦煌不空遗书》中就有"五台尤以山辟最早、灵贶最赫、境地最幽，故得名独胜"。五台山不仅以佛教文化闻名于世，而且以"华北屋脊"和"清凉胜境"名扬中外，其神奇优美的自然风光声名远播。

1982 年，五台山被国务院批准列入第一批国家级风景名胜区名单。1989 年 8 月，经山西省人民政府批准，五台山风景名胜区人民政府正式成立。1990 年 7 月 25 日至 8 月 25 日，首届"中国五台山国际旅游月"举行。1998 年 4 月 29 日，五台山第一届国际佛教文化节开幕。

五台山无论旅游资源的品牌辨识度、佛教圣地的知名度，佛教文化、文殊信仰的包容性，还是区域的辐射性都具有世界级旅游目的地的基本特征。2004 年，五台山被评为"中华十大名山"。2007 年，被评为国家 5A 级旅游景区。2009 年 6 月 26 日，被联合国教科文组织列入世界遗产名录。作为世界文化景观遗产，五台山向中外游客展示着无尽的魅力。

1988 年 1 月至 7 月，五台山景区接待国内旅游者 211 万人次，实现各项营业额 740 余万元。经过 30 多年的发展，2019 年，景区全年共接待 316.7 万人、收入 4.1 亿元，增幅在全国同类景区中位居前列。从 740 余万元到 4.1 亿元，旅游产业的迅猛发展不仅为当地经济注入活力，更丰富了群众的业余生活，提高了大家的幸福指数。

2019 年 7 月 9 日，五台山机场首条国际航线——五台山至泰国曼谷航线开通运营，五台山机场成为山西第四个国际口岸机场。

目前，全国旅游业态从景点旅游模式向全域旅游模式转变，全省黄河、长城、太行三大旅游板块建设风生水起，一个"大五台山"呼之欲出。单就生态来说，五台山有大约 3 万年前冰缘融化退缩形成的亚高山草甸景观，这是华北山地独具特色的自然生态景观类型，尚未被世人周知；还有大约 25 亿年世界已知古老地层构成的最高山脉，完整记录了地球古元古代地质演化历史，保留有亚洲东部 29 种最典型的古夷平面和冰缘冰川地貌，堪称冰缘地貌的自然博物馆。未来，五台山将启动景区十大板块文旅产业项目，预计总投资 369.9 亿元，完美体现中华文化"天人合一"哲学思想的五台山已打开文旅融合全方位发展新空间。

2. 千年云冈如初见

云冈石窟位于山西省大同市西郊的武周山南麓，是我国规模最大的石窟群之一，2001 年被联合国教科文组织列入世界遗产名录。云冈石窟是石窟艺术中国化的开始，从其早期、中期、晚期石窟风格的不同，可以看出佛教艺术中国化的不断深入。感受早期云冈石

云冈石窟

窟艺术，一定要看"昙曜五窟"（16 窟至 20 窟）。"昙曜五窟"
由著名高僧昙曜主持开凿，是开凿最早的五个石窟，也是最具皇家
象征的五个石窟。中期石窟则以精雕细琢、装饰华丽著称，展现了
富丽堂皇的北魏时期艺术风格。晚期窟室规模虽小，但人物形象清
瘦俊美，是中国北方石窟艺术的榜样和"瘦骨清像"的源起。云冈
石窟中留下的乐舞和百戏杂技雕刻，是当时佛教思想流行的体现和
北魏社会生活的反映。云冈石窟形象地记录了印度及中亚佛教艺术
向中国佛教艺术发展的历史轨迹，反映了佛教造像在中国逐渐世俗
化、民族化的过程。多种佛教艺术造像风格在云冈石窟实现了前所
未有的融会贯通。

2000 年 3 月，山西省政府公布《云冈石窟规划》。8 月 8 日，首届大同云冈旅游节开幕，为期 20 天。

2020 年 5 月，习近平总书记在云冈石窟考察时指出，云冈石窟是世界文化遗产，保护好云冈石窟，不仅具有中国意义，而且具有世界意义。历史文化遗产是不可再生、不可替代的宝贵资源，要始终把保护放在第一位。

习近平总书记指出，我们对于时间的理解，不是以十年、百年为计，而是以百年、千年为计。强调要让收藏在博物馆里的文物、陈列在广阔大地上的遗产、书写在古籍里的文字都活起来，丰富全社会历史文化滋养。

面对这流传千年的美好，该如何更好地进行保护和开发？对此，云冈石窟给出了它的数字化答卷。

尽管采取了许多保护措施，但石窟逐渐风化的趋势是不可逆的，因此对石窟的记录尤为重要。针对云冈石窟高浮雕、圆雕难以测绘的特点，云冈石窟研究院走出了一条从手工测绘到近景摄影测量，再到三维激光扫描测绘的数字化记录探索之路。

从 2003 年起，云冈石窟研究院与多家科研院校合作，开始尝试应用三维激光扫描技术。"云冈石窟全景漫游"作为云冈数字化的重要展示平台，2016 年上线，截至 2020 年 4 月，累计总点击量达到 156.1 万次。

经过几十年不懈努力，如今，云冈石窟的稳定性问题基本解决，水害得到有效遏制，洞窟保存环境和保护状态得到极大改善，并开创了云冈发展研究保护利用的新模式。2021 年 12 月 14 日，云冈石窟迎来申遗成功 20 周年的日子。20 年来，云冈石窟的保护理念和技术体系日趋成熟，保护工作重点已由抢救性保护，转向预防性、研究性保护，为我国的世界文化遗产保护交出一份满意的答卷。

3. 平遥古城放异彩

平遥古城始建于西周宣王时期，距今已有2800多年的历史，是我国保存最为完整的古城之一，也是中国汉民族城市在明清时期的范例。城内以市楼为中心，由四大街、八小街、72条蚰蜒巷经纬交织，布局对称。街中的窑洞式四合院民宅、大小庙宇、老式铺面，原汁原味勾勒出明清时期的历史风貌，1997年被列入世界遗产名录。1986年12月8日，平遥被国务院公布为国家历史文化名城。同年，《山西省平遥古城保护条例》出台，2018年完成修订，成为古城文化遗产保护的法律依据。

2022年春节前夕，习近平总书记在平遥古城考察调研，就保护历史文化遗产、传承弘扬中华优秀传统文化发表重要讲话。习近平总书记指出，要统筹好旅游发展、特色经营、古城保护，筑牢文物

平遥古县城

安全底线，守护好前人留给我们的宝贵财富。

近10年间，平遥古城先后投入1500余万元财政资金修缮了104处院落，那些保存完好的明清民居挂上了"历史建筑"的标牌。

作为保存最为完好的古城之一，2800多年岁月里，人们对它的情感和保护，始终是正在进行时。2021年10月，受强降雨影响，古城部分城墙出现墙体滑落、裂缝等。风雨里，文物部门立刻展开守护行动。

同样穿越时光与人们相遇的，还有古老的非遗技艺。为了把有数千年历史的国家级非遗技艺——推光漆器技艺更好地传承下去，匠人们不断创新，使器物图案更时尚，应用场景更多元，从单一的首饰盒延伸到现在的茶具、玩具、文具、首饰等，产品不断推陈出新。平遥县非遗保护中心主任霍文忠介绍，如今，平遥推光漆器作坊和销售点达100余个，产品远销30多个国家和地区。

目前，平遥已公布各级非物质文化遗产名录110项。其中，4个项目列入国家级非物质文化遗产名录，19个项目列入省级非物质文化遗产名录。烙刻着传统根脉的非遗技艺，正变得越来越潮。

1998年6月9日至15日，平遥古城举行第一届平遥古城文化国际旅游节暨第二届晋商大院文化旅游节。平遥国际摄影大展、平遥中国年的成功举办，证明了用文化活动带动古城旅游是有效的。2011年，《又见平遥》作为大型文旅项目落地平遥，之后，平遥国际电影展、平遥国际雕塑节相继举办，一系列文化活动提升了平遥古城的旅游发展水平。

"文化＋旅游"让平遥古城实现了"1+1>2"。依托厚重的历史文化，"十三五"时期，平遥累计接待游客6162.7万人次，旅游总收入704.6亿元，文旅产业已成为古城最具活力和带动力的战略性产业。

按照晋中市全域旅游总体规划，平遥县明确把全域旅游作为统筹全县旅游产业转型的重要战略，以"三纵两横"骨干路网架构为基础，围绕"五大板块""七个融合"纵深拓展平遥全域旅游发展格局。同时，为提升全域旅游公共服务能力，推进文化遗产保护和旅游基础设施建设，平遥县实施了旅游停车场、游客中心、景区咨询点、旅游通道快捷化改造和古城环城地带综合整治等一批基础性建设项目。平遥县将以平遥古城为核心，全力创建国家全域旅游示范区，围绕建设"大美古城、小康平遥、国际旅游城市"定位，在体制机制改革、业态融合发展、旅游产品供给、公共服务优化、服务品质提升等方面倾力打造全域旅游升级版，助力旅游提档升级。

（五）乡村兴旅铺就富民路

山西乡村旅游的历史最早可追溯到 20 世纪五六十年代的大寨、贾家庄、西沟等社会主义建设时期的典型村落，当时的乡村旅游主要以外事接待为主。1985 年襄汾丁村民俗博物馆对外开放，1986 年祁县乔家大院民俗博物馆对外开放，标志着山西乡村旅游市场化发展正式起步。"十二五"时期是山西乡村旅游发力期。2003 年首批中国和山西历史文化名村名镇公布，伴随着 2000 年安徽省宏村、西递申遗成功掀起的古村落旅游热，西湾、碛口、小河、张壁、皇城等一大批历史文化名村成为山西乡村旅游的重要内容。2011 年，首批全国休闲农业与乡村旅游示范点公布，长治市郊区等成为休闲农业与乡村旅游的最早实践地。山西有了国家级休闲农业示范县 11 个、示范点 16 个；省级示范县 27 个、示范点 232 个，休闲农业与乡村旅游发展迅速。2014 年，在"山西最美旅游村"评选活动中，65 个乡村脱颖而出。

"十三五"时期为山西乡村旅游全面发展期，乡村旅游类型不断丰富，数量不断增加。2015 年 12 月 31 日，山西省脱贫攻坚大会在太原召开。会议指出，吕梁山、燕山—太行山两大连片特困地区是山西省扶贫工作的主战场。山西省委、省政府已经明确，要把文化旅游业培育成山西省战略性支柱产业。山西省文化和旅游厅的统计数字显示，全域旅游、乡村旅游成为近年山西省发展最为快速的旅游业态。2016 年 12 月 7 日，国务院印发《"十三五"旅游业发展规划》，明确提出要培育跨区域特色旅游功能区，培育太行山生态文化旅游区（涉及北京、河北、山西、河南四省市）。根据国家及山西省的扶贫工作部署和旅游业发展规划，山西省扶贫开发要与旅游业发展深度融合。

党的十八大以来，山西省出台了多项地方标准及措施，2016 年全省有 32 个村落进入中国美丽休闲乡村名录。2017 年山西省开始乡村旅游扶贫发力，2018 年至 2019 年确定旅游扶贫示范村 300 个。2019 年山西省第五次旅游发展大会聚焦乡村旅游，开启了乡村旅游示范村和"黄河人家、长城人家、太行人家"培育模式。目前全省有 3A 级乡村旅游示范村 100 个、"三个人家"336 家。

细数山西曾经的贫困小山村，在思想观念转变下，脱贫各自有妙招：有的充分发挥自身的生态优势，发展特色养生旅游；有的走出一条全域旅游理念下的红色旅游脱贫路；有的在保护性开发特色民居的基础上创新发展，形成"乡舍农家＋文创商品"的发展模式。

1. 布局"农家乐"推进连片富民

从 2013 年起，晋城市阳城县启动了美丽乡村连片区建设，县委、县政府依托县城和三大旅游景区制定了"一带四区"（"一带"即以东起磨滩、西至董封，串珠成链的美丽乡村休闲示范带。"四区"分别是沁河芦苇河——明清古堡区、横河析城山——山地景观区、蟒河——生态休闲区、县城周边——郊野休闲区）连片区建设规划，展开了以美丽乡村为依托，发挥皇城相府、析城山、蟒河旅游品牌带动作用，以乡村旅游与城市田园为基础，充分突出阳城生态养生、文化养性、乡村度假的特色，打造"悠然阳城"的行动。

2014 年，全县上下联动、干群一心展开美丽乡村连片建设大会战，累计投资 2.5 亿元，完成了 200 多个村庄的环境综合整治，修建了 79 公里车行道、休闲道，治理了 15 公里河道，建起了 4 个驿站、7 个观景台，配套建设和提升改造 377 户"农家乐"，建成了由高效经济农作物营造的 1000 亩大地景观，培育了 200 亩经济作物科技示范园、15 套半亩园、大桥休闲渔园，初步实现了片区内宜居、宜业、宜游的建设目标。

进入 2015 年，阳城县再次提出"百村万户富民增收工程"，进一步加快"农家乐"建设，短期内使全县"农家乐"发展到了 1 万户。

2. 融合多产业推进带状富民

太谷县位于山西省中部，大西客运专线、大运高速公路贯穿全境，旅游区位无与伦比。然而，由于周边平遥、祁县、榆次等县市区旅游资源突出、产业发展较早，使区域旅游资源同质化的太谷旅游业陷入四面围堵、无路可出的困境。但太谷人并没有放弃自己的旅游梦，他们积极贯彻《国务院关于促进旅游业改革发展的若干意见》中大力发展乡村旅游的精神，集中优势、重点突破，全力打造山西乡村休闲第一县，全县乡村旅游已走上专业院校、尖端企业、地域文化同支撑，村级合作社、乡级综合体、县级旅游线共发展的良性轨道。2014 年，全县旅游接待 297.7 万人次，旅游综合收入完成 20.11 亿元，增幅率 46.84%。其中，乡村旅游实现 14 亿元，占全县旅游总收入比重的 70%，全县旅游收入突破 20 亿元大关。

2015 年，太谷县敲定了"'谷'色'谷'香 养生太谷"的主题旅游思路，出台《太谷县乡村旅游业发展实施方案》等相关条规，并投资 400 万元，瞄准"一线六乡十七点"（"一线"即沿南山百里林果带一线，"六乡"即南山一线涉及的 6 个乡镇，"十七点"即生态庄园、民俗民宿"农家乐"、采摘园 3 种类型的 17 个乡村旅游重点打造提升点）精准发力，投资完善了全县旅游标识标牌，开通了含有 26 个停靠点的南山一线乡村旅游公交，使各个乡村游景点串珠成链、互补互融。全县乡村旅游走上了以旅补农、以旅助农、以旅促农的良性发展道路。

3. 扶贫队进驻推进定点富民

2001 年，作为国家级贫困县的壶关县因为资金困窘，无奈将桥上乡境内的八泉峡、红豆峡等 10 个景区分别拍卖开发。于是，各村落闭门锁路，各景区单打独斗，农民利益受到影响，产业发展受到制约。在这样的背景下，壶关县申请山西省旅游局派驻扶贫工作队进驻桥上乡。

2007 年，山西省旅游局经过实地调研，确定把桥上乡下辖桥上、盘底、下石坡、东川底、庄则上、大河6个村定为帮扶村，由分管处室负责人为联络员，一对一解决增收致富的问题。扶贫队深入大山，挨家挨户走访调查，组织村干部、村民代表进行座谈，与乡领导、村干部共同会诊把脉，共谋农民增收路径。

扶贫队先后十余次对桥上村、大河村、庄则上村"农家乐"布局、标准以及设施配套、卫生状况等进行了详细察看。针对村里有32家客栈、850张床，但因为没有厕所、没有空调，再加上管理不善、服务一般，很多游客都返到邻近的晋城市陵川县吃住，导致游客入住越来越少的状况，扶贫队立即请专家为桥上乡农家旅馆、饭店提出标准、订立规范，聘名师为农户传经授课、定期考核，使乡村旅游面貌在短时间内得到改观。截至2014年底，桥上乡农家客栈已发展到138户，床位达到2979张，加上大河等9个宾馆，全乡日接待游客住宿达到5000余人次，全乡农家客栈、餐饮、商贩、环卫等方面旅游服务从业人员达到两千多人，旅游产业年收入达到1500多万元，人均年收入突破万元。旅游业已成为桥上乡农民脱贫致富的支柱产业。

4. 卅年筑一路推进畅通富民

锡崖沟这座位于山西省陵川县太行山腹地的小村庄，如果不是因为修路，也许在地图上都没有标记。20世纪，17个自然村的两代人用了30年时间凿开了一条长7.5公里的太行"天路"。第一个10年之后，锡崖沟村与山西兰花煤炭实业集团有限公司共同组建的王莽岭旅游开发公司成立；再一个10年，锡崖沟成为国家4A级旅游景区、全国农业旅游示范点、全国红色旅游示范点、"新中国60大地标"之一、山西省旅游名镇名村和最佳生态旅游目的地。

太行山锡崖沟挂壁公路

路通了，锡崖沟翻了身。20 年前人均年收入才一两百元，20 年后人均年收入翻了 50 多倍。

而今，这条承载着锡崖沟几代人梦想的挂壁公路，随着周边几条公路的陆续修通，其交通功能已逐渐被取代。尤其是 2003 年山西兰花煤炭实业集团有限公司接管投资 6900 万元打通 2.7 公里长的王莽岭隧道后，锡崖沟人出山从 10 年前的 1 小时缩短到了十几分钟。而 2012 年开通的陵侯高速公路，更是直接修到锡崖沟村口，打开了锡崖沟人走出大山的最后通途。

锡崖沟的"现代愚公"精神传遍全国，锡崖沟的旅游致富经也启发了周边的贫困乡村。从 1991 年到 2009 年，以锡崖沟挂壁公路为样板，晋豫两省交界处的南太行上先后修筑了陈家园、昆山、虹梯关、穿底、郭亮、回龙 6 条挂壁公路，带动形成王莽岭、八里沟、关山、太行山大峡谷、蟒河、珏山等十余处著名旅游景区，旅游业已经成为南太行山区脱贫致富的第一引擎。

5. 红色旅游推进转型富民

武乡县是革命老区、国家级贫困县、山区农业县，也是全国100个重点产煤县之一，煤炭产业多年来一直是该县的支柱产业。但是，近年来随着煤炭资源的日渐减少、价格下滑，武乡县不得不面对转型阵痛。同时，武乡县又是一座没有围墙的革命历史博物馆，革命遗存、革命文物丰富，这些优势使武乡县成为全国红色旅游资源非常集中、丰富、突出的地区之一，为其发展红色文化旅游产业提供了肥沃土壤和先天条件。

武乡县从1988年八路军太行纪念馆对外开放那天起，就迈上了探索红色旅游的历程，在结合县情实际、剖析资源优势、展望未来市场的基础上，提出创建全国著名的红色旅游基地、全国最大的八路军文化基地、全国知名的红色文化产业基地的发展目标。目标制定后，他们马上"穿针引线"当起了"红娘"，于2010年和深圳锦绣中华发展有限公司成功签订"两园一剧"（八路军文化园、游击战体验园、《太行山》大型实景剧）战略合作协议，迅速助推武乡县实现了从"黑色煤炭"到"红色旅游"的战略性发展转型。

十、扬帆起航　奔向复兴

晋者，进也，指太阳初升、万物竞进。新时代，山西这个"晋"，是稳中求进的进，是知难而进的进，是与时俱进的进。

"十四五"时期是我国全面建成小康社会、实现第一个百年奋斗目标之后，乘势而上开启全面建设社会主义现代化国家新征程、向第二个百年奋斗目标进军的第一个五年，是"两个一百年"奋斗目标的历史交汇期。

从发展环境看，未来5年至10年，正是山西转型发展的窗口期、关键期。进入新发展阶段，山西发展面临的结构性、体制性、素质性问题仍然存在，发展不充分、不平衡、不协调问题特征明显，解决"三性"问题仍然需要抓住"三不"重点突破。面对各省竞相发展、百舸争流的竞争性态势，山西不进则退、慢进亦退、不创新必退。

综合判断，山西经济稳中向好、长期向好的基本趋势没有改变，转型发展集中发力、稳步向前的基本趋势没有改变，高质量转型发展站在了新的历史起点上。

来而不可失者，时也。蹈而不可失者，机也。

山西提出，"十四五"时期要牢记嘱托，胸怀"两个大局"，在准确识变、科学应变、主动求变上下功夫，坚定不移将转型综改进行到底，以坚定坚实、追赶超越之姿创造辉煌成绩。

　　站在新起点，2020 年 12 月 28 日至 30 日召开的中国共产党山西省第十一届委员会第十一次全体会议审议通过了《中共山西省委关于制定国民经济和社会发展第十四个五年规划和二〇三五年远景目标的建议》。

　　2021 年 4 月 13 日，山西省政府发布《山西省国民经济和社会发展第十四个五年规划和 2035 年远景目标纲要》（以下简称为《纲要》），提出要以推动高质量发展为主题，以深化供给侧结构性改革为主线，以国家资源型经济转型综合配套改革试验区建设为统领，以扩大内需为战略基点，以促进人的全面发展为根本目的，把创新驱动放在转型发展全局的核心位置，统筹发展和安全，努力实现高质量、高速度发展，不断在"六新"上取得突破，在服务构建新发展格局中奋力争先，确保实现转型出雏形，在转型发展上率先蹚出一条新路来，在全面建设社会主义现代化国家新征程中开好局、起好步。

（一）五年规划　蓄势待发

　　百年大计，规划先行。

　　推动"十四五"时期经济社会发展，山西将坚持以下原则：

　　坚持党的全面领导。坚定维护党中央权威和集中统一领导，始终同以习近平同志为核心的党中央保持高度一致，把党的领导贯彻到治晋兴晋强晋各领域各方面各环节，不断提高贯彻新发展理念、构建新发展格局的能力和水平，确保党中央决策部署在山西令行禁止、落地生根。

坚持以人民为中心。始终把人民的利益作为发展的出发点和落脚点，坚持共同富裕方向，维护人民根本利益，促进社会公平，增进民生福祉，始终做到发展为了人民、发展依靠人民、发展成果由人民共享，不断满足人民对美好生活的向往。

坚持新发展理念。紧紧抓住构建新发展格局带来的新机遇，聚焦"六新"突破，优化稳定产业链供应链，切实转变发展方式，推动质量变革、效率变革、动力变革，重塑追赶超越新优势，实现更高质量、更有效率、更加公平、更可持续、更为安全的发展。

坚持深化改革开放。加快构建制度型开放新体制，强化有利于提高资源配置效率、有利于调动全社会积极性的重大改革开放举措，以更深层次的改革引领转型，以更高水平的开放促进发展，持续增强发展动力和活力。

山西长城计算机系统有限公司车间内，工人们正在组装智能设备

坚持系统观念。加强前瞻性思考、全局性谋划、战略性布局、整体性推进，把握过程论、重点论、系统论、主体论、标准论，着力固根基、扬优势、补短板、强弱项，注重防范化解重大风险挑战，实现发展质量、结构、规模、速度、效益、安全相统一。

《纲要》提出，要坚持胸怀"两个大局"，准确把握新发展阶段特征，深入贯彻新发展理念，服务构建新发展格局，明确山西发展的战略定位是：

国家资源型经济转型综改试验区。用足用好全国唯一全省域、全方位、系统性的国家资源型经济转型综合配套改革试验区金字招牌，推动全面彻底系统转型，重塑竞争优势。

京津冀一体化重要成员。承接北京科技和人才等先进生产要素，在京津冀一体化协同发展中发展壮大。加强与环渤海、长三角、粤港澳大湾区的交流合作。

新兴产业未来产业研发制造基地。加快布局新基建、突破新技术、发展新材料、打造新装备、研发新产品、培育新业态，积极发展蓝色经济，成为信创产业、碳基新材料、特种金属材料、合成生物产业国家级研发制造基地。

特色优势有机旱作农业科研和功能食品生产基地。依托晋中国家农高区（山西农谷）、山西农大（省农科院）、重点骨干企业等，加强区域公共品牌创建，加快构建有机旱作农业技术体系和示范推广机制，打造农产品精深加工十大产业集群。

国际知名文化旅游目的地。做优做深文旅融合发展这篇大文章，发展全域旅游，围绕黄河、长城、太行三大旅游品牌，打造核心景区，提升文化旅游整体形象。

内陆地区对外开放新高地。主动融入国家"一带一路"倡议。

做大做强太原都市区，加快建设国家区域中心城市，依托中国（山西）自由贸易试验区创建，构建更高水平的制度型开放新格局。

华北地区重要绿色生态屏障。实施"两山七河一流域"生态修复治理重大举措，建立健全生态文明体制机制，促进黄河安澜，护卫"华北水塔"，早日重现秀美风光。

拱卫首都安全"护城河"。实施拱卫首都安全"护城河"工程，建成拱卫京畿的"铜墙铁壁"，以山西一域之安全为首都安全尽责任，以山西一域之稳定为全国大局稳定作贡献。

《纲要》明确提出，"十四五"时期，山西经济社会发展要努力实现以下主要目标：

一流创新生态基本形成。政、产、学、研、金、服、用深度融合，"六新"发展实现突破，国家级重点实验室、技术创新中心、工程研究中心数量倍增，基本构建起创新活力充分涌流、创业潜力

煤科学与技术省部共建国家重点实验室培育基地（太原理工大学）

有效激发、创造动力竞相迸发的一流创新生态。

战略性新兴产业集群基本形成。14 个战略性新兴产业集群初步形成，其中，信创、大数据、半导体等 3 个至 5 个战略性新兴产业成为新的支柱产业，规模以上工业企业数量突破 1 万户，产业基础能力和产业链现代化水平显著提升，战略性新兴产业增加值占地区生产总值比重力争达到全国平均水平。

绿色能源供应体系基本形成。能源革命综合改革试点取得明显成效，煤炭绿色智能安全开采和高效清洁深度利用居于全国领先水平，能源优势特别是电价优势进一步转化为比较优势、竞争优势。

支撑高质量转型发展的体制机制基本形成。综合配套改革不断深化，制度创新和制度集成的系统性、整体性、协同性明显增强，制约发展的不充分不平衡不协调问题得到破解，治晋兴晋强晋能力水平显著提升。

生态文明制度体系基本形成。主体功能区制度逐步完善，"三线一单"生态环境分区管控体系严格落实，生态环境保护制度、资源高效利用制度、生态价值测算评估体系、绿色发展体制机制不断完善。

市场化、法治化、国际化营商环境基本形成。"放管服效"改革持续深化，行政审批服务效率在全国居前，人才机制活力和政策吸引力大幅提升，"六最"营商环境迈入全国第一方阵。

对外开放新高地基本形成。对外开放平台体系基本建立，现代基础设施更加完善，自贸区获批建设并取得重要成果，制度型开放能级显著增强，融入新发展格局取得明显效果，全省开放型经济规模和质量明显提升。

城乡融合发展形态基本形成。"一主三副六市域中心"体系建设取得明显进展，太原成为具有国际影响力的国家区域中心城市，省域副中心城市集聚辐射能力显著提升，市域中心城市功能品质全面提升，乡村振兴战略深入推进，城乡区域协调发展水平明显增强。

更加健全完善的民生保障体系基本形成。"人人持证、技能社会"建设取得重大成果，居民收入与经济同步增长，医疗、教育、文化、体育、社保等民生事业持续进步，全方位立体化公共安全网基本形成，人的全面发展水平显著提升。

在全国新发展格局中的战略地位基本形成。"在转型发展上率先蹚出一条新路来"形成重大标志性成果，经济保持高速增长，经济总量和省域经济综合竞争力在全国的位次稳步前移，环渤海经济圈中山西板块影响力显著增强。

打造新能源革命排头兵——长治潞安高硫煤清洁利用油化电热一体化示范项目

　　"十四五"时期，山西提出的十二大战略任务包括：

　　实施创新驱动发展、科教兴省、人才强省战略，打造核心竞争力。把创新驱动放在转型发展全局中的核心位置，坚持"四个面向"，进一步强化科技是第一生产力、创新是第一动力、人才是第一资源的理念，厚植创新优势，全力打造一流创新生态，充分激发全社会创新创造创业的潜力和动能，努力实现直道冲刺、弯道超车、换道领跑。

　　实施换道领跑战略，抢占"六新"发展制高点。把"六新"突破作为蹚新路的方向目标、路径要求和战略举措，紧跟国际科技发展前沿和产业变革趋势，找准推动"六新"发展的关键着力点，勇于打破资源路径依赖，先行布局发展未来产业，举全省之力坚决打赢打好"六新"攻坚战决胜战。

实施非均衡发展战略，培育壮大转型发展新动能。持续推动产业结构调整优化，聚焦战略重点，集中优势资源，统筹推进产业基础高级化和产业链现代化，协同优化产业生态，努力在有创新性、超前性、先导性、引领性和基础性的产业领域打造集群，为构建支撑高质量转型发展的现代产业体系奠定坚实基础。

实施优势转换战略，做好现代能源经济大文章。贯彻落实"四个革命、一个合作"能源安全新战略，以能源革命综合改革试点为牵引，深化"五大基地"建设，加快清洁能源转型，推动能源优势转换，初步构建起安全高效、智能绿色、开放共享的现代能源体系，强化能源产业对转型出雏形的支撑，全面完成中央赋予的能源革命综合改革试点任务。

实施扩大内需战略，主动融入新发展格局。紧紧扭住扩大内需这个战略基点，把实施扩大内需战略同深化供给侧结构性改革有机结合起来，注重需求侧管理，更好发挥消费基础性作用和投资关键性作用，以高质量供给引领和创造新需求，加快形成需求牵引供给、供给创造需求的更高水平动态平衡，在构建新发展格局中彰显担当作为。

实施"数字山西"战略，推动经济社会数字化转型。贯彻落实"网络强国"战略部署，抢抓新一代信息技术创新发展机遇，全面立体构建全省数字经济发展体系，着力推动数字产业化、产业数字化、治理数字化互促共进，加快"数字山西"建设，推动经济社会数字化转型。

实施新型城镇化战略，促进城乡协调发展。按照"一主三副六市域中心"城镇化新格局，坚持以人民为中心，着力提升新型城镇化质量规模，强化中心城市要素集聚力、核心竞争力和综合承载力，聚力打造高质量转型发展的强大核心引擎。

实施农业"特""优"战略,全面推进乡村振兴。坚持把解决"三农"问题作为重中之重,夯实农业农村发展基础,以三大省级战略为引领,以农产品精深加工十大产业集群为支撑,以巩固脱贫攻坚成果为底线任务,全面推进乡村振兴,努力实现创新开放绿色融合富民发展,促进农业全面升级、农村全面进步、农民全面发展,加快农业农村现代化。

实施全面深化改革开放战略,构筑体制机制新优势。聚焦改革开放、制度开放,擦亮国家资源型经济转型综合配套改革试验区"金字招牌",发挥好重大改革的突破性、先导性、牵引性作用,建设更高水平开放型经济新体制,以更深层次的改革引领转型,以更高水平的开放促进发展,率先构筑全面转型的体制机制,建设走在时代前列的转型综改"新特区"。

实施文化强省战略,熔铸发展软实力。坚定文化自信,加强文化化人,繁荣文化事业,壮大文化产业,改革文化体制,用好壮美自然风光、不朽文化遗产、宝贵红色基因,充分挖掘取之不尽、用之不竭的文化"富矿",建设国际知名文化旅游目的地,打造中国文化传承弘扬展示示范区,用璀璨文化之光照亮转型发展之路。

实施可持续发展战略,建设践行"两山理论"示范区。树牢绿水青山就是金山银山理念,以"两山七河一流域"为主战场,坚持生态优先、保护优先原则,山水林田湖草一体治理,治山、治水、治气、治城一体推进,推动绿色生产生活方式成为转型发展蹚新路的鲜明特征,建设人与自然和谐共生的美丽山西。

实施技能富民战略,不断促进人的全面发展。坚持以人民为中心的发展思想,坚持尽力而为、量力而行,全力做好普惠性、基础性、兜底性民生建设，构建全生命周期、大健康格局、终身学习型、知识技能型的基本公共服务体系，扎实推动共同富裕，让人民共享高质量发展成果，过上积极向上、文明健康的高品质生活。

在《纲要》的最后一章，山西明确提出，要加强和改善党的领导，书写治晋兴晋强晋新篇章。实现"十四五"规划和2035年远景目标，必须坚持以"第一责任"领导保障"第一要务"，以政治建设为统领，把党的全面领导贯彻到治晋兴晋强晋全过程和事业发展各方面，确保党始终总揽全局、协调各方，汇聚起"山西之治"的强大合力，为转型发展蹚新路提供坚强保障。

（二）专项规划　突出重点

在"十四五"规划出台的同时，山西还配套出台了一系列专项规划，涵盖了创新生态、未来产业、战略性新兴产业集群、现代服务业、现代物流业、生态文明建设、公共卫生体系、文化旅游等各个方面。

1. 全国首创　创新生态规划

要实现高质量转型发展，必须有一流创新生态的引领和支撑。

山西把创新驱动放在转型发展全局中的核心位置，进一步强化科技是第一生产力、创新是第一动力、人才是第一资源的理念，厚植创新优势，全力打造一流创新生态，充分激发全社会创新创造创业的潜力和动能，努力实现直道冲刺、弯道超车、换道领跑。

在"十四五"规划中，山西给予创新生态前所未有的重视，出台《打造一流创新生态，实施创新驱动、科教兴省、人才强省战略规划》专项规划，总的要求是"一年架梁立柱、三年点上突破、五年基本成型"。

把"创新生态建设"作为"十四五"的专项规划，山西此举，在全国尚属首次，它把视线投向了与创新相关的各个领域，第一次尝试从各个相关领域、各个角度去刻画和谋划关于创新生态的社会工程。

针对创新生态存在的短板和差距，山西坚持抓总、抓重、抓要，把谋势和蓄势、抓当下和抓未来统一起来，针对性布局实施一批变革性、牵引性、标志性举措，培育壮大转型发展新动能。

创新生态规划明确提出"十四五"期间的发展目标：力争实现"3个突破5个倍增2个全覆盖"，即到2025年，国家实验室、国家大科学装置和国家超算中心在山西布局，实现三个"零"的突破；国家级重点实验室总数倍增，省级重点实验室（含省实验室）数量倍增，研发经费投入实现倍增，高新技术企业数量实现倍增，技术合同成交总额实现倍增；中试基地实现"14+N"个重点产业集群全覆盖，规模以上工业企业创新活动保持全覆盖。从总体看，实现山西人才规模不断壮大、创新治理能力明显提升、创新文化新风尚基本形成。

实现三个"零"的突破，对山西的创新生态建设有着举足轻重的作用。截至目前，这三类面向国际前沿和国家战略的高端科研平台在山西都还是空白。山西要想加快科技创新的换道领跑和弯道超车，必须加快融入国家战略、抢占国际前沿，加速高端创新资源的快速集聚，而这一切必须要有战略性创新平台做支撑。

5个倍增里，山西将在量子科技中的关键科学与技术问题、煤炭绿色低碳清洁利用、杂粮种质创新与分子育种领域布局，争取国家实验室。

与重点实验室相比，国家实验室要基于国家重大战略需求和科学前沿，面向新兴前沿交叉领域，承担国家级突破型、引领型重大科技任务。从规划中可以看出，无论是实验室的建设还是大学的学科建设，都有大量内容是针对基础研究而提出的。

在创新平台建设上，近年来，山西一直超常规投入，全面部署。截至 2020 年，山西重点实验室总数超百家，要在"十四五"期间实现总量翻番的目标，这是一项巨大的挑战。山西着手按照"四个一批"的总体思路，全面开展省重点实验室优化调整。坚持壮大企业创新主体地位，重点推进创新软硬件环境不断改善。一方面实施规上工业企业研发提升工程、科技型企业提质倍增工程等，另一方面围绕产业链部署创新链，统筹布局高水平研发平台和中试基地，推进新型研发机构建设，着力构建以龙头企业为牵引、"龙头企业＋研发机构＋配套企业＋产业基金＋政府服务＋开发区落地"的产业创新新格局。

规划中还特别指出要培育新型科研机构。新型研发机构通过体制机制创新，一端连接前瞻技术，一端连接应用市场，是打通从技术到产业的通道，成为政、产、学、研、金、服、用各个环节协同创新的大平台。

按照计划，到 2025 年，山西要认定新型研发机构 500 家，引进一流创新人才和团队 200 个，集聚科研人员 1 万名。

通过创新生态建设，山西将推进政府职能由研发管理向"抓战略、抓规划、抓政策、抓服务"转变，推动构建以先进制造业为支撑的现代产业体系，全面培育壮大发展新动能。

2. 打赢打好"六新"攻坚战决胜战

山西把"六新"突破作为蹚新路的方向目标、路径要求和战略举措，紧跟国际科技发展前沿和产业变革趋势，找准推动"六新"发展的关键着力点，勇于打破资源路径依赖，先行布局发展未来产业，举全省之力坚决打赢打好"六新"攻坚战决胜战。

围绕"十四五"规划，山西先后出台了"十四五"时期的新基建规划、新技术规划、新材料规划、新装备规划、新产品规划、新业态规划等 6 个专项规划。

适度超前布局新基建。把新型基础设施建设作为数字经济时代转型发展加速器，坚持系统布局、率先发展，到"十四五"末，新型基础设施发展结构均衡合理，成为新一代信息基础设施标杆省份，对高质量发展的赋能作用明显增强。

瞄准前沿突破新技术。把培育新技术作为换道领跑、弯道超车的关键之举，体系化布局技术路线图、项目清单，努力突破一批关键共性技术、前沿引领技术、现代工程技术、颠覆性技术，加快实现更多具有标志意义的自主创新突破，促进新技术转向跟踪和并跑领跑并存的新阶段。

抢占先机发展新材料。把新材料作为战略性新兴产业和高技术产业发展的基石和先导，围绕保障大飞机、微电子制造等重点领域，实施产业能力提升、延链补链招商、产品应用保障三大工程，提升新材料竞争力，打造转型发展支柱产业。到 2025 年，基本建成国家重要的新材料产业基地。

聚焦高端打造新装备。把装备制造业高质量发展作为转型发展的重中之重，坚持高端化、智能化、绿色化方向，实施产业生态培育、产业基础再造、智能绿色升级、先进集群打造、制造服务增值、央地先进产业融合六大工程,推动产业向价值链高端和产业链核心迈进。

发挥优势做强新产品。把新产品作为自主创新能力提升的集中体现,聚焦"国家所需、山西所能",系统推进创新链条激活、供给场景优化、山西品牌打造、创新主体壮大、跨界融合联动、生态绿色发展、开放体系赋能等七大任务,加快研发制造科技含量高、品牌附加值高、产业关联度高、市场占有率高的新产品,打响山西品牌。

跨界融通培育新业态。突出数字化引领、撬动、赋能作用,着力推进数字经济与实体经济、民生服务深度融合,鼓励支持和规范

运城—风陵渡高速公路连接线照明工程

各类新业态创新发展。

3. 发展战略性新兴产业　培育转型新动能

战略性新兴产业代表着新一轮科技革命和产业变革的方向，是培育发展新动能、形成未来竞争新优势的关键领域。

不同于一般的高科技产业，战略性新兴产业以重大技术突破和重大发展需求为基础，对经济社会全局和长远发展具有重大引领带动作用，还需要规模化、市场化，要经济可行并被市场接受。

对山西来讲，发展战略性新兴产业是破解当前存在的结构性、体制性、素质性问题的重要突破口，对下一步推动产业结构调整、加快构建现代产业体系、推动经济社会高质量发展将发挥重要的引擎作用。

在"十四五"规划中，山西提出要持续推动产业结构调整优化，聚焦战略重点，集中优势资源，统筹推进产业基础高级化和产业链现代化，协同优化产业生态，努力在有创新性、超前性、先导性、引领性和基础性的产业领域打造集群，为构建支撑高质量转型发展的现代产业体系奠定坚实基础。

打造 14 个战略性新兴产业集群，即信息技术应用创新、大数据、半导体、光电、光伏、碳基新材料、生物基新材料、特种金属材料、先进轨道交通装备、煤机智能制造装备、智能网联新能源汽车、现代医药和大健康、通用航空、节能环保；建设一批全国重要的新兴产业制造基地。到"十四五"末，产业结构和经济结构拐点显现，战略性新兴产业成为支撑经济增长的重要动力源。

随后，山西发布了《山西省"十四五"14 个战略性新兴产业规划》，制定时间表，绘制路线图。通过八大工程 25 项任务全力推动战略性新兴产业发展——

实施创新驱动引领工程，探索新型举国体制"山西实践"，提升关键核心技术攻关"山西能力"。

实施企业主体培育工程，形成大中小接续创新、强中弱梯次推进的创新主体培育体系。

实施产业链现代化工程，争取在全国产业链和价值链中占据更高位置。

实施产业集群壮大工程，加快构建一批各具特色、优势互补、结构合理的战略性新兴产业增长引擎。

实施产业数字化工程，促进供应链数字化管理，全面提升产业数字化水平。

实施品牌市场开拓工程，推动全省特色产业、拳头产品、优势品牌更快进入国内市场，不断扩大国内市场占有率。

实施人才引进培育工程，研究制定一系列精准务实的人才引进政策，增强人才支撑作用。

长治市国家高新区 5G 工业园

实施开放合作深化工程，全面推动制度型开放，开辟全方位高水平开放新空间。

根据规划，到 2025 年，信创、大数据、半导体等战略性新兴产业将成为山西省新的经济支柱，以 14 个战略性新兴产业为代表的先进制造业对构建现代产业体系支撑作用明显增强。

山西，正逐步实现从"一煤独大"向"八柱擎天"的跨越性转变。

4. 布局未来产业 赢得未来竞争优势

未来产业是一个国家和地区面向更长远的竞争优势而进行谋划的产业类型，由信息科技、新材料或新的生物科技等技术来共同驱动。

未来产业代表着新一轮科技和产业革命的发展方向，是支撑未来经济增长的主导性产业、决定未来发展方向的先导性产业。

山西把未来产业作为发展的重中之重，将未来产业发展上升到省级战略层面，加强统筹规划，组织编制了《山西省"十四五"未来产业发展规划》，这也是国内首个省级层面"十四五"未来产业规划。

未来产业规划结合山西的产业发展与实际，依托山西优势产业，还有国家对未来产业发展的总体布局，布局了"9745"这一未来产业发展方向。

"9"是指优中培精，遴选信息技术应用创新、大数据融合创新、碳基新材料、特种金属材料、半导体、先进功能材料、新能源、先进轨道交通、智能网联新能源汽车等 9 个主导性未来产业。

"7"是指有中育新，遴选云计算与工业互联网、煤炭清洁高效利用、核能、氢能、电子信息装备、航空航天、海洋装备等 7 个先导性未来产业。

"4"是指新中求变，遴选量子产业、区块链产业、碳基芯片、高速飞车等4个颠覆性未来产业。

"5"是指无中生有，遴选人工智能、数字孪生与虚拟现实、下一代互联网、生物技术、智能传感及物联网等5个前瞻性未来产业。

未来产业规划主要分三个时间阶段来谋划布局。

第一个发展阶段是"十四五"夯实基础。到2025年，山西成为我国发展未来产业的先行区。未来产业初步实现从小到大、从弱到强、从无到有的转变，深度融入京津冀一体化，长三角、大湾区分工协同以及国家重大战略，为"十四五"转型出雏形目标实现奠定坚实基础。

第二个发展阶段是15年形成体系。到2035年，山西成为我国未来产业发展的示范区。未来产业体系基本建立，成为山西省经济发展的重要增长极。人工智能、量子科技、生命科学、航天航空、海洋装备、新能源的关键共性技术创新能力在国内名列前茅，重点产品和服务覆盖国内主要市场，一批龙头企业和创新平台初步具备国际引领作用。

第三个发展阶段是30年全面发展。到2050年，山西成为我国未来产业发展的引领区。未来产业构建起较成熟的产业体系，部分领域、关键核心技术创新能力达到国际一流水平，重点产品和服务覆盖全球主要市场，形成一批国际领军的龙头企业和创新平台。

目标实现以后，未来产业将真正成为山西实施高质量转型发展的重要支撑。

5.厚植高质量发展的生态底色

黄河干流山西段总长 965 公里，流经山西 4 市 19 县（市），流域面积涵盖山西省 11 市 86 县（市、区），占全省总面积的 73.1%；吕梁山、太行山"两山"面积占到山西省国土面积的 83%，涉及 11 个设区市、81 个县（市、区）；汾河、桑干河、滹沱河、漳河、沁河、涑水河和大清河"七河"流域面积占山西省国土面积的 72%。

山西把山川相缪、山水连绵的"两山七河一流域"作为实施国家黄河流域生态保护和高质量发展战略的重要流域和区域，组织编制了《山西省"十四五""两山七河一流域"生态保护和生态文明建设、生态经济发展规划》，提出确立四个战略定位，明确五项重点任务：

四个战略定位：一是打造资源型经济省份生态保护样板。自然生态安全边界牢固守护，国土空间战略和"三线一单"全面实施，保护优先的资源开发模式全面推进，重点区域产业布局和结构全面优化，绿色、低碳、循环的产业发展格局基本形成，打造资源型地区生态保护典范。

二是建设华北地区重要绿色生态屏障。坚持尊重自然、顺应自然、保护自然，保卫黄河安澜，守护"华北水塔"，大规模开展国土绿化彩化财化行动，有效控制吕梁山生态脆弱区水土流失，全面强化太行山水源涵养、燕山—长城沿线防风固沙功能，大幅提升"七河"流域森林覆盖率，形成厚实舒美的绿色屏障，生态系统得到休养生息，黄河和京津冀生态屏障初步建成。

三是建成"绿水青山""金山银山"双向转化示范区。坚持示范引领、试点先行，坚持产业生态化和生态产业化并驾齐驱，加快改造提升传统优势产业，促进经济社会绿色转型，将"金山银山"转化为"绿水青山"；发展壮大绿色产业，充分盘活生态资源，有效推进生态产品价值实现，变"绿水青山"为"金山银山"。

四是成为京津冀一体化发展生态文明领域重要成员。紧抓保护"华北水塔"和保障冬奥会契机，在生态文明建设领域率先深度融入京津冀协同发展战略，争取政策、资金和项目向山西倾斜，推动山西生态环境保护和生态文明建设再上新台阶。

五项重点任务：一是抢抓国家重大战略机遇，推动黄河流域高标准保护。深度融入黄河流域生态保护和高质量发展、京津冀协同发展等国家重大战略，统筹推进提气降碳强生态、增水固土防风险，促进黄河流域生态环境质量持续改善，提升黄河流域生态系统稳定性，打造沿黄生态长廊，守护黄河中游生态安澜。

二是加强"两山"生态保护修复，筑牢绿色生态屏障。以吕梁山、太行山为主战场，坚持自然恢复为主、人工修复为辅，开展山西全省域生态保护和修复，依托太行山、吕梁山"两山"构筑黄河和黄河流域生态防护屏障、环京津冀生态安全屏障，构建和完善以水土保持和水源涵养为主要功能的防护林体系；以营造景观林和自然保护地建设为重点，强化野生动物资源和生物多样性保护。

三是实施"七河"综合治理修复，推进美丽河湖建设。综合运用空间管控、水系连通、污染防治、生态修复和园林景观等措施，推动河湖生态保护和产业深度融合，实现山水田园和城市宜居自然生态之美，并以晋阳湖、漳泽湖、云竹湖、盐湖、伍姓湖等为重点，打造两岸锦绣、各具神韵的三晋明珠，展现城水相依、山水相映、水草丰美、水波荡漾、碧水长流、绿韵清波的美好景象。

四是发展生态经济，打通"绿水青山"与"金山银山"双向转化通道。坚持产业生态化，推动"生态＋农业""生态＋工业""生态＋服务"，实现工业、农业、服务业绿色发展，并大力培育发展生态环保产业，将"金山银山"变为"绿水青山"；坚持生态产业化，积极探索生态产业价值实现路径，促进自然资本的实现和增值，推动生态资源在开发中得到更好保护，将"绿水青山"转化为"金山银山"。

五是加快生态文明建设，打造三晋生态文化。深入推进生态文明共享共建，坚持把培育特色生态文化作为重要支撑，创建生态文明示范，培育绿色生活方式，弘扬特色生态文化，鼓励文学、影视、戏剧等多种艺术创作体现山西特色和生态文明理念，打造人与自然和谐共生的三晋生态文化，完善生态文明领域统筹协调机制，促进生态文明建设与经济建设、政治建设、文化建设和社会建设深度融合。

规划在制定目标时，充分对接山西"十四五"国民经济和社会发展规划纲要，既对2035年目标进行了展望，又对2025年目标进行了明确。

在展望2035年目标时，提出生态环境实现根本好转，基本每天都是优良天，蓝天白云、繁星闪烁成为常态；水生态环境质量全面提升，再现"水清岸绿、鱼翔浅底"；土壤环境安全得到有效保障，实现"一片净土皆放心"；"两山七河一流域"生态系统服务功能价值得到有效发挥，华北地区重要绿色生态屏障厚实舒美。

经济发展实现全面转型，稳定进入绿色低碳循环发展轨道，生态农业、生态工业、生态旅游等生态产业成为经济高质量发展主力军。

生态文明建设实现人与自然和谐共生,碳排放达峰后稳中有降,绿色生产生活方式广泛形成,表里山河美好壮丽景象展现,美丽山西目标基本实现。

在明确 2025 年目标时,提出:

生态环境持续改善,做到"五个全面""两个基本":环境空气质量全面改善、地表水国控断面劣 V 类水体和城市黑臭水体全面消除、宜林荒山全面绿化、主要污染物排放全面完成国家下达的考核任务、生态环境风险得到全面管控,力争重污染天气基本消除、历史遗留露天矿山生态修复基本完成。

生态经济发展出雏形。进一步处理好生态环境保护与经济发展的关系,发挥生态环境保护对经济高质量发展的支撑服务保障作用,能源资源配置更加合理、利用效率大幅提高,碳排放总量增长趋势得到有效遏制,生态产业成为经济高质量发展新引擎。

生态文明建设实现新进步,完成"三个转变",实现"四个形成",即生态环境保护向生态修复治理转变、向应对气候变化转变、向保护生物多样性转变,生态修复治理先行示范区基本建成、生态文明制度体系基本形成、现代环境治理体系基本形成、京津晋冀生态文明一体化建设基本实现。

6. 创优营商环境 激发高质量发展新活力

营商环境是企业生存发展的土壤,是激发市场活力、稳定社会预期的重要基础,是建设现代化经济体系,促进高质量发展的重要支撑。

《山西省"十四五"营商环境建设规划》作为山西首个营商环境建设五年规划,对标一流,坚持市场化、法治化、国际化,提出

36 项引领性、突破性改革，分"三步走"实现建设目标。

规划确立了 2021 年、2023 年、2025 年分三步走的阶段性建设目标：2021 年末，省营商环境总体制度框架体系基本形成；到 2023 年，省级行政审批事项压减 30% 以上，互联网＋监管应用率超过 80%，力争 1 个至 2 个城市成为国家营商环境创新试点；到 2025 年，市场化、法治化、国际化、便利化营商环境基本形成。

"三步走"目标的坚定信心和底气，来源于近几年山西在工作实践中探索积累的一些管用的创新工作举措和经验，归纳起来包括抓体制机制建设、抓法规制度保障、抓系统推进改革、抓专项行动开展、抓重点领域突破、抓督导考核评价。在 2020 年国家评价当中，山西实现了全零到四项标杆指标的突破，成为全国营商环境提升最快的省份之一。

从全国新一轮的发展竞争中可以看出，各地正在由过去比政策、比资源、比土地转向比环境、比信用、比服务，归根结底就是比营商环境，从过去完成国家设定的规定动作到现在每个城市根据自身经济发展特点，打造各具特色的营商环境细分和创新。

规划明确提出打造"六最"营商环境品牌：

聚焦市场主体突破发展，打造审批最少的营商环境；聚焦全程网办重塑流程，打造流程最优的营商环境；聚焦服务一流创新生态，打造体制最顺的营商环境；聚焦重点领域攻坚突破，打造机制最活的营商环境；聚焦企业全生命周期，打造效率最高的营商环境；聚焦政务服务全面提质，打造服务最好的营商环境。

打造"六最"营商环境品牌，涵盖了 36 项重大改革举措。比如提出了企业开办 0.5 天零成本、社会投资链简易低风险项目全流程审批、10 天内办结等一批引领性、标志性改革，提出探索推行行政审批告知承诺制、深化一枚印章管审批改革等一批创新型突破性改革。

有了软环境，还要有硬支撑，规划为全面创优营商环境提供制度支撑，提出了构建六大制度体系，即以承诺制为引领的审批制度体系、以信用为基础的新型监管制度体系、以标准化为基础的政务服务制度体系、以信息化为基础的共享共用制度体系、以法治化为基础的政策保障制度体系、以快速响应为基础的政企沟通制度体系。六个制度体系，一方面保证了重大改革于法有据，另一方面保证了改革成果有制度支撑。

7. 融入"一带一路" 打造开放高地

开放是当代中国的鲜明标识，内陆地区要加快发展，必须加大对外开放力度。《山西省"十四五""一带一路"开放型经济发展及对外开放新高地建设规划》的出台，为未来5年山西省推动开放型经济发展指明了方向，提出了重大任务和重要举措。

锚定全方位推动高质量发展目标要求，规划聚焦产业、主体、通道、平台等领域，提出了8项重点任务。

一是主动融入国家战略。主动融入"一带一路"大商圈建设，深度对接国家重大战略，积极与国内外开展宽领域、深层次、多形式的合作交流，实现更高水平对外开放。

二是大力推动重点产业开放。全面落实外商投资法及实施条例，完善外商投资促进、保护和管理体系，更大力度吸引和利用外资，引导更多外资企业投资山西省战略性新兴产业发展。

三是积极引育外贸市场主体。深化外贸领域改革，优化外贸发展环境，发展外贸新业态新模式，拓展国内外市场，扩大进出口规模、优化外贸结构，推动外贸高质量高速度发展。

四是协同推进陆海空"三港"联动。积极构建现代物流体系，加快布局岸、港、网，畅通国际物流通道，建立适应全球价值链的物流体系，大力发展临空经济，助推外贸高质量高速度发展。

五是加快推动服务贸易创新发展。全方位推进服务贸易创新发展，以申建试点、搭建平台为突破口，加快引育壮大服务贸易市场主体，积极发展服务外包，加快培育特色服务出口基地，提升山西省服务贸易整体发展水平。

六是努力打造国内国际消费目的地。充分发挥消费对供给的牵引作用，加快提升供给质量和效率，有效满足需求、开发需求、引领需求，推动供需两侧有效协同，积极参与构建强大的国内市场，建设高水平的开放门户和窗口，打造国内国际消费目的地。

七是积极吸引国际化高端人才。创新人才机制，优化人才环境，提升人才服务水平，加强国际科技、教育交流合作，促使国际化人才各展所长、各尽其才，为开放型经济发展提供强大的智力支撑。

八是推动开放平台能级提升和制度创新。聚焦改革开放、制度开放，以深层次改革引领转型发展，以制度创新提升开放水平，不断提升开放平台能级，推动建设更高水平开放型经济新体制。

为了配合重点任务实施，规划也列出了10项重点工程，分别为"一带一路"大商圈建设工程、服务业扩大开放重点工程、跨境电商综试区建设工程、农产品出口平台提升工程、综合保税区提升工程、跨境物流枢纽提升工程、服务贸易创新发展工程、国内国际消费目的地建设工程、中国（山西）自贸试验区建设工程、国际合作园区建设工程。

按照规划提出的目标，通过聚焦产业、主体、通道、平台等重点领域,加快推动全省从内陆相对封闭型向开放型转变。到2025年,山西省开放型经济规模大幅提升、结构明显优化、能级不断提升,基本形成内陆地区对外开放新高地。

8.政府治理能力现代化的"山西实践"

政府治理体系在整个国家治理体系中具有非常重要的地位,政府治理能力对国家整体治理能力的发挥也具有极为重要的影响。为推动政府治理能力不断提升,山西组织编制了全国第一个省级政府治理能力现代化的专项规划——《山西省"十四五"政府治理能力现代化规划》,推动政府治理能力现代化不断迈上新台阶。

规划从建设法治政府、廉洁政府、服务政府、效能政府、数字政府5个维度切入,总结拓展了近年来山西省政府治理的有效经验

山西中欧班列克服疫情影响恢复常态化开行

和做法，涵盖了经济调节、市场监管、社会管理、公共服务、应急管理、生态保护等政府职能，全面包含了法治、廉政、服务、效能、信息化等现代政府治理的主要内容，共提出 31 项 176 条具体举措，设置专栏 19 个。

作为政府治理能力现代化的第一个五年规划，山西在规划中既分阶段提出了到 2025 年的奋斗目标，也明确了"五个政府"建设的具体目标，还展望了 2035 年的远景目标，以增强规划的统领性、指导性。

到 2025 年，山西省行政体系更加完善，政府作用更好发挥，行政效能和公信力显著提升，职责明确、依法行政的政府治理体系更加健全，法治政府、廉洁政府、服务政府、效能政府、数字政府建设取得显著成效，政府治理的规范化、制度化、法治化程度大幅提高，依法治理、科学治理、民主治理能力有效提升，社会治理特别是基层治理水平明显提高，防范化解重大风险体制机制不断健全，突发事件应急能力显著增强，为在转型发展上率先蹚出一条新路提供坚强保障。

展望 2035 年，基本实现政府治理能力现代化，职责明确、依法行政的政府治理体系全面构建，治晋兴晋强晋的政府治理制度机制更加完备，为推进和实现国家治理体系和治理能力现代化提供"山西方案"、打造"山西样板"。

（三）远景目标　壮阔蓝图

《纲要》明确提出深入贯彻落实党的十九届五中全会确定的基

本实现社会主义现代化的远景目标要求，山西到 2035 年的远景目标是在全面建成小康社会的基础上，再经过 15 年的努力，人均地区生产总值达到 2 万美元，经济总量达到全国中游水平，与全国同步基本实现社会主义现代化，实现更高质量更有效率更加公平更可持续更为安全的发展。

一流创新生态构建形成，科技实力大幅跃升，成为全国重要的新兴产业、未来产业研发制造基地；

治理能力现代化水平不断提高，治晋兴晋强晋体系更加牢固完善，充满活力又和谐有序的现代社会治理格局基本形成；

文化软实力显著增强，历史文化、红色文化影响更加广泛深入，全社会文明程度达到新高度，全面建成文化强省；

"人人持证、技能社会"建设持续深化，中等收入群体显著扩大，城乡区域发展差距和居民生活水平差距低于全国平均水平，民生事业达到或超过全国平均水平，人民群众现代化的高品质生活基本实现；

生态环境根本好转，"两山七河一流域"生态系统质量和稳定性进一步提升，黄河和京津冀生态屏障建成，生态文明制度体系全面形成，碳排放达峰后稳中有降，美丽山西全方位呈现；

资源型经济转型任务全面完成，为能源革命和解决资源型地区经济转型难题贡献出"山西方案"、打造出"山西样板"，在国家发展大格局中的战略地位显著提高。

山西锚定 2035 年远景目标，聚力实现转型出雏形的重要阶段性战略目标，为"十五五"基本实现转型、"十六五"全面完成转型奠定坚实基础，确保到 2035 年与全国同步基本实现社会主义现代化、2050 年与全国同步实现社会主义现代化。

新蓝图已经绘就，新征程即将开启。

蓦然回首，每一个节点的细微变化无不回响着三晋人民逐梦前行的铿锵足音。

未来可期，迈上新征程的山西蕴含着无限希望，正蓄势待发用心续写伟大复兴山西篇章的新史诗。

新时代，新征程，以"晋"自豪、以"晋"自勉，为全方位推动高质量发展多作贡献。

再出发，再启程，勇担使命、勇开新局，不负重托、不负期待。

从"十四五"时期的人民对美好生活的需求得到更好满足，到2035年全体人民共同富裕取得更为明显的实质性进展的远景目标，未来，山西仍将踔厉奋发、笃行不怠、接续奋斗，在新的画卷上绘就更美好的未来，一步一个脚印，直至第二个一百年建成社会主义现代化强国，实现中华民族伟大复兴，让人民群众过上更美好的生活。

后　记

习近平总书记指出，全面建成小康社会是实现中华民族伟大复兴中国梦的关键一步。全面建成小康社会，不仅要做得好，而且要讲得好。

为纪录党领导人民打赢脱贫攻坚战、全面建成小康社会的奋斗历程，纪录三晋大地脱贫攻坚的经验成效和建设小康社会的生动实践，纪录三晋儿女在党的领导下团结携手迈进全面小康的幸福生活，为时代留影，为历史存证，我们按照中宣部统一部署，特出版"纪录小康工程"丛书（山西卷）。

2021年12月，山西日报社接到山西省委宣传部的写作通知，承担《全国建成小康社会山西全景录》的编写任务。

为了总体把握全书写作精髓，报社领导组织编写组成员认真学习习近平总书记的重要讲话重要指示，参考《中国的全面小康》《全面建成小康社会：中国人权事业发展的光辉篇章》《全面建成小康社会大事记》《中国改革开放全景录·山西卷》《山西若干重大成就回顾与展望》《辉煌山西70年》等图书，深刻理解全面建成小康社会的伟大历史意义，明确写作路径，严格内容把关。同时，编写组结合山西省情，在省委宣传部领导下，征求有关厅局的意见和建议，最终确定了全书的编写大纲。

动笔之前，为了深刻了解山西小康工程建设的历程，厘清思路，占据写作高位，山西日报社领导特邀请山西省委农村工作领导小组办公室、省农业农村厅有关领导介绍了山西省关于小康建设的思路、过程和成就，获取了不少宝贵资料。

《全面建成小康社会山西全景录》共分 10 个部分，30 万字，撰稿具体分工如下：第一部分《习近平总书记三次在山西考察调研》（杨文俊），第二部分《小康工程建设的恢宏历程》（薛广勤），第三部分《全面建成小康社会的成就和经验》（赵红梅），第四部分《脱贫攻坚的成就和经验》（郭民民），第五部分《解决"三农"问题与乡村振兴》（郑娜），第六部分《民生福祉 普惠三晋》（赵春波），第七部分《文化强省唱响全国》（屈建龙），第八部分《生态文明建设成效显著》（韩瑞彪），第九部分《旅游品牌笑迎宾朋》（胡向泽），第十部分《扬帆起航 奔向复兴》（刘婕）；冯印谱负责全书的总体设计和编撰修改工作。

上述编写组成员都是《山西日报》的资深记者，工作在采编一线，是小康建设的亲历者、参与者和记录者，描绘小康工程建设，既有具体的感同身受，又有多年来文字工作的积累。他们以饱满的热情投入到书稿的编写工作当中，寻找线索、查阅资料、字斟句酌、相互切磋。虽然没能达到"吟安一个字，拈断数茎须"的况味，却也做到了反复推敲、一丝不苟；虽然没时间下足"批阅十载，增删五次"的工夫，却终能夜以继日、按期交稿。大家只有一个心愿：记录小康史，铁笔写春秋，力争向山西人民交出一份满意的答卷！

本书在编写过程中，查阅了不少相关图书资料，参考了很多省内专家学者的研究成果及山西记录小康工程信息平台的内容，得到了相关厅局的大力协助，在此恕不一一列举，特向这些单位、图书和资料的提供者表示诚挚的感谢。

本书编写组
2022 年 7 月